KB174517

한국 경제론의 충돌

한국 경제론의 충돌 그들이 말하지 않는 경제민주화

1판1쇄 펴냄 2012년 11월 26일

지은이 ㅣ 이병천

펴낸이 ㅣ 박상훈
주간 ㅣ 정민용
편집장 ㅣ 안중철
편집 ㅣ 최미정, 윤상훈, 이진실
제작·영업 ㅣ 김재선, 박경춘

펴낸 곳 ㅣ 후마니타스(주)
등록 ㅣ 2002년 2월 19일 제300-2003-108호
주소 ㅣ 서울 마포구 합정동 413-7번지 1층(121-883)
편집 ㅣ 02-739-9929, 9930 제작·영업 ㅣ 02-722-9960 팩스 ㅣ 02-733-9910
홈페이지 ㅣ www.humanitasbook.co.kr

인쇄 ㅣ 천일 031-955-8083   제본 ㅣ 일진제책 031-908-1407

값 15,000원

ⓒ 이병천, 2012
ISBN 978-89-6437-163-3 03320

이 도서의 국립중앙도서관 출판시도서목록(CIP)은 e-CIP홈페이지(http://www.nl.go.kr/ecip)
와 국가자료공동목록시스템(http://www.nl.go.kr/kolisnet)에서 이용하실 수 있습니다(CIP제
어번호: CIP2012005365).

한국 경제론의 충돌

그들이 말하지 않는 경제민주화

이병천 지음

후마니타스

차례

제1부

한국 경제 성격 논쟁
개발독재에서 경제민주화까지

제2부

『그들이 말하지 않는 23가지』 논쟁

제3부

제도주의 정치경제학
장하준, 로드릭, 스티글리츠

출처

01 재벌 개혁이 낡은 화두?…그들은 쾌도난마하지 못했다

"한국 경제 성격 논쟁 : 장하준·정승일·이종태의 주장에 답한다(1)," 『프레시안』, 2012/05/02.

02 그들은 신자유주의를 제대로 이해하지 못했다

"한국 경제 성격 논쟁 : 장하준·정승일·이종태의 주장에 답한다(2)," 『프레시안』, 2012/05/07.

03 장하준·정승일의 자가당착, 그리고 '잡종 신자유주의'

"한국 경제 성격 논쟁 : 장하준·정승일·이종태의 주장에 답한다(3)," 『프레시안』, 2012/05/09.

04 그들이 눈감은 박정희 체제의 '불편한 진실'

"한국 경제 성격 논쟁 : 장하준·정승일·이종태의 주장에 답한다(4)," 『프레시안』, 2012/05/15.

05 한국의 신자유주의는 개발독재의 유산 위에 서있다

"한국 경제 성격 논쟁 : 장하준·정승일·이종태의 주장에 답한다(5)," 『프레시안』, 2012/05/21.

06 한국 경제 성격 논쟁의 과거와 현재: 다시 대안연대를 생각한다

"장하준의 재벌론, 8년 전엔 달랐다," 한국 경제 성격 논쟁 : 장하준·정승일·이종태의 주장에 답한다(6), 『프레시안』, 2012/05/31.

07 이건희와 삼성그룹을 생이별시키지 마라

"한국 경제 성격 논쟁 : 장하준·정승일·이종태의 주장에 답한다(7)," 『프레시안』, 2012/06/07.

08 재벌과 타협하기 전에 힘 있게 부딪쳐라

"한국 경제 성격 논쟁 : 장하준·정승일·이종태의 주장에 답한다(8)," 『프레시안』, 2012/07/03.

09 재벌 개혁과 경제민주화의 이중 과제 : '시즌 2'는 '시즌 1'과 어떻게 달라야 하나

"안철수 할아버지가 집권해도 봉착할 문제는 바로 …," 『프레시안』, 2012/09/07.

10 신자유주의란 무엇인가? : 다시 장하준 그룹에 묻는다

미발표 원고.

11 경제 시민은 시민 경제를 요구한다

"장하준이 말한 것과 말하지 않은 것(1)," 『프레시안』, 2011/01/11.

12 장하준, 재벌 권력엔 왜 눈 감는가?

"장하준이 말한 것과 말하지 않은 것(2)," 『프레시안』, 2011/01/17.

경제민주화와 한국 경제의 진로, 과거에 붙들린 미래

옛말에 물극필반物極必反이라는 말이 있다. 사물의 발전이 극에 이르면 반작용이 일어난다는 뜻이다. 그러나 반작용을 일으킨 시계추가 어떤 새로운 판짜기에 이를지, 어느 지점에서 새로운 균형점에 도달하게 될지는 불확실하다. 여전히 지나간 과거가 우리의 발목을, 미래로 가는 길을 붙들고 있는 까닭이다. 권력과 제도의 관성은 물론 낡은 사고방식의 측면에서도 과거는 매우 힘이 세다. 무엇보다 대립하는 여러 세력들이 서로 자신들의 사익을 챙기기 위해 편가르기와 힘겨루기를 하는 것은 우리의 미래 진로를 알기 어렵게 하는 중대한 요인이다. 지금은 세계경제와 한국 경제 모두 물극필반 운동의 시기로 들어선 때이지만 그 진로는 울퉁불퉁하고 안개가 자욱하게 끼어 있다.

한때는 국가가 경제문제를 해결하는 만병통치약인 양 생각하던 시절이 있었다. 그리고 크고 작은 국가 실패들을 경험하자 다시 사람들의 생각의 시계추는 시장이 만능 해결사가 될 수 있다는 듯이 정반대의 극단으로 이동했다. 그렇지만 2008년 세계 금융 위기는 1980년대 초 이래 약 30년간 세계경제를 지배해 온 자유 시장 극단론과 금융 세계화가 어떤 치명적 실패를 낳을 수 있는지를 생생하게 보여 주었다. 기세등등했던 시장 맹신론의 위신이 추락함과 동시에, 각국의 제도적 다양성을 무시해 온 미국 경제 일극—極으로의 수렴론도 어느새 자취를 감추었다. 따라서 위기가 주는 필수적 교훈으로서 우리는 적어도 다음과 같은 세 가지 사항만은 꼭 짚어야 할 것이다.

첫째, 이제 사람들은 자유 시장의 대실패 앞에 다시 "국가의 할 일"이 무엇인지를 묻고 있다. 그렇다고 해서 이전의 국가 만능주의로 되돌아가는 것도 시대착오적이다. 따라서 어떻게 '국가·시장·비시장적 제도'를 균형 있게 결합해 소수 특권 자본 세력이 주도하는 정글 자본주의를 끝내고 99퍼센트를 위한 민주적 공유 경제를 수립할 것인가라는 과제가 대두되었다. 둘째, 미국발 위기는 그간 국민적·제도적 다양성을 무시해 온 미국식 글로벌 스탠더드론 또는 워싱턴 컨센서스 승자론의 붕괴를 의미하는 만큼, 각국은 저마다 줏대를 가지고 제도적 다양성의 사고에 기반한 조절형 시장경제의 새 모델을 개척해 나가야 한다. 셋째, 위기의 세계화 현상은 개방이 다다익선이 아니라는 사실도 입증해 주었다. 이제 우리는 공유 자본주의의 새판을 짜는 길에서 무분별한 개방이 아니라, 국민경제의 안정 및 경제 주권, 민주적 자기 통치권과 양립할 수 있는 지혜로운 개방 전략이 요구됨을 절실히 깨닫게 되었다.

무너진 자본주의 구체제를 개혁하고 다시 모두를 위한 민주적 시장경제의 새 진로를 열어야 하는 도전 앞에서 위와 같은 교훈이 미국에만 해당되는 이야기는 아니다. 한국에서 시장 맹신주의는 "줄푸세"(세금은 줄이고, 규제는 풀고, 법질서는 세움)라는 이름으로 더 잘 알려져 있는데, 이는 지난 이명박 정부 집권 5년을 주도한 핵심적 정책 기조였다. 이명박 정부는 이전 김대중에서 노무현에 이르는 민주개혁 정부 10년이 이른바 '좌클릭' 때문에 경제를 망쳤다고 진단하면서, 재벌과 부자를 살찌우고 서민 대중의 삶을 피폐하게 만드는 양극화 처방을 내렸다. 집권 기간 내내 재벌 독식의 정글 자본주의 세상을 만드는 데 온 힘을 다한 이명박 정부의 씁쓸한 종말은 사실 집권 초에 첫 단추를 잘못 끼운 이런 진단과 처방에 기인한다고 해도 과언이 아닐 것이다. 2012년 한국의 대선 국면에서 경제민주화와 복지국가가 시대 화두로 떠오른 것은 나라 밖의 위기에 이명박 정부의 실패가 중첩됨으로써 더 이상 시장 맹신주의와 규제 완화, 복지 통제 정책으로는 더 이상 다수 국민의 지지를 얻기 어렵고 공동체의 지속이 불가능할 정도가 되었기 때문이다.

그럼에도 불구하고 우리는 안타깝게도 지난 시기 한국 경제의 구체제에 대한 비판적 성찰의 면에서나, 새로운 미래 대안을 구상함에 있어서나 내외의 중첩된 위기를 새 기회로 반전시키지 못하고 있다. 여기에는 여러 요인들이 작용하고 있겠으나 한국의 제도 정치판이 여전히 구태를 벗어나지 못했다는 것이 주된 요인이다. 모두를 위한 경제민주화와 이에 기반한 상향식bottom up 경제 살리기의 진로가 과거 유산에 발목 잡히게 된 것은 무엇보다 집권 보수 세력의 책임이 가장 크다. 그들은 개발독재 이래 지금까지 우리 경제가 재벌 공화국이 되게 만든 역사적 장본인일뿐더러, 여전히 '줄푸세' 정책에 집착함으로써 겨우 살아난 경제민주화의 시대 화두를 정체불명으로 만드는 데 앞장섰다. 변화하라는 시대 압력에 떠밀려 국민 통합을 내걸어야 했던 그들의 새 정책은 시장 규율을 세우는 방향으로 약간의 개선이 없지는 않았다. 그러나 그것은 기본선에서 정글 자본주의 정점에 있는 특권 재벌의 기득권 구조를 그대로 놔둔 채 재벌 주도 성장 체제의 낙수(떡고물) 효과 방식으로 시대 변화 압력을 봉합하려는 기획을 벗어나지 않는다.

그러나 다른 한편 야당 쪽의 형편이 아주 나은가 하면 꼭 그런 것만도 아니다. 우리는 왜 지난번에 노무현 정부가 이명박 정부에 정권을 넘겨주었는지, 또 왜 올해 총선에서조차 야당이 패배했는지 생각해 봐야 한다. 나는 한국의 민주당 그리고 그 주변의 지식인들이 지난 집권 시기 실정에 대해 진지한 반성의 모습을 보여 주지 못했다고 생각한다. 유감스럽게도 '줄푸세'는 단지 이명박 정부와 박근혜 후보의 전매특허인 것만은 아니다. 그것은 동시에 김대중·노무현 정부의 기저를 이루고 있던 정책 흐름이기도 했다. 진정 양극화 상황을 극복하고 민생을 살리는 길, 새로운 민주적 시장경제를 수립하는 길로 가려면 이 대목과 관련해 철저하고 통렬한 반성이 있어야 할 덴데 현실은 그렇지 못하다. 이른바 '진영 논리'에 사로잡혀 저쪽에 공격 빌미를 준다는 이유로 '우리 안의 불편한 진실'을 직시하지 못한다면, 앞으로 더 나아가기는커녕 지난 시기와 같은 일이 반복될 수 있다. 어떤 정치 세력, 어떤 시대가 정치적 민주화를 이루는 데 혁혁한 공을 세웠다고 해서 사회경제적 민주화도 잘해 낸다는 보장은 없다. 반대로 정치적 억압으로 악명이 높다고 해서 반드시 그 경제 실적도 정치적 억압에 비례해 형편없을 것이라는 생각은 너무 단순하다. 1987년 민주화 이후 25년이 흐름 지금의 대선 국면에서도 민주개혁 세력이 과거에 갇힌 집권 여당 후보와 힘겨운 게임을 하고 있는 까닭이 무엇인지 자문해 볼 일이다. 단지 한국의 보수가 힘이 센 탓만 할 것인가. 경제민주화와 모두를 위한 한국 경제의 미래가 과거의 덫에 붙들리게 된 데는 민주개혁 정부에도 중대한 책임이 있다. 돌이켜 볼 때 민주개혁 세력은 반독재 투쟁에서는 성공했지만 세계화와 시장이 제기한 도전에는 적절히 응답하지 못하고 좌절했다. 따라서 오늘날 민주개혁 세력이 87년식 민주주의를 넘어 새롭게 분발하고 발본적 자기 쇄신을 하지 못한다면 국민 대중을 정치적 주체로 세우지 못함은 물론 참여 열정을 불러일으키기 어려울 것이며, 천신만고 끝에 다행히 정권 교체에 성공한다 해도 다시 큰 난관에 부딪칠 수 있다.

이제 겨우 시대적 화두로 떠오른 경제민주화를 정체불명의 상태로부터 구출해 내고 미국식 자유 시장 스탠더드, 워싱턴 컨센서스를 넘어 민주적 코리안 컨센서스를 뿌리 내리게 하려면 우리 안의 불편한 진실을 과감히 드러낼 수 있는 용기와 실력이 필요하다. 그렇지만 이는 특히 편가르기식 진영 논리가 지배적인 상황, 그런 논리에 갇혀 있는 사람들에게서는 기대하기 어려운 작업이다. 바로 이 대목에서 나는 장하준 교수와 그의 동료들의 작업에 주목하게 된다. 그들은 민주화와 금융 세계화 시대는 물론이고 박정희 '개발독재' 시대로까지 논의를 확장해 근대화 50년 한국 경제의 궤적과 미래의 대안에 대해 주목할 만한, 굵직한 발언들을 해왔다. 나는 그들의 한국 경제에 대한 발언이 특히 이분법적 편가르기에 사로잡힌 사람들에게 불편한 진실을 드러내고 발상의 전환을 요청하는 파격적 지점을 갖고 있다고 생각한다. 잔머리를 굴리지 않고 앞뒤를 재지 않는 그들의 발언 덕분에 우리는 87년 민주화 이후 진행된 개발독재 체제의 시장 지향적 개혁 코스, 즉 '선성장·후분배주의'와 노동자·국민 대중의 희생을 통해 재벌을 대표 선수로 키웠던 동원형 '집단적 자본주의'의 자유화 경로가 모두의 협력을 통해 이룬 성과를 공유하는 사회경제적 민주화 경로와는 얼마나 깊은 간극을 갖고 있는지 다시 깨닫게 되었다. 한국형 발전 모델의 진화에서 선성장·후분배 개발주의의 자유화 또는 시장화 과정, 특히 1997년 외환 위기와 구조 조정 이후 구축된 '97년 체제'가 어떤 구조적 모순을 안은 채 한국 경제를 표류하게 만들었는지의 문제를 밝힘에 있어 장하준 그룹이 기여한 바는 결코 적지 않다. 또한 그들이 제기한 대안적 논의는 민주화와 세계화 시대에 미국식 스탠더드의 힘 때문에 밀려나 있었던 과제, 즉 우리 자신의 몸에 맞는 한국식 조절형 시장경제를 개척해야 할 과제도 다시 일깨워 주었다.

그러나 다른 한편에서 볼 때, 그들의 작업은 여러 중대한 대목들에서 또 다른 단순 이분법에서 벗어나지 못하고 있고 자신들에 불편한 진실을 감추고 있기도 하다. 비유하자면, 장하준 교수와 그 그룹의 논지는 한쪽으로 굽혀진 막대기를 바로잡으려다 정반대 방향으로 너무 굽힌 꼴이 되지 않았나 싶다. 그들의 한 발짝은 미래로 내디딘 것처럼 보이지만 또 다른 한 발짝은 여전히 과거에, 특히 개발독재 체제의 추억에 붙들려 있다.

장하준 그룹은 개발주의의 자유화 과정에서 한국의 재벌이 얼마나 강력한 거대 독점 권력으로 성장하게 됐는지, 이를 견제하고 민주적으로 통제할 수 있는 대항력은 얼마나 미약한지, 또 어떤 특수한 역사적 조건들이 이런 구도를 낳았는지에 대해 둔감하다. 그에 따라 한국 개발주의의 자유화 경로에서 과연 어떤 지점들이 잘못 풀렸는지에 대해 그들이 내린 진단은 크게 빗나갔다. 그리고 그들의 대안적 사고는 국가권력이 뿌리박고 있는 사회적·계급적 조건을 간과한 채 자율적 국가 능력에 심하게 과부하를 거는 국가 중심주의와 재벌·국가 중심의 수직적이고 폐쇄적인 결속틀에 갇혀 있다. 이런 이유들 때문에 그들의 견해는 흥미롭게도 약藥과 독毒을 같이 품고 있다는 것이 내 생각이다. 한국 경제 50년, 우리 안의 불편한 진실을 밝히고 새 코리안 스탠더드의 진로를 여는 작업에서 그들은 뜻했던 대로 '쾌도난마'하지 못한 것으로 보인다.

이 책은 장하준 교수와 그의 동료들이 제시한 한국 경제론 그리고 제도주의 발전 경제학의 공과를 평가해 본 책이다. 내가 여러 가지 과제들을 미루고 이들의 작업을 검토하게 된 것은 공과 과 양면에서, 이들이 한국의 공론장과 경제 시민에 미치는 영향력이 워낙 큰 까닭이다. 또 시장 맹신론의 지배력이 여전히 큰 한국 경제학계의 현 상황을 돌아볼 때 그들의 작업이 갖는 의미가 크다고 판단했기 때문이다. 장하준 교수의 발언은 단지 한국 경제에 대한 것만은 아니다. 그는 한국의 제도주의 정치경제학 및 발전 경제학 분야에서도 공론장에 큰 파장을 일으켰다. 『그들이 말하지 않는 23가지』(안세민 외 옮김, 부키, 2010)와 같은 책이 그 대표적인 저작이다. 그래서 나는 이 책에서 이런 분야와 관련해서도 몇 가지 비판적 생각을 개진해 보았다.

이 책의 핵심 부분에 해당하는 1부에서는 『무엇을 선택할 것인가』(부키, 2012)와 『쾌도난마 한국 경제』(부키, 2005)를 중심으로 한국 경제에 대한 장하준 그룹의 생각을 비판적으로 검토해 보았다. 이어 2부에서는 『그들이 말하지 않는 23가지』를 중심으로 장 교수의 제도주의 정치경제학에 대한 견해를 비판적으로 살펴보았다. 그리고 마지막 3부에는 독자들이 1, 2부의 글을 더 잘 이해할 수 있도록 하기 위해 한국 경제와 제도주의 정치경제학에 대한 장하준 그룹의 연구와 로드릭, 스티글리츠의 연구에 대한 논의를 추가해 제도 경제학에 대한 시야를 좀 더 넓힐 수 있도록 했다.

이 책에 실린 대부분의 글들은 인터넷 신문 『프레시안』의 '한국 경제 성격 논쟁' 섹션을 비롯해 지난 1, 2년간 『프레시안』과 『레디앙』, 그리고 참여연대 사이트에 기고한 글들을 수정·보완한 것이며, 몇몇 글(10장, 15장, 19장)은 이 책을 위해 새로 집필했다. 그 결과, 의도한 것은 아니지만, 공교롭게도 수록된 글 꼭지의 수가 모두 23개가 됐다.

87년 민주화 25주년이 된 올해는 1997년 외환 위기 15주년이기도 하며 12월 대선을 앞두고 어느 때보다 경제민주화와 한국 경제의 새 진로를 둘러싼 논의들이 활발히 이루어지고 있다. 진보적 시민사회 쪽에서는 '경제민주화와 재벌 개혁을 위한 국민운동 본부'가 만들어져 활동하고 있기도 하다. 이런 상황에서 우리 사회의 눈 밝은 경제 시민들, 특히 2030세대가 한국 경제의 불편한 진실을 바로 보고 재벌이 독식하고 있는 정글 자본주의와 두 국민 분열 상황을 넘어 모두를 위한 참여 민주적 시장경제를 수립하는 일에 이 책이 조금이라도 보탬이 되기를 바란다. 궁극적으로 저자는 이 책에서 제기한 23가지 논의를 통해 한국이 미국식 반독점 전통과 유럽식 참여 경제의 전통을 함께 학습하는 위에서 자기 몸에 맞는 민주적 조절형 시장경제를 창조해야 한다고 생각하고 있다.

이 책은 결코 저자의 개인적 노력만으로는 만들어질 수 없었다. 이 책에는 저자가 오랫동안 한국 경제론과 제도 경제론을 함께 공부해 온 동료들의 직간접적인 음덕이 담겨 있다. 유철규, 전창환, 정준호, 이상철, 조영철, 송원근, 박종현, 신정완, 김균, 박순성 교수 등이 내가 감사해야 할 그분들이다. 이 책의 내용과 관련해 직접적으로 가장 많은 의견을 교환하고 귀중한 조언을 받은 것은 정준호 교수다. 나는 이들 동료와 함께해 온 시간을 통해 장하준 그룹은 물론 해외 학계의 이런 저런 연구 동향이나 '권위'에 휩쓸리지 않고 한국 경제를 보는 주체적 안목을 키우면서 미약하나마 우리의 공부 길을 단련시켜 왔다고 생각한다. 물론 이 책에서 제시한 생각의 최종적 책임은 저자에게 있다.

이 책은 후마니타스 출판사에서 먼저 제안함으로써 세상에 나올 수 있었다. 별로 돈이 되지 않는 내 글에 주목해 주고 멋진 책을 만들어 준 후마니타스의 박상훈 대표와 안중철 편집장의 호의, 그리고 편집부 이진실 씨의 면밀한 교열에 깊이 감사드린다. 마지막으로 이 책을 위한 글쓰기는 나의 아내 경희와 딸 명지의 나날의 응원과 그녀들이 뿜어내는 생생불식 긍정의 힘 없이는 불가능했을 것이다. 단지 이 책만이 아니라 두 모녀가 없는 내 삶과 공부 길은 도무지 상상할 수가 없다. 이 작은 책을 지금 여기 내게 가장 소중한 사람, 사랑하는 아내 이경희에게 바친다.

2012년 11월
우면산 기슭에서
이병천

제1부

한국 경제 성격 논쟁:

개발독재에서 경제민주화까지

01

재벌 개혁이 낡은 화두? …
그들은 쾌도난마하지 못했다

재벌 개혁과 경제민주화라는 시대 화두, 그런데…

올해 2012년은 아주 특별한 해인 것 같다. 단지 총선과 대선이 겹쳐서 그런 것만은 아니다. 87년 6월 항쟁 이후 25년, 그리고 1997년 외환 위기 이후 15년이 흐른 시점이 중첩된 해라는 점에서도 특별하다. 그래서 여기 저기서 이제 다시 '제2민주화'의 깃발을 올려야 한다는 소리가 들려온다. 그러나 어떤 아래로부터의 사회적 동력을 가지고, 어떻게 해야 제2 민주화의 길을 열 수 있을까?

6월 항쟁으로 성립했던 '87년 체제'의 생명력은 1992년의 3당 합당, 1997년 외환 위기와 신자유주의적 구조 조정, 그리고 이어 이명박 정부의 저돌적인 재벌 및 부자 퍼주기 정책과 '두 국민' 분열 정책에 의해 거의 고갈되어 버린 것 같다.

밖으로는 2008년 미국발 금융 위기가 전 세계를 강타하고, 안으로는 그 꽁무니를 열심히 쫓아간 이명박 정부의 지독한 폭정을 겪고 난 시점에 이르러서야 비로소, 경제민주화와 복지국가가 다수 대중의 삶의 불안을 극복하고 함께 잘사는 대한민국으로 가기 위한 새 시대정신으로 주목받고 있다. 재벌 개혁과 '삼성 동물원' 상황의 극복이 경제민주화와 복지국가 건설을 위한 기본 관문이라는 점에 대해서도 이제 폭넓은 컨센서스가 형성되고 있다.

때늦은 감은 있지만 그래도 생각 있는 사람들은 '제2민주화'가 요청되는 오늘의 한국 사회에서 이런 합의가 퍽 다행스런 일이라 생각하고 있다. 정치권에서도 이에 대한 기본적 동의 위에서 총선을 치렀고 또 연말 대선을 준비하고 있다. 민주통합당과 통합진보당이 주축이 된 '야권 연대'는 두말할 것도 없고, 문패를 새누리당으로 바꿔 단 집권 여당조차도 지난날 지배적 정책 기조였던 '경제적 자유화' 대신에 '공정한 시장경제 질서 확립을 통한 경제민주화 실현'을 '국민과의 약속'으로 내세웠을 정도다.

새누리당이 총선에서 승리한 중요한 이유도 재벌과 부자는 더욱 살찌우면서 다수 대중은 쥐어짜는 두 국민 분열 정책을 밀어붙인 이명박 정부와 나름대로 차별화를 시도했기 때문일 것이다. 그 진정성은 여전히 매우 의심스럽고 내부 논란도 끊일 날이 없지만 말이다. 여하튼 여야는 경제민주화와 복지국가를 대한민국이 나아갈 공통의 가치로 인정한 기반 위에서 그 실질적 내용과 수준을 둘러싸고 경쟁하고 있다.

경제민주화 움직임에 찬물 끼얹어

그런데 이렇게 경제민주화와 복지국가에 대한 폭넓은 동의가 형성되고 있는 와중에, 여기 찬물을 끼얹기라도 하듯, 강도 높은 이의異議와 비판이 제기되었다. 장하준·정승일이 『쾌도난마 한국 경제』(이하 『쾌도난마』)에 이어 내놓은 『무엇을 선택할 것인가』(이하 『선택』)라는 좌담집이 그것이다. 이들은 결론에서, "경제민주화와 재벌 개혁은 낡은 화두" 또는 "구시대 담론"(420쪽)이라고 주장한다. 그러면서 경제민주화가 결코 따로 있는 것이 아니라 보편적 복지의 확대가 경제민주화의 핵심이라고 말한다.

우리는 이 주장을 어떻게 받아들여야 할까. 그들은 정말 무슨 말을 하고 있는 것일까. 재벌 개혁과 경제민주화가 낡은 화두라고 한 그들의 말은 어쩌면 실언인 것 같기도 하다. 왜냐하면 책 전체를 호의적으로 읽는다면 그들의 진의는 주주 자본주의적인 '가짜 경제민주화'가 아니라 '진짜 경제민주화'에 있는 것으로 보일 수도 있기 때문이다.

재벌 개혁과 경제민주화를 비판하는 그들의 주장은 순진한 갑돌이, 갑순이가 한 말이라면 그냥 무시되었을지 모른다. 그러나 문제는 국제적 명성을 가진 유력한 경제학자, 한국 사회 공론장에 지대한 영향력을 미치는 경제학자가 그런 말을 했다는 점이다. 이미 한 유력 주간지는 "장하준 넌 누구냐"라는 제목의 특집호까지 발간하기도 했다.

많은 사람들이 그들에 주목하고, 그들의 말과 글이 한국 사회 공론장을 크게 흔들고 있는 것은 당연하다. 장하준·정승일 두 사람의 말은 그야말로 난마亂麻를 쾌도快刀로 끊어 내듯이, 얽히고설킨 한국 경제의 난맥상을 명쾌하게 풀이하고 처방까지 제시해 주고 있는 것처럼 보인다. 그리고 뿌리 깊은 보수 지배 아래에 있는 한국 사회와 학계에서 그들이 사회경제의 진보적 재구성과 보편적 복지국가를 주장하는 것 자체는 매우 좋은 일이다.

그러나 과연 그들은 자신들이 열정적으로 주장하는 것처럼, 제대로 한국 경제의 난마를 쾌도한 것일까? 그랬으면 참 좋겠다. 그러나 유감스럽게도, 내가 읽은 바로는 그렇게 보이지 않는다.

재벌에 불편한 진실 숨겨

나는 그동안 있어 온 한국 경제에 대한 논의의 흐름에서 한쪽으로 치우쳐 있는 막대기를 반대쪽으로 구부려 바로잡고 싶은 그들의 심정이나, 이를 통해 전달하고자 하는 뜻을 충분히 이해하고 싶다. 가려진 '불편한 진실'을 드러내고자 하는 그들의 생각에 대해 공감하는 부분도 적지 않다.

대표적인 것을 든다면, 금융의 고삐를 풀어놓으면 경제민주화든 뭐든 되는 게 별로 없다는 생각이다. 바로 이 점에서 나는 『선택』이 확실히 강력한 발언권을 갖고 있으며, 주류 주주 자본주의적 개혁론에 경종을 울린다고 본다. 제2민주화가 또 한 번의 무늬만의 민주화가 아니라 질적으로 새로운 단계의 민주화, 새로운 질의 사회경제적 민주화, 민생 진보의 길이 되어야 한다고 할 때 이 점은 대단히 중요하다. 그러나 과유불급이라고 해야 할까.

그들의 책은, 제목 『무엇을 선택할 것인가』가 말해 주듯이, '주주 자본주의냐, 재벌이냐'를 양자택일하라는 메시지를 담고 있다. 『선택』은 그런

식의 이항 대립으로 문제를 제기하고 처방전을 내면서, 그러지 않으면 모두 공멸할 것처럼 독자들을 몰아간다. 이로 인해『선택』은 막대기를 반대 방향으로 너무 많이 구부린 나머지 정반대의 극단론이 되어 버린 것 같다.

그들은 근사하게 '1원 1표'의 주주 자본주의가 아니라 '1인 1표'의 실질적 경제민주화의 길로 가야 한다고 말한다. 그러나 알고 보면 재벌에 불편한 진실은 숨기거나 최소화하면서 중요한 대목에서 재벌의 손을 들어 주고 있다.

재벌 우호적 복지론

사실상 재벌에 우호적인 그들의 복지국가론은, 민주화 시대와 포스트-캐치업post-Catchup* 시대에 특권 재벌 권력의 강력한 지배력과 규율 공백 상태, 내외 자본에 대한 민주적 통제의 실패 때문에 경제민주화와 복지국가로 가는 길이 얼마나 힘겨웠고 또 험난한 진로를 앞두고 있는지, 그리고 그 난관을 돌파할 동력은 어디서 나올 수 있는지에 대한 갈등과 쟁투의 동학에 둔감하다.

특권 재벌 권력의 힘과 경제력 집중을 비호한다면, 그것을 민주적 시민 기업 체제로 재편할 수 있는 사회적 견제력 및 규율력은 어디서 나올

---

* 탈추격형이라고도 한다. 선진 제도와 기술을 단지 모방하거나 추격하는 전략에서 벗어나 창의적으로 신제도와 기술을 개발하는 데 집중하는 전략을 말한다.

것인가. 국가와 재벌 사이, 재벌과 국제 금융자본 사이에서 이른바 '1원 1 표'에 기반한 실질적 경제민주화를 실현하고 구체화할 수 있는 아래로부터 '사회적 제3항'의 역량(정치 능력과 제도 형태의 구성력)을 어떻게 키울 수 있을까. 민주국가와 사회 간의 건설적 협력, 노동자·중소기업을 위시한 다양한 이해 당사자들의 민주적 참여와 수평적 협력 체제를 어떻게 창의적으로 만들어 낼 수 있을까. 그들에게서 이에 대한 깊은 고민을 찾아보기는 어렵다. 장하준·정승일에게 경제민주화와 복지국가를 가능케 할 힘은 그저 국가에 맡겨져 있는 것 같다. 그들의 글에는 국가 만능주의의 냄새가 짙게 배어 있다.

그들의 논리가 갖고 있는 문제점은 1997년 외환 위기 이후의 한국 경제, 즉 '97년 체제'를 바라보는 생각에만 있는 것이 아니다. 그들은 경제민주화와 복지국가의 길을 지난하게 만든, 지난 시기 박정희 개발독재 체제의 어두운 유산과 경로 의존적인 덫에 대해서도 함구한다. 미안한 말이지만, 이 지점에서 장하준·정승일의 이분법은, 헌법 119조 경제민주화 조항을 만드는 데 큰 역할을 했고 새누리당 국민행복위원장을 맡고 있는 김종인의 안목에도 미치지 못하는 것 같다.

나는 김종인이 새누리당의 배를 탄 것에 대해서는 매우 비판적이며 번지수를 잘못 짚는 바람에 헛고생을 하고 있다고 본다. 그러나 그는 적어도 독재 권력과 재벌이 지배 연합을 이룬 산업화 이후 공룡처럼 비대해진 재벌 지배 체제의 위험에 대해서는 잘 알고 있는 사람이다. 한국에서 개발독재로부터 스웨덴식 복지국가로 가는 데 걸림돌이 주주 자본주의라고만 말하는 것은 지나친 과장일 뿐더러 금융시장과 공생하는 재벌 공화국, '삼성 공화국'이라는 'X파일'을 빠트린 것이다.

양날의 칼

'주주 자본주의냐 재벌이냐'라는 이항 대립을 핵심 골격으로 삼은 『선택』
의 기본 논리는 한국 사회 경제의 진보적 구조 개혁을 바라는 99퍼센트
경제 시민들에게 양날의 칼처럼 보인다. 어떤 사람들에게는 그들의 말이
정말 쾌도로 보일지도 모르겠다. 그러나 만약 그것이 쾌도라면 양날의 칼
을 가진 쾌도일 것이다. 양날 중의 왼쪽 날은 난마를 끊어 내지만, 그 오
른쪽 날은 난마를 더 꼬이게 하며 자기 발등을 찍고, 자기 손을 베는 쾌도
말이다. 『선택』의 칼은 잘 쓰면 양약良藥이 될 수도 있지만 잘못 쓰면 치명
적인 독毒이 될 수 있다.

　나는 장하준·정승일의 『선택』에 대한 내 지적이 학술적으로나 정치
적으로 '제2민주화', 경제민주화와 복지국가의 길을 모색하는 데 도움이
되기를 바랄 뿐이다. 또 내 자신이 미리 무슨 완결된 해답을 갖고 이런 말
을 하는 건 결코 아님을 말해 둔다. 우리의 토론은 열려 있다. 해답은 생
산적이고 개방적인 토론 과정에서 집단 지성이 형성되면서 도출될 것이
라 믿고 있다 비단 대선 후보의 선출 과정만이 흥행이 될 수 있는 것은 아
닐 것이다. 우리의 논쟁이 '제2민주화를 위한 정치경제학'으로 일컬어지
면서 또 다른 학술적 흥행판이 열릴 수 있다면 이 또한 흥겨운 일이 아니
겠는가.

02

그들은 신자유주의를
제대로 이해하지 못했다

장하준과 정승일이 『선택』에서 다루고 있는 주제는 매우 넓다. 이명박 정부 시기는 물론 1997년 외환 위기 이후 한국 경제, 나아가 근대화 50년 한국 자본주의 전반에 걸친 굵직한 주제들을 거의 포괄한다. 게다가 2008년 미국 금융 위기 이후 세계경제 현안에 대해서도 중요한 이야기를 많이 들려주고 있다. 그들은 나라 안팎의 경제 사정을 아우르는 어지간한 지식을 가진 사람이 아니면 흉내 내기 어려운 종합적 작업을 수행했다. 그것만으로 『선택』은 『쾌도난마』에 이어 또다시 경제 시민들에게 큰 선물이 될 것이다. 하지만 여기에는 의외로 모호한 구석이 있는데, 이번 글에서는 신자유주의 개념에 대해 장하준·정승일이 어떻게 파악하고 있는지, 그 개념 위에서 한국 경제의 주요 문제 또는 '주요 모순'을 어떻게 보고 있는지, 그리고 거기에 어떤 강점과 빈틈이 있는지 구체적으로 살펴보고자 한다. 나는 『선택』과 『쾌도난마』 전체를 관통하는 그들의 핵심 논지에 대해 검토해 볼 것이다.

신자유주의에 대한 그들의 세 가지 명제

신자유주의라는 말은 널리 쓰이고 있지만 자세히 보면 각인각색이어서 다소 혼란스럽기도 하다. 통상적으로 이 말은 간단히 탈규제·자유화, 민 영화, 부자 감세, 노동시장 유연화, 개방화 등을 가리킨다. 그렇지만 정확 히 무엇을 신자유주의라고 볼 것인가에 대해서는 충분한 이해와 합의가 있다고 보기 어렵다. 예컨대 신자유주의가 단지 정책만 지칭하는 것인지 아니면 하나의 축적 체제 또는 하나의 자본주의 유형인지, 둘 다인지, 그 리고 하나의 단일한 신자유주의 형태만 존재하는 것인지 아니면 여러 잡 종 신자유주의 형태가 존재한다고 볼 수 있는지도 분명하지 않다. 그런 까닭인지 김기원 교수처럼 "신자유주의 타령"은 그만하고 시장 만능주의 라는 말을 쓰자고 하는 사람도 있다.[*] 그러면 장하준·정승일의 경우는 어 떤가. 그들은 신자유주의에 대해 다음과 같이 말한다.

〈명제 1〉 신자유주의는 저성장주의이며 저성장을 위한 체제라고 해도 과언이
아닙니다. … 금융자본을 위한 자본주의이기 때문입니다. 금융자본이 기업 경

---

[*] 김기원의 "김대중 노무현 정권은 시장 만능주의인가"(최태욱 엮음, 『신자유주의 대안론 : 신자유주의 혹은 시장 만능주의 넘어서기』, 창작과비평, 2009)와 "신자유주의 타령을 넘어"(『한겨레』, 2008/07/16) 참조.

영의 주도권을 장악한 시스템인 것입니다(『쾌도난마』, 17쪽).

즉, 그들의 경우 신자유주의란 곧 금융자본주의 또는 주주 자본주의다. 금융이 몸통이고 실물이 꼬리로 거꾸로 선 자본주의가 신자유주의인 것이다. 이어서 그들은 신자유주의는 좌파와 우파의 '두 가지 버전'이 있다면서 다음과 같이 말한다.

〈명제 2〉 좌파 신자유주의라 할 수 있는 미국 민주당의 클린턴이나 영국 노동당의 블레어는 … 금융자본주의 노선을 밀어붙이고 노동시장에 최소한의 보호 장치는 존속시키지만 기본적으로 유연화를 지지하고 노동조합이 자본에 밀려 약체가 되는 것을 방관하고 공공 부문 민영화를 지지한 것도 그래서이죠. 그러면서 공정한 시장을 주장하니까 독점은 규제하고요. 그에 비해 이명박 정부 같은 원조 신자유주의는 노동시장의 완전한 유연화를 주장합니다. 심지어는 최저임금제에도 반대해요. 또 독점 대기업도 용인합니다. … 그러니까 이명박 정권은 레이건·대처 정권에, 김대중·노무현 정권은 클린턴·블레어 정권에 비교할 수 있어요(『선택』, 22-23쪽).

그런데 이렇게 신자유주의를 금융자본주의, 주주 자본주의라 규정한 다음, 그들은 "오늘날 (신)자유주의 프로젝트의 주체는 재벌이 아니라 세계화된 금융자본이다"라고 주장한다(『쾌도난마』, 237쪽). 그들의 이런 생각을 가장 잘 보여 주는 것은 "노동운동의 주적이 세계화된 금융자본"이라고 하는 대목이다. 그들은 다음과 같이 말한다.

〈명제 3〉 한국 노동운동의 가장 큰 착각 중 하나는 반재벌 투쟁과 반신자유주의 투쟁이 함께 갈 수 있는 것으로 생각한다는 겁니다. 둘 다 '노동자의 적'이라고 생각하니까 재벌과 신자유주의를 '같은 편'으로 간주하는 것 같아요. 그러나 재벌을 타도한다고 노동시장 유연화가 극복되고 신자유주의를 저지할 수 있는 걸까요? 그렇지 않다고 생각합니다. … 노동시장 유연화는 반재벌 투쟁을 통해 극복될 수 없는 문제라는 거죠(『쾌도난마』, 174쪽).

장하준·정승일에 대한 공감

우리는 장하준·정승일의 말에 마땅히 진지하게 경청해야 할 대목이 있다고 생각한다. 세계 자본주의 패권국 미국이 금융 주도의 신자유주의 길로 돌진해 그 질병을 세계적 규모로 전염시킨 사실, 그리고 마침내 2008년 미국 '금융 위기'가 터져 그 위기가 세계화되었으며, 월스트리트로 대표되는 금융 과두제와 극심한 양극화에 항의해 '월스트리트 점령' 운동까지 전개된 경과를 생각해 볼 때, 그들이 신자유주의를 금융자본의 지배 체제로 파악하고 그 파괴적 효과와 위험에 대해 질타한 것은 시의 적절하다 할 수 있다. 또한 금융이 주도하는 주주 자본주의의 위험은 결코 바다 건너 '남의 이야기'가 아니라 우리의 이야기이기도 하다. '뼛속까지 친미적인' 이명박 정부는 두말할 것도 없거니와, 그 이전 시기 김대중·노무현 정부도 재벌 개혁을 비롯한 구조 조정을 통해 한국 경제를 미국식 신자유주의, 주주 자본주의 쪽으로 개조하는 작업을 추진했다. 87년 민주화 이후 구개발주의의 자유화가 진행된 이래 이를 결정적으로 해체한 한국 경제 '97년 체제'의 골격은 김대중 정부 시기에 IMF 관리 체제 아래서 만들어졌다. 재벌 개혁은 전면 개방된 금융시장의 힘과 주주 가치로 재벌을 규율하는 기본 기조를 가지고 이루어졌고, 그 결과 재벌 체제는 — 그리고 공기업의 민영화도 — 현저히 주주 가치를 추구하는 방향으로 개편되었던 것이다. 따라서 1997년 이후 재벌 체제는 그 이전과 연속적 측면을 가지면서도, 주주 가치를 추구하는 방향으로 새로운 질적 변화를 겪었다고 봐야 한다. 1997년 이전이나 이후나 한국 경제가 그저 변함없는 재벌 자본주의 또는 총수 자본주의라고 말할 수는 없다. 그렇게 연속성만 봐서는 1997년 이후와 2008년 이후 양극화 축적 체제의 전모를 설명하기 어렵다. 나는 이 대목에서는 장하준·정승일의 한국 경제 진단과 견해를 같이 하며, 주류 재벌 개혁론자와는 갈라진다. 장하준은 다음과 같이 통렬하게 지적한다.

> 한국의 대기업은 지난 수십 년간 국민이 함께 키워 온 거예요. 그런 대기업을 재벌 개혁이란 명분하에 국내외 자본 투자자들이나 재테크 세력에게 내주면 안 됩니다. 그런 재벌 개혁이라면 과거 재벌 가문 사람들 500명 정도만 잘 먹고 잘살던 걸 기껏 5만이나 50만 명의 금융자산 부자들까지 잘 먹고 잘살게 만드는 경제민주화로 끝날 수밖에 없어요. 우리는 그러지 말고 5천만 국민 전체가 골고루 잘 먹고 잘사는 복지국가를 이룰 수 있는 방향으로 재벌 개혁을 추진해야 한다는 겁니다(『선택』, 266쪽).

나는 장하준의 이 견해에 전폭적으로 동의한다. 나 또한 이전에 거의 같은 의미로 다음과 같이 쓴 바 있다.

이 자본의 정치적 해방의 시대에 우리가 목격하고 있는 것은 무엇인가 … 한강의 기적과 세계 속의 한국 경제를 일구는 데 가장 무거운 부담을 져 온 근로 대중은 고용 불안과 생존권 위기 상황에 내몰려 있다. 재벌의 부는 국민의 부 commonwealth로, 근로 대중의 생활 향상으로 확산 균점되는 것이 아니라 주로 국제 금융자본이 뜯어먹고 있다.[*]

주주 자본주의적 개혁으로 인해 지난날 한국 경제가 가지고 있던 국가 주도형의 '조절된 시장경제' 또는 '집단적 협력 자본주의'적 — 물론 권위주의적이고 불공정 공유 형태였지만 — 성격은 결정적으로 파괴되었고, 지난 수십 년간 국민 대중들의 헌신과 희생으로 함께 키워 온 재벌의 과실은 재테크 세력, 금융 투자자들에게 내주기에 이르렀다. 반면 노동자와 서민, 그리고 여러 중간 집단들조차 패배자의 처지로 떨어졌다. 그러므로 더 많은 주주 자본주의를 추동하고 심화시키는 재벌 개혁에는 반대하며 주주 자본주의를 견제해야 한다고 보는 장하준·정승일의 주장에 나는 공감한다. 그런 개혁이라면 재벌 및 금융자본과 유착, 공생하는 과두지배 체제를 강화하고 사회경제적 양극화를 한층 심화시키는 결과를 가져올 위험이 있다. 따라서 단지 재벌 개혁, 경제민주화가 아니라 '어떤 개혁인가', '어떤 민주화인가' 그리고 어떤 새로운 '조절된 시장경제'인가를 물어야 하는 것이다. 1997년 이후 아니 1987년 이래 우리는 이 물음을 얼

---

[*] 이병천, "반공 개발독재와 돌진적 산업화," 『다시 대한민국을 묻는다』(한울, 2007), 139-140쪽.

마나 진지하게 던졌던가.

이제 우리는 금융 자유화와 주주 자본주의를 더 심화시켜서는 안 되며, 그것을 억제하고 통제하는 경제민주화의 길로 나아가야 할 것이다. 금융 통제와 양극화 해소는 민주적 대안의 길에서 같이 가야 할 두 바퀴 친구가 되어야 한다. 재벌 개혁과 경제민주화, 그에 기반한 민주화 시대 새로운 한국형 '조절된 시장경세'의 길은 금융 통제 없이는 소기의 성과를 거두기 어렵다.

특권 재벌에 면죄부를 주다

그렇다면 무엇이 문제인가. 장하준·정승일과 나는 어떤 지점에서 갈라지는가? 위에서 인용한 내 글에는 다음 문장이 이어진다. "삼성과 같은 슈퍼 재벌의 횡포가 국가권력의 비호 아래 자행되고 있다." 그러나 장하준·정승일은 전혀 그렇게 생각하지 않는다. 따라서 한국 경제의 구조와 경제민주화로의 길에서 재벌을 어떻게 자리매김하고 재벌 개혁을 어떻게 바라볼 것인가가 첨예한 논쟁점이 된다. 대안의 길에서 어떤 재벌 개혁인가, 어떤 경제민주화인가가 큰 문제인 것이다.

나는 장하준·정승일의 논리가 갖는 중대한 문제는 앞서 본 〈명제 3〉에 있다고 생각한다. 〈명제 3〉에서 그들은 신자유주의 축적 체제와 축적 기획의 주체가 금융자본, 무엇보다 월스트리트를 중심으로 하는 세계화된 금융자본이라고 주장한다. 이를 통해 그들은 재벌을 한국 신자유주의 지배 세력에서 떼어내 버린다. 이제 재벌은 신자유주의 축적 체제와 기획의 중심 지배 세력이기는커녕 노동자들과 함께 초국적 금융자본의 공격을 받는 대상으로 자리매김된다(『쾌도난마』, 85-86쪽). 그리고 공정 시장을 위한 개혁은 결국 영미식 주주 자본주의를 하자는 것과 같아진다(『선택』, 188-194쪽).

이런 논지에 대해서는 오히려 재벌이 신자유주의를 선도한 세력이 아닌가라는 질문이 자연스레 제기될 수 있을 것이다. 그들의 책에서도 이런 의문이 나왔다. 이에 대해 장하준은 이렇게 말한다.

재벌들이 바보 같은 짓을 한 거예요. 시장주의(자유주의)를 들여오면 정부의 간섭에서 벗어날 수 있을 것 같으니까 1990년대 중반 자유기업원 등을 만들어 미국 공화당 극우파들의 극단적 개인주의나 수입하고 주주 자본주의 이론 들여오고 그랬거든요. 자기 발등을 자기가 찍은 거죠(『쾌도난마』, 83쪽).

그동안 (로버트 웨이드Robert Wade가 말한) "월스트리트-미 재무부-IMF 복합체"의 프로그램과 그 지배 복합체의 행동을 생각한다면, 나는 장하준·정승일의 주장이 완전히 터무니없는 말이라고 말하고 싶지는 않다. 그들 지배 복합체와 그 정책 체계로서 '워싱턴 컨센서스'Washington consensus가 제시하는 탈규제, 경쟁 시장, 사적 소유권 정립, 대외 개방 등은 결국 개발도상국의 지속 가능한 발전을 돕는 게 아니라 봉쇄하는 것이었다. 장하준이 줄곧 말하듯이 세계를 '평평하게' 하는 작업은 약소국을 강대국에 무장해제시키는 '사다리 걷어차기' 전략이 될 수 있다. 그리고 한국의 경우에도 그들 지배 복합체는 미국을 위해 한국의 재벌을 해체하는 극단적 구상까지 가지고 있었던 것인지도 모르겠다. 또한 놀랍게도 전경련 부설 한국경제연구원에서 재벌 조직을 옹호하는 게 아니라 주주 자본주의론을 주장하면서 장하준을 비판하고 있는 걸 보노라면,* 재벌들이 바보 같은 짓을 했다는 장하준의 말이 완전히 틀린 것도 아니다. 재벌 연합체 부설 연구소가 주주 자본주의를 주장하고, 재벌을 옹호해 주는 세계적인 학자 장하준을 비판하다니 정말 해괴망측한 일이 아닌가!

그러나 그렇다고 해서 재벌이 한국 신자유주의 체제의 지배 세력이 아니라고 할 수 있을까? 민주화 이후 민주주의에서 가장 큰 과실을 얻고 최대의 승리자가 되었다 할 재벌을 반反신자유주의 대열의 주체 세력으로 볼 수 있을까. 그리고 진보적으로 영유해야 할 공정 시장을 위한 개혁안을 영미식 주주 자본주의로 가는 길이라고만 내칠 수 있을까. 이 대목에서 내 생각은 장하준·정승일과 갈라진다. 재벌은 그들에게 면죄부를 주는 말이라면 쌍수를 들고 환영할 것이다. 그러나 바보로 만드는 것에 대해서는 불쾌하게 생각할 것이다. 재벌 산하 연구소가 『장하준이 말하지 않은 23가지』 같은 책만 내는 건 아니다. 우리는 삼성경제연구소에서 발간한 『한국경제 20년의 재조명』(홍순영·장재철 외 지음, 삼성경제연구소, 2006) 같은 책도 살펴볼 필요가 있다. 이 책은 장하준·정승일과 비슷하게 주주 자본주의의 폐해를 비판하면서 재벌 조직을 옹호하는 논지를 펴고 있다. 그러면서도 경제적 자유화를 '기초적 자유화'와 '선진화된 자유화'로 구분하고 영미형 자본주의는 법의 지배와 선진화된 시장의 조합으로, 유럽형은 사회

---

* 송원근·강성원, 『장하준이 말하지 않은 23가지』(북오션, 2011) 참조. 이에 대한 필자의 비판은 이 책의 2부 (15장)에 수록된 글 참조.

적 통합과 기초적 자유화의 조합으로 파악한다. 또한 "외환 위기 이후의 기업 지배 구조 개혁은 주식시장 규율이 강화되었다는 점에서 긍정적인 측면이 존재하는 것이 사실이다. 그렇지만 이에 따른 많은 부정적 영향이 나타나고 있다"(29, 243쪽)라고 조심스레 이야기한다. 삼성경제연구소에서 나온 연구서임에도 불구하고 장하준·정승일 같이 극단적 주장을 하지는 않고 있는 것이다. 한국 최고의 재벌 연구소에서조차 나름대로는 균형 잡힌 말을 하려고 노력한 흔적이 엿보인다. 이는 장하준·정승일의 주장이 그만큼 한국 경제 현실과는 거리가 멀다는 것을 반증하는 것이다.

이는 그들이 한국 경제의 역사와 현실에 대한 조사와 안목이 부족한 탓일 수도 있다. 더 나아가서는 신자유주의를 금융자본의 지배로만 단순하게 파악한 탓일 수도 있다(〈명제 1〉). 신자유주의라는 것을 단지 금융자본의 지배로만 좁게 바라보기보다는, 지배계급 복합체의 보수적 복원, 즉 인간과 세계를 재상품화하는 산업자본과 금융자본의 새로운 타협 기획이라고 좀 더 폭넓게 바라볼 수 있을 텐데 말이다.*

---

* 이에 대한 별도의 논의는 이 책의 1부 10장 참조.

03

장하준·정승일의 자가당착, 그리고 '잡종 신자유주의'

장하준·정승일은 현재 한국 사회에서 재벌과 금융자본이 승리자가 되고, 노동자와 서민, 그리고 여러 중간 집단들조차 패배자가 된 한국 경제의 실상, 즉 사회경제적 양극화 축적 체제의 탄생과 대부분의 사람들이 예상하지 못한 '민주화의 역설'에 다가서고자 노력한다. 그들은 주류 재벌 개혁론자와 경제민주화론자의 논리, 즉 1997년 위기 이후 구조 조정을 '정상적인 시장 개혁' 경로로 보면서 이를 이명박 정부의 친재벌·친부자 '신자유주의적 역주행'과 구획하고자 하는 논리에 대해 심각한 이의를 제기한다.

주류 시장 개혁론자들 또는 주류 공정 경쟁론자들은 김대중·노무현 집권 10년의 한국 경제가 여러 지향들이 뒤섞인 '혼합 경제' 성격을 갖고 있다고 하면서 이 시기에 대해 '신자유주의 타령'을 해서는 안 된다고 주장해 왔다. 그럼으로써 이들은 여러 가지 이유를 들며 1997년 이후 경제체제를 신자유주의로 파악하지 않으려고 노력한다.* 또한 그들은 재벌 개혁의 핵심 과제를 전근대적인 중상주의적 천민성을 극복하는 (구)자유주의적 개혁안에 가두어 놓으려 한다. 따라서 그들의 경우, 재벌 개혁은 '1원 1표' 원리에 입각한 정상적·근대적 시장경제를 수립하기 위한 것이 된다.

이에 반해 장하준·정승일에 따르면 김대중·노무현 정부와 이명박 정부는 신자유주의 노선 안에서 좌파와 우파로 구분되어야 한다. 그리고 우리가 해야 할 진보적 개혁 과제는 '1원 1표'가 아니라 '1인 1표' 원리에 입각한 '진짜 경제민주화'이며, 이를 통해 사회경제적 양극화를 극복하고 복지국가로 나아가는 것이다. 이 부분에서 그들은 용기 있게 '정치적 진영' 논리를 탈피해 사태의 실상에 다가가고 있는 것으로 보인다. 그러나 유감스럽게도 그들은 한 발을 재벌 쪽에 걸침으로써 풀리는 듯 보이는 실타래를 다시 꼬아 놓는다. 양다리를 걸친 그들의 발길은 불안하게 흔들리는 갈지자 행보를 한다. 나는 여기서 그 불안한 엇박자 걸음이 어떻게 나타나는지 흥미로운 시험문제를 한 가지 내보겠다. 경제 시민들도 함께 이 문제를 풀어 보았으면 한다.

친재벌 이명박 정부가 김대중·노무현 정부보다 더 진보적?

앞의 글에서 언급한 장하준·정승일의 신자유주의에 대한 〈명제 2〉로 돌아가 보자. 〈명제 2〉에서 그들은 신자유주의에 좌파와 우파의 두 가지 버

---

* 백낙청도 비슷한 생각을 보여 주고 있다(『2013년 체제 만들기』, 창작과비평, 2012, 16-17쪽).

전이 있다고 말했다. 그들에 따르면, 이명박 정부와 김대중·노무현 정부는 금융자본주의 노선을 추구했다는 점에서 같은 과에 속하는 신자유주의 정부다. 그러나 이명박 정부는 노동시장의 완전한 유연화를 밀어붙이고 독점 대기업을 옹호한다는 이유로 레이건·대처 정권과 같은 우파 신자유주의 정부로 분류된다. 반면 김대중·노무현 정부는 노동시장에 최소한의 보호 장치를 만들고, 독점을 규제하면서 공정한 시장을 주장하기 때문에 클린턴·블레어 정권과 비슷한 좌파 신자유주의 정부로 분류된다.

그러나 장하준·정승일의 이런 인식은 과연 적절한가? 복지국가(또는 이른바 자본주의 2.0) 단계를 거친 영국의 블레어와 그렇지 못한 미국의 클린턴, 또 그렇지 못한 한국의 김대중·노무현 정부를 쉽게 동류로 다루는 것은 조심해야 할 일이다. 그러나 여기서 이 문제는 넘어가기로 하자. 장하준·정승일은 재벌의 독점적 지배력과 경제력 집중을 완화하고 그 특권을 약화시키는 일체의 개혁 조치가 주주 자본주의를 심화시키고 국제 투기 자본의 힘을 강화시킨다며 거부한다. 공정 시장은 곧 영미식 주주 자본주의로 가는 길이라고 보고 거절하는 것이다. 만약 그렇다면, 우리는 이렇게 물어볼 수 있을 것이다. 한국에서는 재벌에 대한 규제 완화 조치가 재벌을 흔들어 대는 재벌 개혁과 경제민주화보다 오히려 더 진보적이라고 말해야 하지 않나. 그리고 재벌에 획기적인 규제 완화 조치를 취해 유례없이 재벌 친화적인 경제를 만들어 놓은 이명박 정부가 김대중·노무현 정부보다 오히려 더 진보적이라고 말해야 맞지 않나. 그들의 논법대로라면, 재벌에 대한 규제 완화는 재벌로 하여금 '세계화된 금융자본'에 대항할 수 있는 힘을 불어넣어 줄 것이기 때문이다. 나아가 적어도 말로는 경제 자유화를 버리고 경제민주화를 이야기하는 박근혜는 이명박보다는 더 보수적이고, 민주통합당보다는 더 진보적이라고 말해야 하지 않을까. 정확히 말해서, 부자 감세는 보수적이지만 재벌 규제 완화는 더 진보적이다, 그런 의미에서 친부자는 보수적이고 신자유주의적이지만 친재벌은 진보적이고 반신자유주의적이라고 말해야 옳지 않을까? 내가 억지를 부리는 것일까. 혹시나 그럴지도 모르겠다. 나는 장하준·정승일이 이 궁금증을 풀어 주면 좋겠다.

장하준의 자가 당착, 암스덴 대 장하준

사실, 장하준·정승일이 『쾌도난마』와 『선택』에서 제시한, 재벌을 뺀 신자유주의 지배 체제론은 장하준이 신장섭과 같이 쓴 『주식회사 한국의 구조조정 무엇이 문제인가』(장진호 옮김, 창작과비평, 2004)(이하 『주식회사』)보다 논지가 후퇴한 책으로 보인다. 분석의 면밀함에서만 후퇴한 것이 아니다. 이는 대담집이라는 점을 감안해야 하기 때문이다. 문제는 바로 지금 따지고 있는 재벌 문제에 대한 인식에서의 변화다. 『주식회사』에서 이와 관련된 중요한 구절을 인용해 보면 다음과 같다.

> 주식회사 한국에서 국가의 지배적 위상에도 불구하고, 한국에서 발전 국가에 대한 도전은 심지어 경제 기적의 기간 전반에도 계속 있었다. ··· 하지만 가장 크고 결정적인 도전은 1970년대 후반부터 관료제 내부의 자유주의 분파와 다수 지식인 집단, 그리고 점차 강력해진 재벌 간 동맹으로 구체화하기 시작한

신자유주의 세력에서 일어났다(116쪽).

the biggest and ultimate challenge came from the Neo-Liberal forces that came to crystallize from the late 1970s in an alliance between the 'liberal' faction in the bureaucracy, the majority of the intellectual community, and the increasingly powerful *chaebols*.[*]

위의 인용 부분에서 장하준은 신자유주의 세력이 관료제 내부의 자유주의 분파, 다수의 지식인 집단, 그리고 강력해진 재벌 간의 동맹으로 구체화되기 시작했다고 말한다. 다시 말해, 재벌을 분명히 신자유주의 동맹의 구성 부분으로 보고 있는 것이다. 이는 '재벌을 떼어낸 신자유주의 지배체제론'을 제시한 『쾌도난마』와 『선택』의 논리와는 대조된다. 나는 이전에 『주식회사』에 대한 비판적인 서평을 쓰면서 특히 노동의 축을 완전히 빠트려 놓은 대목을 중대한 허점으로 지적했다.[**] 이는 장하준·신장섭의 한국 자본주의론의 중요한 빈틈을 보여 준다. 그러나 그래도 그 책은 박정희 체제 이래 신자유주의에 이르는 한국 경제의 궤적을 간명하게 잘 훑은 책이라는 생각을 했다. 재벌에 대한 서술 부분이 아주 빗나가진 않았다는 게 한 가지 이유였다. 그러나 불과 1년도 채 지나지 않은 시점에서 나온 『쾌도난마』의 재벌 인식은 엄청나게 달라졌다. 『주식회사』에서 신자유주의 동맹에 들어 있던 — 주도 세력은 아니라 해도 — 재벌이 세계화된 금융자본의 공격을 받는 수동적 대상 내지는 피해자, 나아가 반신자

[*] Jang-Sup Shin and Ha-Joon Chang, *Restructuring Korea Inc.*, Routledge Curzon, 2003, p. 67

[**] 이병천, "'주식회사 한국' 모델에서 '이해 당사자 한국' 모델로," 『서평문화』, 제56집(2004년 겨울호). 이 책 3부, 18장에 수록되어 있다.

유주의 세력으로 뒤바뀐 것이다. 장하준의 이런 생각의 변화를 우리는 어떻게 봐야 할까.

장하준·정승일·신장섭의 연구는 크게 볼 때 국제학계에서 개발 국가론의 흐름 속에 있는 것으로 보인다. 그래서 이들의 연구는 한국 경제에 대한 연구로 보자면 앨리스 암스덴Alice Amsden과 논지가 상당히 비슷한 부분도 있다. 암스덴은 박정희를 '위대한 지도자'(!)로 보고, 재벌의 역할을 아주 높게 평가하는 학자로서『아시아의 다음 거인 : 한국의 후발 공업화』Asia's Next Giant: South Korea and Late Industrialization(이근달 옮김, 시사영어사, 1990)라는 명저를 남겼다. 그런데 이때 우리가 주목해야 할 것은 그녀가 제시하는 한국 경제 성공의 논리다. 암스덴은 '한강의 기적'의 논리를 정치적 독재가 아니라, 개발 국가의 재벌에 대한 지원과 그것에 상응하는 성과 '규율'의 강제, 보다 넓게는 자본 통제에서 찾았다. 그녀는 일찍이 장하준·정승일보다 훨씬 깊이 있게 재벌 자본에 대한 국가의 공적 규율론을 독보적으로 제시했던 것이다. 바로 그 때문에 개발주의의 자유화의 길에서 이 규율이 어떻게 변화했는지 그 행방을 묻는 것이 무엇보다도 중요하다. 이와 관련된 암스덴의 언급을 일부 인용해 보면 다음과 같다.

한국 경제는 현재 어려움을 겪고 있으며 동시에 미국으로부터 무역 및 금융시장 자유화의 압력을 받고 있다. 일부 시장 자유화는 불가피할지도 모르고 또 심지어는 바람직할 수도 있다. 그러나 19세기 말 이래 대규모의 현대 기업은 주요 공업화를 모두 지배해 오는 경향을 보였으며, 한국도 예외는 아니다. 이런 환경 하에서 지나치게 자유 시장에 의존하게 되면 대기업들의 지배력만 키워 주고 노사 관계를 악화시킬 위험이 있다. 민주국가로서의 한국은 이제 자유화 외에 또 하나의 선택을 할 수 있다. 즉, 대기업에 대한 정부의 통제력을 지속시키되, 공업화의 과실을 골고루 나누기 위해 정부에 대한 국민의 통제력을 더욱 강화하는 일이다.[*]

암스덴의 위와 같은 논의는 한국에서 국가-재벌 지배 동맹이 추구한 권위주의-개발주의 체제에 내장된 근본적 문제점을 인식하지 못한다. 즉, 노동 세력의 발언권을 배제하고 시민사회를 억압해 온 개발독재 체제에서 재벌에 대한 국가의 통제력을 유지하면서 사회경제적 민주화와 복지국가로 가는 길이 얼마나 어려운 일인지, 그 때문에 민주화 이후 오히려 자기 발로 서게 된 공룡 재벌의 고삐를 잡고 민주적으로 규율할 수 있는 아래로부터의 정치경제적 동력 또는 '사회적 제3항'을 형성하는 것이 얼마나 지난한 일인지를 놓치고 있는 것이다. 암스덴을 포함한 외국의 개발 국가론자들은 노동 배제적 권위주의-개발주의에서 '노동 있는 민주주의'로 나아가는 일, 민주화 이후 자본주의와 민주주의 간 갈등의 동학 속에서 새롭게 민주적이고 사회 통합적인 소유권 질서를 세우는 일, 그 문맥 속에서 발본적 재벌 개혁 관문을 통과하는 일이 얼마나 어려운 일인지에 대해서는 퍽 둔감하다. 당연히 이들은 후발 근대화에서 한국적 길과 스웨덴적 길이 ― 유사점도 없지는 않지만 ― 얼마나 판이하게 다른지 불감증을 보인다. 사실 나는 그동안 이런 취지로 국내외 개발 국가론의 흐름이 지닌 허점에 대해 줄곧 비판해 왔다.[**]

[*] 앨리스 암스덴, 『아시아의 다음 거인 : 한국의 후발 공업화』(이근달 옮김, 시사영어사, 1990), 2쪽. 같은 책, 148-153쪽도 참조하라.
[**] 이병천, "강한 개발 국가 복원? … 장하준의 새로움과 구태의연함," 『프레시안』, 2011/03/04 ; "개발 국가론

그럼에도 불구하고 위에서 인용한 암스덴의 말은 매우 중요한 지적을 하고 있음에 주목해야 한다. 왜냐하면 적어도 그녀는 개발주의 시기뿐만 아니라 이후 한국 경제 전환의 경로에서도 비대해진 재벌 권력의 고삐를 잡는 국가 규율 방식이 어떻게 변화될지, 그 행방에 대해 일관된 시각을 견지하고 있기 때문이다. 그러면서 이미 거대 재벌이 존재하는 상황에서 고삐 풀린 자유 시장화는 재벌의 지배력을 키울 뿐 아니라 노사 관계를 악화시킨다고 본다. 그리하여 재벌에 대한 정부의 통제 그리고 정부에 대한 국민의 민주적 통제가 민주화 시대 자본과 노동, 자본과 서민 대중이 성과를 공유하는 성장을 위한 요체라고 말하고 있는 것이다. 또한 암스덴은 개발주의의 자유화와 민주적 개혁 대안을 다룬 별도의 논문에서는 주요 재벌의 지분을 보유하는 '준공공 기관투자가'semipublic institutional investors를 창설하는 일, 독일 모델처럼 노동에 참여 발언권을 부여하는 방안들을 제시하고, 재벌 체제의 소액주주 이익 침해를 바로잡는 문제에까지도 주의를 기울인 바 있다.* 특히 기관투자가를 공적 제도로 구성한다는 발상은 매우 참신하며 연기금의 주주권 강화 문제와 관련해서도 시사하는 바가 크다.

그러나 암스덴과 달리, 장하준·정승일은 개발주의 시기에 국가가 재벌을 통제했다고 말해 놓고서는, 그 이후 그 통제 또는 규율 문제가 어떻게 됐는지의 문제에 대해서는 도무지 두서가 없다. 그래도 『주식회사』에서는 미약한 대로 이에 대해 언급을 한다. 재벌이 신자유주의 동맹 세력이라는 말까지도 한다. 하지만 『쾌도난마』와 『선택』에 오면서 그들은 아

딛고 넘어서기," 『경제와 사회』, 57호(2003년 2월).
* Alice Amsden, "The Spector of Anglo-Saxonizaton is Haunting South Korea," *Korea's Political Economy : An Institutional Perspective*, Westview Press, 1994.

예 재벌을 신자유주의 지배 세력에서 삭제시켜 버렸다.

한국 신자유주의의 역사적 의미에 대하여

모든 역사적 기획은, 혁명적 전복을 도모하는 경우가 아니라면, 어떤 형태로든 기존의 기득권 세력과 모종의 타협을 통해 이루어질 것이다. 자본주의의 민주화든, 국가사회주의의 체제 전환 과정이든 이는 마찬가지다. 따라서 개혁의 정치경제(학)의 승패는 바로 이 타협의 방식과 형태를 어떻게 가져가는지에 달려 있다. 한국의 경우도 예외는 아니다. 한국에서 개발주의, 또는 동원형 집단적 자본주의의 역사적 전환과 제도 이행은 경제와 사회에서 지배 세력의 위치를 장악하게 된 재벌의 동의 없이는 이루어질 수 없었다. 1997년 이전은 물론이고 위기 이후 이루어진 신자유주의 구조 조정도, 그것이 설사 IMF 관리 체제 — 한때 '신탁통치'라고도 말했다 — 아래서 이루어졌다 해도, 국내 재벌 권력의 저항이나 동의 없이 진행된 것은 결코 아니었다. 김대중 정부가 무력해진 집권 후기에는 특히 그랬다.

그 때문에 한국 경제의 궤적에서 우리가 목격하는 것은 장하준·정승일이 말하는 것처럼 단순히 금융자본 주도의 신자유주의가 아니다. 그것은 재벌과 금융자본이 때로 갈등하면서도 타협하며 공생하는, 그리고 바로 그 공생의 힘으로 노동자와 서민, 취약한 중산층을 양극화 함정 속으로 몰아넣는 일종의 '잡종 신자유주의'인 것이다. 한국에는 월스트리트와 같은 금융 권력이 존재하지 않는다는 것, 한국 경제에서 제조업의 위상은

1997년 이후 오히려 더 강화되었다는 것, 그 근간은 장하준·정승일이 말하는 '한국 국적의 재벌' ─ 그 꼭짓점에 삼성이 있다 ─ 이 장악하고 있다는 것, 그리고 한국이 IMF 관리 체제를 졸업한 것은 오래전의 일이라는 것을 상기할 필요가 있다.

장하준·정승일은 줄곧 박정희 체제가 정부의 노동 통제뿐만 아니라 자본 통제에도 기초해 있었다고 말하고 있다. 그리고 "정부의 통제에 대항해 자본이 자유주의란 걸 내세우며 반란을 일으켰던" 것이고 그래서 자본에 대한 정부의 통제가 해체되는 과정을 밟았다고 말하기도 한다. 이것이 틀린 말은 아니다. 앞서 지적했듯이, 자본에 대한 정부 통제의 해체, 재벌에 대한 규율의 해체야말로 민주화 시대에 나타난 국가의 후퇴 및 허약한 연성 국가화의 핵심이다. 만약 그렇다면 개발주의로부터 신자유주의로 이행하는 근본 요인은 금융 자유화뿐만 아니라 정부의 재벌 통제 실패에 있고, 재벌이 신자유주의화의 주도 세력이라고 보는 것이 논리적으로 맞다. 그러므로 이제 이들처럼 재벌이 자기 발등을 찍는 '바보 같은 짓'을 했다고 언급하는 식으로 두루뭉술하게 넘어가지 말고, 한국식 자본주의의 역사적 경로에 착근된 논리적 설명은 없는지 살펴야 한다. 한국의 대표적 진보 경제학자 가운데 한 사람인 유철규의 말을 들어 보기로 하자.

역사적 맥락에서 볼 때 한국에서의 신자유주의는 두 가지 의미를 갖는다. 하나는 경제개발의 유산으로 인해 노동계급에 대한 정치적 대응 능력이 약화된 국가의 후퇴이고, 다른 하나는 동전의 양면이지만 그 탄생의 원죄로 인해 국가와 함께 사회적 책임을 분담해야 했던 사적 대기업에 대한 면죄부 부여이다. 이렇게 보면, 미국식 사적 소유권의 확립이란 그 자체의 순수한 의미로 다가오는 것이 아니라 조세와 강제 저축에 의해 육성된 사적 대기업의 출생에 대한 기억을 지운다는 의미로 받아들여진다. 제도적 차원에서 구체제의 해체가 시작된 1980년대 후반 이래 모든 제도 개편의 밑바닥에 깔렸던 문제는 바로 이 재벌의 사적 소유권의 범위와 근거에 관한 문제였다. … 축적 체제의 관점에서 볼 때, 국가의 후퇴는 또 다른 문제를 초래한다. 바로 노동을 규율해 왔던 핵심 기제가 상실된다는 것이다. 구체제의 노동 규율은 (권위주의적) 정치적 구권력에 의해 지탱되어 왔기 때문이다. 국가의 표면적 후퇴를 통해 지배계급의 정치적 부담을 완화하고, 역사로부터 단절된 사적 소유권을 확립하면서, 동시에 노동 규율을 유지한다, 이 세 가지가 한국 신자유주의의 과제라고 할 수 있다.[*]

IMF 경제 위기 훨씬 이전부터 한국 내부에서 신자유주의를 가장 적극적으로 도입하고자 주장했던 세력은 재벌이다. … 역사적 맥락에서 볼 때 한국에서 신자유주의는 다음과 같은 의미를 갖는다. 하나는 노동운동의 활성화와 민주화로 말미암아 노동계급에 대한 정치적 대응 능력이 약화된 국가의 후퇴를 자본에 대한 규제 완화로 이끌어 내고, 다른 하나는 산업화 시기의 국가 지원으로 말미암아 모호해진 사적 소유권을 확립함으로써 노동에 대한 지배권을 확립하고 암묵적으로 재벌에 부여되던 사회적 책임을 회피하는 것이다.[**]

위와 같은 유철규의 지적이야말로 개발주의의 해체와 자유화·신자유주의화가 내포하고 있는 문제와 그 역사적 의미에 대한 진짜 '쾌도난마'라

---

[*] 유철규, "98-99 구조 조정의 정치경제학," 윤진호 외, 『구조 조정의 정치경제학과 21세기 한국 경제』(풀빛, 2000), 391-392쪽.

[**] 유철규, "신자유주의," 김수행·신정완 엮음, 『현대 마르크스경제학의 쟁점들』(서울대출판부, 2002), 233-234쪽.

할 만한 해명이 아닐까. 사회적·역사적 책임에서 면죄되고 실질적인 사적 소유권을 확보하며, 노동시장 유연화로 새로운 억압적 노동 규율을 세우는 것, 한국 신자유주의의 바로 이 세 가지 요소의 역사적 의미에 대한 유철규의 언급을 곰곰이 생각해 보라. 그리고 "한국 내부에서 신자유주의를 가장 적극적으로 도입하고자 했던 세력은 재벌이다"라는 지적에 시선을 집중해 보라. 한국에서 개발주의의 해체와 신자유주의 이행 문제를 바라보는 그의 정론직필正論直筆은 한국 자본주의론에서 우리 진보 경제학이 도달한 수준을 잘 보여 주고 있다. 그런데 흥미롭게도 개발주의의 자유화가 내포하고 있는 소유권 향방 문제의 중요성은, 대체로 중도적 견해를 보이는 조윤제 같은 사람도 지적하고 있는 바이다.

우리는 산업화 과정에서 미국이나 영국과 달리 정부 주도로 자원 배분과 발전을 수행했잖아요? 그런데 1980년대부터 세계화 물결에 따라 자유화, 규제 완화로 돌아서는 과정에서 실질적으로 국민과 정부의 막대한 지원으로 성장한 대기업 재산권의 귀속이 재벌 가족에게 돌아감으로써 정부 정책과 경제 발전의 과실 분배에서 공정성 시비를 낳게 된 거죠.[*]

조윤제는 정부와 국민 대중의 엄청난 지원으로 오늘에 이른 재벌의 소유·통제권이 자유화 과정에서 재벌 가문에 귀속되었고 이것이 바로 경제 정의와 경제민주화 논란의 핵심 문제라고 지적하고 있다. 이는 장하준 그룹의 견해와는 무척 다른 것이다. 그리고 조윤제의 말은 대부분의 주류 공정

---

[*] "세계경제, 대공황 직후 같은 대전환기 ⋯ 한국식 해법 찾자,"『문화일보』, 2012/10/12.

경쟁론자 또는 경제민주화론들이 빠트리고 있는 지점을 잘 짚어 주고 있다.

마지막으로 한 가지 논의를 더 보태고 싶다. 유철규 그리고 조윤제의 말을 고려해 보면, 언젠가부터 재벌 개혁의 한 해법으로 제기되고 있는 기업집단법도 그렇게 간단한 문제는 아님을 짐작할 수 있다. 재벌과 총수에 대해 권한에 상응하는 책임을 지게 한다는 생각, 여기 저기 흩어져 있는 재벌 관련 법조항들을 한데 모아 재벌을 규율하는 별도 법을 만든다는 발상 자체는 나쁘지 않다. 그러나 기업집단법의 문제는 단지 법을 새로 만들면 되는 그런 단순한 문제는 못된다. 지금 우리가 당면한 문제가 법 조항을 만들 줄 몰라서 잘 풀리지 않고 있는 것일까? 한국의 재벌 체제는 소유에 기초하지 않은 통제권의 정당성의 근원은 무엇인가의 문제를 아직 해결하지 못한 상태다. 독일이든 프랑스든 배워야 할 것은 단순히 법 조항은 아닐 것이다. 진짜 배워야 할 것은 그 법을 만들 때의 역사적·정치적 문맥이라고 생각된다. 기업집단이 사회적 정당성을 얻게 되는 역사적·정치적 조건, 대항하는 힘들 간의 충돌과 타협, 무엇보다 소유·통제권의 귀속을 둘러싼 사회적 타협과 합의가 성립하는 조건, 합의의 구체적 방식 등을 면밀히 살펴보아야 한다. 따라서 기업집단법 제정의 문제는 법의 문제 이전에 오히려 정치의 문제가 된다. 법치는 정치와 분리되지 않는다. 여기에는 민주화 시대에 부응해 사회적 정당성, 사회적 인정을 얻을 수 있는 새 민주적 소유·통제권 체제의 수립이라는 문제가 걸려 있다. 따라서 당연히 그 자체로 심각한 쟁투의 대상일 수밖에 없는 것이다. 이는 곧 재벌 개혁의 핵심 지점이기도 하다. 그리고 이것은 내가 재벌 개혁을 단지 (구)자유주의 틀에 가두는 논의에 반대하는 또 한 가지 이유이기도 하다.

04

그들이 눈감은
박정희 체제의 '불편한 진실'

사소한 실수?

정치의 세계에서 이쪽과 저쪽을 나누는 편가르기 또는 이른바 '진영 논리'를 피하기란 몹시 어려운 일이다. 이는 정치에는 늘 따라붙는 운명 같은 것이다. 그리고 이분법적 편가르기 논리에는 그만한 대가가 따른다. 저쪽이 잘한 부분, 이쪽이 못한 부분을 모두 덮어 버리는 것이다. '우리 편'이라 해서 항상 편들어 준다면 중요한 진실을 은폐하기 십상이다.

나는 장하준·정승일의 한국 경제에 대한 발언이 이분법적 진영 논리에 갇힌 사람들에게 '불편한 진실'을 드러내는 파격적인 지점을 갖고 있다고 생각하며 그런 점에서는 그들의 용기를 응원한다. 한국의 많은 경제 시민들이 그들의 이야기에 귀를 기울이는 데는 그만한 이유가 있을 것이다. 그러나 다른 한편 그들의 발언에는 이해하기 어려운 대목들이 많다.

특히 '재벌과 권위주의 정권에 불편한 진실'을 주변화하는 대목들이 매우 중요하다. 그들은 앞문으로는 이분법적 진영 논리를 깨는 것 같더니, 다시 뒷문으로 새로운 이분법을 끌어들인다.

"재벌 개혁과 경제민주화가 낡은 화두"라고 주장하는 그들의 발언은 학술적으로나 정치적으로나 중대한 의미를 담고 있다. 더욱이 국제적 명성을 가진 학자가 그런 말을 했고 공론 영역에서 영향력도 크기 때문에 깊이 있는 해명을 필요로 한다. 그 화두는 지금 우리 사회 '불평등 민주주의의 민주화'와 '한국 경제 성격 논쟁'의 핵심 쟁점으로 떠올랐다.

나는 지난번 글에서 장하준·정승일에게 매우 '불편한 진실' 한 가지, 즉 그들이 재벌을 신자유주의 지배 세력에서 빼기도 하고 넣기도 하는 자가당착에 대해 꼬집은 바 있다. 그런데 혹시 이건 사소한 '실수' 같은 것이 아닐까? 그래서 작은 실수를 침소봉대하는 것이 아닐까? 그들은 그렇게 답할지도 모르겠다. 경제 시민들도 그렇게 생각할지 모른다. 일류 학자에게도 실수는 있는 법이니까. 나도, 일류 학자는 못되지만, 종종 실수를 한다. 만약 실수가 아니라면 그들의 생각이 변한 것일까? 사람은 변하니까 그럴 수도 있다. 나 또한 끊임없이 변해 왔다. 그렇지만 실수라고 보기에는 너무 큰 실수이고, 변했다고 보기에는 장하준이 보여 주는 정반대되는 두 가지 생각의 타이밍이 너무 가깝지 않은가? 그러면 무슨 까닭일까? 좀 더 깊이 살펴 본 결과, 나는 그들의 자가당착이 실수도, 변화도 아니라는 생각을 하게 되었다. 즉, 그들의 한국 자본주의에 대한 인식틀 자체에 뭔가 큰 문제가 있지 않나 하는 의문을 갖게 되었다. 그들의 문제는 재벌을 떼어 낸 신자유주의론에만 있는 것이 아니다. 장하준·정승일이 재벌을 신자유주의 지배 세력 안에 넣었다 뺐다 하며 오락가락하는 데는 박정희 체제에 대한 인식에서부터 중대한 문제가 있다고 여겨진다. 그래서 이 글에서는 부득이 장하준·정승일이 박정희 체제를 어떻게 보고 있는지에 대해 검토해 보고자 한다.

노동 통제보다 더 중요한 게 자본 통제다?

한국의 박정희 개발독재 체제를 설명하는 가장 중요한 열쇠말 중에 '강한 국가'strong state라는 말이 있다. 여기서 국가가 '강하다'라는 말은 두 가지 의미를 갖고 있는데, 하나는 기업가적 능력, 다시 말해 중장기에 걸친 동태적 효율성을 추구하는 개발 능력의 측면에서 강하다는 것이고, 다른 하나는 권위주의적 억압 또는 강압 능력 측면에서 강하다는 것이다. 이는 그간의 국내외 연구들을 통해 대강 잘 알려져 있는 바이다. 장하준·정승일도 박정희 체제를 국가 능력, 국가 자율성을 중심으로 파악한다. 그런데 그들이 이처럼 두 가지 의미를 갖고 있는 강한 국가를 보는 방식에는 상당히 특이한 데가 있다. 장하준은 박정희가 경제 발전에 성공한 가장 중요한 요인으로 두 가지를 들고 있다. 즉, 박정희가 시장을 완전히 부정하지도 않았지만 맹목적으로 따르지도 않았다는 것, 그리고 자본가를 통제했다는 것이다. 그러면서 그는 다음과 같이 말한다.

박정희는 자본가를 통제했습니다. … 남미 경제에서 가장 곤란한 문제는 자본가들이 노동자들을 열심히 착취해서 경제 잉여를 창출하기는 하지만 그것을 자국에 재투자하는 것이 아니라 해외로 빼돌리는 경우가 많다는 겁니다. … 박정희는 이런 현상을 막았지요. 박정희는 심지어 자본가들의 소비도 규제했습니다. … 박정희는 자신부터 솔선수범해 가며 부유층들이 외제와 사치품들을 못 쓰도록 한 겁니다. … 박정희가 자본가를 통제한 세 번째 측면은 투자를 규제한 겁니다. 그게 바로 산업 정책이고 경제개발 계획이죠(『쾌도난마』, 62-63쪽).

장하준의 이 말에 이어 정승일은 이렇게 덧붙인다.

자본주의를 발전시키려면 노동에 대한 착취를 강화하고 세련화해야겠지만, 그보다 더 중요한 것이 자본을 통제하는 것이거든요. 그에 비하면 노동 착취는 훨씬 쉬운 거죠. 제3세계 신흥 독립국에서는 누구나 할 수 있는 겁니다(같은 책, 63-64쪽).

자본주의란 정의상 자본이 주인공이 되어 노동을 착취하는 체제라고 생각한다면, 노동 통제보다는 오히려 자본 통제가 더 중요하다는 정승일의 말은 중요한 포인트를 담고 있다고 하겠다. 자본주의란 자본이 주도하는 시스템인데 국가가 자본을 통제한다니, 흥미로운 일이다. 하나의 자본주의로서 성공하기 위해서도 국가가 자본의 고삐를 잡아야 한다는 말이다. 박정희 체제는 국가가 재벌에 대해 생산적 투자를 하고 수출 실적을 올리도록 나름의 발전 규율을 강제한 자본주의라는 말이다. 그렇지만 자본의 노동 억압과 착취를 아주 간단히 당연시해 버린다는 점에서 정승일의 말은 중대한 인식상의 문제가 있다. 왜냐하면 그가 말하듯이, 노동 착취는 너무 쉬운 것이고, 제3세계 신흥 독립국에서는 누구나 할 수 있다는 식으로 말해 버리면, 후발 근대화 그리고 복지국가로 가는 길에서 동아시아의 한국적 길과 북구의 스웨덴적 길 간의 차이가 대체 어디에 있는지의 문제가 증발되어 버리기 때문이다. 장하준·정승일은 스웨덴식 복지국가로 가자고 말하지만, "노동 없는 민주주의"(최장집)의 길로 간 한국과 "노동 있는 민주주의"의 길을 걸은 스웨덴의 근본적 차이에 대해서는 눈감고 있다. 그런데 이들은 더 나아가 이렇게 말한다.

> 이종태 박정희 정권은 노동자들에게만 폭력을 휘두른 것이 아니라 자본가들에게도 무자비한 폭력을 행사한 셈이고요. 그러나 그 폭력이 결국 자본을 통제하는 산업 정책의 한 수단이었고, 결과적으로는 한국 경제를 고도화하는 요인으로 작용했다는 것이 왠지 씁쓸하군요(같은 책, 82쪽).

> 장하준 그래서 박정희 체제의 특징을 첫째 민주주의가 아니었고, 둘째 자유주의도 아니었다고 하는 겁니다. … 박정희가 자본을 통제해서 자본가들의 사적 재산권을 침해한 것을 보면 사적 소유권과 시장을 절대시하는 자유주의자도 아니었다는 증거가 되는 셈이고요(같은 책, 82쪽).

이들의 말을 요약하자면, 박정희 체제에서는 국가가 노동도 통제했지만 자본도 통제했다, 노동 통제보다 더 어려운 건 자본 통제다, 자본을 통제함으로써 비로소 박정희 체제는 성공할 수 있었다, 이런 이야기가 된다. 이건 사실이 아닌가, 무엇이 문제인가? 그렇다, 그것은 사실이긴 하다. 국가의 기업가적 능력과 산업 정책, 금융 통제, 자본의 국경 이동 통제는 박정희 체제에서 이룬 경제적 성공의 핵심 요인이라 할 수 있다. 그런데 나는 그걸 인정하면서도, 다른 한편 이런 인식에는 여전히 중대한 문제가 내재되어 있다고 본다.

장하준·정승일의 박정희 체제 설명에는 국가의 자본 통제와 노동 통제, '자본에 대한 폭력'과 '노동에 대한 폭력'이 그 질적 성질에 있어 전혀 다르다는 인식이 잘 나타나지 않는다. 그들은 냉전·반공의 정치경제 체제로서 한국의 개발독재가 얼마나 억압적인 '노동 규율'에 입각하고 있었는지를 직시하지 않는다. 이와 관련해 그들은 개발'독재'의 정치적 억압이 통상적 이해처럼 자유권적인 정치적 기본권의 억압일 뿐만 아니라 노동자의 독자적 계급으로서의 형성, 그 정치적 구성과 진출에 대한 고강도 억압이었음을 경시하고, 정치와 경제의 관계에 대해 다분히 이분법적인 사고를 드러낸다. 박정희 시기 재벌의 높은 투자 열기는 특혜적 정책 금융 등 재벌 퍼주기 유인책에 크게 기인했지만 그 때문만은 아니다. 그것은 억압적 '노동 규율'에도 기인한다. 즉, 개발주의 고투자·고성장 기제의 작동은 고강도 노동 규율이 제공한, 안정적인 '계급 구조적 이윤 기회'와 '갈등의 관리'에도 힘입고 있다는 사실을 잘 봐야 한다. 박정희 체제에는 국가의 재벌 지원에 따른 성과 규율과 함께 지극히 불균형한 계급 구조 아래서의 노동 규율, 그리하여 질적으로 성질이 다른 '이중 규율'dual discipline 기제가 작동하고 있었다. 바로 그런 억압적 노동 규율 또는 '노동 기강'이 재벌 주도의 고투자를 가능케 한 계급 정치적 조건임과 동시에, 재벌을 견제하고 민주적으로 규율할 수 있는 대항력의 약체를 낳은 계급적·권력 구조적 조건이기도 했던 것이다. 강한 노동에 기초한 스웨덴적 길과는 판이하게 다른 취약한 기업별노조, 약한 진보 정당은 바로 냉전·반공·개발독재 체제의 고강도 계급적·정치적 억압의 산물이다. 그리고 이 체제는 대한민국의 53년 체제뿐만 아니라, 48년 체제로까지 소급된다.

지배 연합 없는 박정희 체제와 국가 만능론

문제는 여기에 그치지 않는다. 장하준·정승일의 박정희 체제 인식에는 국가가 재벌을 통제하고 발전 규율을 행사했지만 동시에 재벌의 요구를 수용하고 재벌에 의존해야 했다는 점, 다시 말해 국가와 재벌이 함께 지배 블록을 형성했다는 점이 희미하게 처리되어 있다. 박정희 체제에서 개발독재 권력과 독점적 재벌은 공생을 도모하면서 '발전 지배 연합'*을 구축하고 있었으며, "국가와 재벌이 상호 강화적·호혜적 관계를 구축한 것과 달리, 국가-노동관계는 노동이 거의 레버리지를 갖지 못한 관계"**였다는 점은 이미 다른 연구자들이 지적하고 있는 바이다.

우리는 고도로 권력이 집중된 정치경제적 과두 지배 체제, 국가-재벌 지배 동맹이 노동과 국민 대중의 참여를 정치적으로 배제하면서 경제적·이데올로기적으로 에너지를 동원한 것이 바로 박정희 개발독재 체제의 실체였다고 생각한다. 독재 국가와 독점적 재벌의 지배 연합은 이 분야의 전문 학자들이라면 잘 알고 있는 사실이다. 또한 다수 국민들도 적어도 기본 줄거리는 알고 있는 사실이라 생각된다. 그러나 나는 『쾌도난마』와

---

* 조영철, "재벌 체제와 발전 지배 연합 : 민주적 재벌 개혁론의 역사적 근거," 『개발독재와 박정희 시대』(창작과비평, 2003).

** Eun Mee Kim, *Big Business, Strong State*, State University of New York, 1997, p.133.

『선택』 어디에서도 이에 대한 명확한 언급을 찾아볼 수 없었다. 영국의 진보적 경제학자 코우츠David Coates는 이런 말을 했다.

국가의 능력은 대체로 그를 둘러싸고 있는 사회적 계급의 성격에 의존하며 그 사회적 계급을 통해서 국가는 통치할 수밖에 없다.[*]

물론 산업화 이행기 박정희 개발독재 국가의 경우 위로부터 계급 자체를 거의 '창조'할 정도로 높은 자율성을 가지기도 한다. 그래서 재벌의 국가 의존성은 매우 높다. 그러나 거꾸로 국가의 재벌 의존성 또한 매우 높으며 그 구조적 제약 아래 놓인다. 한국 자본주의에서 국가는 '재벌의 국가'라고 말해도 좋을 정도다. 아닌 게 아니라, 그간 우리는 '재벌 공화국'이라는 말을 해오지 않았는가.

만약 우리가 박정희 정권 집권 초기에 있었던 부정 축재 처리의 전말, 중엽의 '8·3긴급경제조치'(통상 '사채 동결 조치'로 알려져 있다), 그리고 1970년대 유신 체제하의 중화학공업 육성 정책 등 몇몇 대목만 대충 훑어보기만 해도, 개발독재 정권이 단지 재벌을 통제만 한 게 아니라 얼마나 재벌에 의존하고 재벌의 동의를 구해야 했는지 잘 알 수 있을 것이다. 그러나 장하준·정승일의 책에서는 이에 대한 언급을 찾아보기 어렵다. 1972년의 '8·3조치'에 대해 언급을 하고 있긴 하지만 단지 사유재산제를 무시한 '비자유주의'의 사례로 이야기하고 있을 뿐이다(『쾌도난마』, 58-59쪽). 8·3긴급경제조치가 경기 불황 국면에서 '세금을 절반으로 줄이라'는

[*] 데이빗 코우츠, 『현대자본주의의 유형』(이영철 옮김, 문학과 지성사, 2003), 338쪽.

등의 재벌 측(전경련)의 공세를 받아들인 가공할 만한 재벌 퍼주기와 비용 및 위험의 사회화·국민화 기획이라는 점은 전혀 언급되지 않고 있다.*

장하준·신장섭의 『주식회사』의 경우는 어떤가. 나는 이전에 쓴 글에서 이 책이 『쾌도난마』와 『선택』에 비해 훨씬 더 의미 있는 책이라고 말한 바 있다. 적어도 『주식회사』에서는 산업 정책과 금융 통제 등 경제 운영에서 개발 국가가 수행하던 주도적 역할이 뒷전으로 후퇴하고 시장 자유화와 민영화, 개방화가 추진되는 과정에서 재벌이 신자유주의 세력의 일부를 구성하고 있음을 놓치지는 않고 있었기 때문이다. 그럼에도 불구하고 그 책조차도 여전히 한국 자본주의의 역사적 동학에서 계급과 권력 그리고 갈등의 차원을 체계적으로 인식하고 분석하는 데는 실패하고 있는 것 같다. 그들이 분석의 기본틀로 삼은 '국가-은행-재벌 연계'는 거셴크론Alexander Gerschenkron의 후발성 이론을 따라 '제도적 대체물'로 파악되고 있을 뿐이다. 이 제도적 대체론에는 계급과 권력의 차원은 빠져 있다. 장하준·신장섭은 어떤 사회경제적·정치적 제도 형태도 권력 및 계급 관계를 응축하고 있거나 그것과 밀접히 연계되어 있다는 사실에 대해 둔감하다. 그 때문에 『주식회사』에서 군데군데 보이는 계급·권력관계에 대한 언급은 그들의 제도주의적 핵심 분석틀 속에 통합되지 못한 채 어정쩡한 위치를 차지하고 있다고 생각된다. 주의력이 부족한 탓인지는 모르지만, 나는 『주식회사』를 읽으면서 저자들이 개발독재 권력과 독점적 재벌의 '발전 지배 연합'에 대해 언급한 부분을 한 군데서도 찾아볼 수가 없었다.

이 글에서 제기한 두 가지 문제, 즉 장하준·정승일은 자본주의 핵심

---

* 김정렴, 『최빈국에서 선진국 문턱까지 : 한국 경제정책 30년사』(랜덤하우스코리아, 2006), 263쪽 참고.

골격에서 노동 체제·노사 관계를 너무 간단하게 생각한다는 것, 그리고 국가 자율성을 거의 물신화·만능화하는 경향이 있다는 것과 관련해, 사람들은 장하준 제도 경제학의 전체 틀은 어떻게 되어 있는지, 거기서는 국가와 노동, 국가와 계급 관계 또는 축적 체제 관계를 어떻게 다루고 있는지 궁금해 할 것이다. 이는 작은 문제가 아니기 때문에 후일을 기약한다.*

* 이에 대해서는 이 책의 3부 참조.

05

한국의 신자유주의는
개발독재의 유산 위에 서있다

"결코 쉬운 일이 아니다"

우리의 문제는 장하준·정승일이 "재벌 개혁과 경제민주화는 낡은 화두"라
고 폭탄선언을 한 데서 시작되었다. 그들의 이런 주장은 신자유주의를 금
융 주도 자본주의라고 규정한 데 뿌리를 두고 있다(제1명제). 그러면서 그
들은 한국에서 신자유주의 기획의 주체는 '세계화된 금융자본'이며 노동
운동은 이 세계화된 금융자본을 '주적'으로 삼아 싸워야 한다고 주장했다
(제3명제). 이런 구도 속에서 재벌은 금융자본의 공격 대상으로 내몰리고,
따라서 보호를 받아야 할 대상으로 자리매김된다. 그리고 재벌과 노동 세
력이 힘을 합쳐 금융자본에 대항해 싸워야 한다는 주장이 나오는 것이다.

나는 이들이 왜 이런 주장을 하는지, 논리의 근원을 따질 필요가 있다
는 생각을 하게 되었다. 그들의 말처럼 '과거에 대한 진단'에서부터 문제

가 있다고 생각하게 되었다. 그래서 지난 글에서는 박정희 체제에 대한 그들의 인식상의 문제를 지적한 것이다. 그런데 지난번에 쓴 내 글은 좀 난삽했던 것 같다. 나의 글에 대한 '훌륭한 리플'들이 몇 개 있었는데 그중 다음과 같은 리플을 볼 수가 있었다. 'Super K'라는 닉네임을 가진 분의 리플이다.

진보 지식인들은 어렵게 얘기해서 독자를 이탈시키는 데 일가견이 있는 거 같다. 한마디로 박정희 때는 국가와 재벌이 동업자 관계였고, 지금은 재벌이 국가 경제정책을 관리한다. 재벌은 규제 철폐를 요구하고 그게 신자유주의다. 그 가운데 근로자의 의견은 빠져 있다. 그게 북유럽과 다른 점이다.

이 리플은 재벌과 금융자본의 관계, 1997년 이후 재벌이 주주 가치를 얼마나 수용했고, 어떻게 자신의 이해를 주주 가치 추구와 공유·공생하는 방식으로 가져갔는지에 대해 언급하고 있지는 않다. 그러나 내가 말하고자 한 요점을 아주 쉽고 간결하게 잘 정리해 주고 있다. 정확한 요점 정리에 대해 고맙게 생각한다.

그런데 한국 자본주의에 대한 장하준·정승일의 진단이 갖고 있는 문제점은 비단 박정희 체제의 구조에 대한 '착각'에만 있는 것이 아니다. 그들은 나아가 개발독재 체제와 신자유주의에 대해서도 이분법적으로 사고하고 있다. 다시 말해 민주화와 세계화 시대 출현한 한국의 신자유주의가 냉전·반공·개발독재 체제의 역사적 유산과는 어떻게 맞물려 있을까 하는 것이 그들의 안중에는 없다. 정승일의 다음과 같은 말을 들어 보자.

박정희 정권이 만들어 내고 전두환·노태우 장군이 지속시켰던 이른바 '개발독재'로서의 박정희 체제, 그 일부인 재벌 체제와 관치 금융을 긍정한다는 것은 민주화된 오늘날의 이 사회에서 결코 쉬운 일이 아니다(『쾌도난마』, 230쪽).

이 진술에서 박정희, 전두환, 그리고 노태우 정권 시기의 정치경제를 한 바구니에 같이 담아 '개발독재로서의 박정희 체제'가 지속되었다고 말하는 것은 상당히 문제가 된다. 같은 군부 출신이기 때문에 일정한 연속성이 존재하는 건 부정할 수가 없다. 그렇다고 해서 1987년 민주화 이후 노태우 '문민' 정권과 그 이전 박정희, 전두환 '독재' 정권을 같이 묶을 수 있을까? 이해하기 어려운 이야기다. 그건 그렇다 쳐도, 민주화 이후 상황에서, 더구나 재벌 개혁과 경제민주화에 대한 요구가 거센 이 시점에서 그 세 정권에서 지속되었던 재벌 체제를 "긍정한다"고 소리를 높이는 건 또 무슨 까닭일까?

필자의 글이 난삽하다고 충고해 준 닉네임 'Super K'의 지적대로, 개발독재 체제에서 노동을 배제하면서 독재 정권과 '동업자 관계'에 있었던 재벌, 그리고 이후 "규제 철폐를 요구하고 신자유주의"를 주동한 재벌, 그래서 한국의 길이 "북유럽과 다른" 길로 가게 만든 그 재벌에 대한 역사적 인식을 정승일의 말에서 찾아보기는 어렵다.

박정희 개발독재 정권이 엄청난 특혜를 제공하고 비용의 사회화 정책, 노동자 배제를 통해 그 골격을 세워 주었고, 이어 전두환 신군부정권이 참혹하게 노동자와 농민, 서민, 진보 세력을 억압하고 '사회 기강을 바로잡는' 정치경제적 구조 조정 및 금융 자유화를 통해 공고화시켰으며, 민주화 이후에는 노태우·김영삼 정권이 쩔쩔매다 마침내 그 포로로 붙들리고 말았던 문제의 주인공이 바로 재벌 체제 아닌가.

그리고 1997년 '외환 위기'의 주범이었고, 1997년 이후에는 민주공화국을 '삼성 공화국'으로 전락시켰으며, 부당 정리 해고로 김진숙의 크레인 농성과 희망 버스 사태를 낳게 했던 문제의 주인공, 그 와중에 로비 파문을 일으켰던 장본인, 그리고 오늘날 골목 상권을 마구 탐식해 골목 평화를 깨트리고 중소기업을 일방적으로 수탈하면서 한국 시장경제를 승사독식 정글로 전락시키고 있는 게 바로 이 땅의 재벌 아닌가.

우리에게 정말 그런 재벌 체제를 긍정한다는 것은 결코 쉬운 일이 아니다. 박정희·전두환 체제가 정치적 민주화뿐만 아니라 경제민주화와 복지국가의 길, 제2민주화의 길에 파놓은 깊은 함정에 대해 둔감하다는 것, 재벌이 지난 시기 개발독재 체제의 지배 동맹자로서 경제민주화와 복지국가로의 길을 가로막아 왔고, 이어 오늘날 신자유주의 체제의 지배 세력으로서 여전히 그 길을 틀어막고 있는 사실을 부정한다는 것, 그걸 알면서도 재벌 체제를 긍정한다는 것은 결코 쉬운 일이 아니다.

박정희 체제의 사후의 복수 : '노동 없는 민주주의'

한국의 재벌은 박정희 체제에서 '발전 지배 연합'의 핵심 지배 세력이었다. 권위주의적 국가 주도 개발 프로그램인 박정희 체제에서 국가와 재벌은 지배 연합으로서 '동업자 관계'에 있었다. 그리고 적절히 자기 역할을 재조정하지 못한 국가의 후퇴와 경제적 자유화 과정에서 재벌은 신자유주의를 추동하는 중심 세력이었다. 반면, 노동 세력과 민중 부문은 박정희·전두환 독재 체제의 억압 아래서 피멍이 든 채 손발이 묶여 있었고, 그래서 87년 6월 항쟁 국면에도 정치적 민주화를 주도하는 주역으로 나서지 못했다.

우리 노동운동은 개발독재의 짙은 그늘인 기업별노조라는 멍에를 진 채 세계화의 성난 파도를 맞아야 했다. 이를 두고 신정완은 "박정희 체제의 사후의 복수"라고 말한 바 있지만, 한국의 노동은 유럽과 비교할 때 복지국가(자본주의 2.0)를 건너뛰었을 뿐 아니라, 노동권의 측면에서도 정상국가를 건너뛴 채 신자유주의 노동시장 유연화 공세에 휩쓸려야 했다. 그리하여 오늘의 사회경제적 양극화, 빈곤화와 삶의 불안의 중심에 노동 불안, 고용 불안의 문제가 놓이게 된 것이다.

이렇게 동아시아에서 한국식 권위주의적 후발 근대화의 길은 북구의 스웨덴식 길과는 판이하게 다르다. 스웨덴에서는 노동 세력이 정치적 민주화의 주역이었고, 노동 세력의 성장과 국민적 지지 기반 위에서 사회민주당이 형성·발전되었다. 즉, 스웨덴은 '노동 있는 민주주의'의 길로 나아갔다. 그러나 한국은 냉전·반공 체제의 혹독한 시련과 척박한 조건에서 '약한 노동'과 '약한 진보'의 가시밭길을 걸어야 했다. 장하준·정승일은 한국이 스웨덴식 복지국가로 가려면 노조가 강해야 하고(『쾌도난마』, 227쪽), 노조는 '당연히 산별노조'여야 한다고 주장을 하기는 한다(『선택』, 397쪽).

이는 그 자체로는 맞는 주장이다. 그러나 그들은 약한 노조, 기업별노조가 개발독재 체제의 유산이며, 그것이 한국이 스웨덴식 복지국가로 가는 길을 막는 결정적 장애로 작용하고 있다는 점에 대해서는 불감증을 보인다.

냉전·반공·개발독재 체제의 어두운 유산인 "노동 없는 민주주의"(최장집) 위에서 복지국가로 가야만 하는 한국의 길이 강한 노동과 사회민주당이 주도권을 잡았던 스웨덴의 길과 어찌 같을 수가 있겠는가. 내가 "장하준의 복지국가론은 '리얼'하지 않다"고 말했던 이유도 바로 여기에 있다.

개발독재 체제와 신자유주의의 이분법 위에서, "박정희 정권이 만들어내고 전두환·노태우가 지속시켰던 이른바 '개발독재'로서의 박정희 체제, 그 일부인 재벌 체제와 관지 금융을 긍정"하는 것은 오늘날 '제2민수화'의 요구에 찬물을 끼얹고, 나아가 '쇄신된 박정희의 유령'에 기름을 부어 주는 ― 그들의 주관적 의도는 그렇지 않다 해도 ― 꼴이 될 우려마저 있다.

박정희·전두환 '장군'의 어두운 얼굴을 감추면서 재벌을 도려낸 신자유주의 지배 체제론을 제시하는 장하준·정승일의 견해는 그 대가가 적지 않아 보인다. 스웨덴식 복지국가로 가자는 그들의 주장만큼은 진보적이며, 개발독재를 일방적으로 미화하는 많은 보수 논자들과 구분된다. 그렇지만 의외로 한국적 길 나아가 동아시아적 길의 역사적 특성에 대한 인식 부족과 국가-재벌 만능론으로 인해 그 개혁 대안의 현실적 착근성은 매우 부실해 보인다. 개발주의를 준거로 삼아 신자유주의를 비판하는 그들에게서 한국적 길의 특성에 대한 인식 부족을 보는 것은 매우 흥미로운 일이다.

개발독재 체제의 유산 위에 올라탄 신자유주의

나는 이전 글에서 한국 자본주의 역사에서 신자유주의가 갖는 의미와 관련해 유철규의 말을 인용한 적이 있다. 거기서 우리는 재벌이 한국 신자유주의의 핵심 세력임을 알 수 있었다.

이제 좀 더 구체적으로, 경제적 자유화와 신자유주의로의 전환 과정에서 박정희 시기 개발독재 '발전 지배 연합' 체제의 역사적 유산이 어떤 힘으로 작용했는지, 재벌의 위상과 역할이 어떻게 변화됐는지, 다시 말해서 민주화와 세계화 시대 신자유주의가 어떻게 냉전·반공·개발독재 체제의 역사적 유산 위에 올라타면서 출현했는지를 알아야 한다. 즉, 장하준·정승일식 개발독재/신자유주의의 이분법을 극복하는, 한국 자본주의의 이행 또는 전환에 대한 설명이 요구되는 것이다. 우선 다음과 같은 조영철의 말이 우리의 갈증을 풀어 준다.

국가-재벌의 발전 지배 연합 체제는 국가가 재벌을 지원하고 규율하는 체제였기 때문에 1980년대 후반부터 민주화가 진행되면서 국가가 후퇴하고 민간 주도 경제가 전개되며, 재벌의 사유재산권적 기반이 강화됨에 따라 그동안 재벌을 규율했던 개발 국가의 역할을 무엇이 대신할 것인가 하는 문제가 대두될 수밖에 없었다.…

개발독재하에서 노동운동은 철저히 억압되었고, 시민사회도 다양한 이익 집단들로 조직화될 수 없었던 데 반해서 재벌 기업들은 거대한 사회경제적 세력으로 등장했다. 재벌 기업의 경제 권력을 견제할 사회 세력이 극히 취약한 상태였고, 재벌 총수의 전횡을 견제할 기업 지배 구조도 갖추어져 있지 못했다. 1980년대 후반 이후 민주화의 공간이 열렸지만 개발독재가 역사적 유산으로 남긴 강력한 재벌과 취약한 은행·노조·시민사회라는 매우 비대칭적 사회구조 속에서 민주화가 진행될 수밖에 없었다.…

세계화의 압력이 강화되는 대외적 조건, 그리고 강력한 재벌, 취약한 기업별 노동운동과 시민사회라는 사회적 불균형의 대내적 조건 속에서 결국 국가정책은 점차 국가 후퇴와 경제적 자유화라는 신자유주의적 방향으로 나아갔던 것이다.*

또 조영철과 유사한 취지에서 나는 이렇게 쓴 바 있다.

정치적 민주화 이후 자본 세력에 대한 규율력 그리고 갈등 조절의 능력은 어디서 나오나 라는 물음이 제기된다. 국가에 조절 부담과 규율 부담이 과도하게 집중되고 노동과 시민사회를 통제, 억압해 왔다면, 민주화 이후 자본 세력을 통제·규율할 역사적 힘이 형성되기 어렵게 된다.…

노동 세력이나 시민사회의 힘이 미약할 때, 그래서 민주화 이행 이후 약한 국가, 약한 노동-시민사회, 강한 자본 세력의 구도가 될 때 재벌 권력은 고삐 풀린 자본의 자유를 주장하고 나설 수 있다.…

민주화가 오히려 국가의 조절-규율 능력의 후퇴를 가져오고, 그래서 대자본을 통제할 수 있는 새로운 민주적 규율 체제, 제도적 강제 체제를 수립하지 못하면, 나라 경제와 국민 대중의 삶이 대자본의 볼모로 붙들릴 위험이 있다.…

한국의 경우, 바로 여기에 정치적 민주화 이후 사회경제적 민주화가 어렵고 경제적 자유화와 양극화가 진행되는 이른바 "민주화의 역설"이 나타난 조건을 찾을 수 있지 않을까. 그리고 소급한다면 그런 역사적 함정을 파놓은 "개발 국가의 딜레마"에 대해서도 말할 수 있을 것이다.**

---

* 조영철, "재벌 체제와 발전 지배 연합 : 민주적 재벌 개혁론의 역사적 근거," 『개발독재와 박정희 시대』(창작과 비평, 2003), 156-158쪽.
** 이병천, "강한 개발 국가 복원? … 장하준의 새로움과 구태의연함," 『프레시안』, 2011/03/04(이 책 2부, 14장).

한국에서 개발주의의 자유화와 신자유주의의 출현은 개발독재 체제의 유산, 독재 정권과 '동업자 관계'에 서면서 그 중핵을 구성하고 있던 재벌 체제와 불가분의 관계에 있다. 개발독재 체제의 해체와 신자유주의로의 전환 과정에서 어떻게 국가의 재벌 통제, 재벌에 대한 규율이 해체됐는지, 그래서 고삐 풀린 재벌의 지배와 전횡이 금융 자유화와 맞물리며, 나아가 재벌이 이제 자유화된 금융을 장악하면서 이른바 '삼성 공화국'이 나타나게 됐는지에 우리의 시선을 집중해야 한다.

여기에 정치적 민주화 시기에 오히려 재벌이 강화되고 나아가 양극화가 진전되기에 이른 '민주화 역설'의 핵심이 있다. 민주화와 세계화 시대 한국의 신자유주의는 냉전·반공주의 개발독재 체제의 역사적 유산 위에 올라타면서, 또 거기에 시장 자유주의 이념에 경도된 '민주 정부'의 과오가 중첩됨으로써 출현했다. 재벌은 한국 신자유주의를 역사적으로 추동해 왔으며 그것을 지배하고 있는 핵심 지배 세력이다.

맺음말

이상과 같이 나의 논지는, 탈냉전 세계화 시대 한국의 신자유주의가 냉전·반공·개발독재 체제의 역사적 유산 위에 올라타 그것과 결합하면서 출현했으며, 재벌이 한국 신자유주의를 추동하고 그 지배 세력이 되어 있다는 것이다. 따라서 87년 민주화 25주년을 맞은 오늘날, 재벌 개혁과 경제민주화, 이를 통한 참여 민주적 시장경제의 수립이 절실한 시대적 과제로 떠오른 지금, 개발독재 체제와 그 일부인 특권 재벌 체제를 긍정한다는 것은 결코 쉬운 일이 아니다.

06

한국 경제 성격 논쟁의
과거와 현재
: 다시 대안연대를 생각한다

지금까지 계속 좀 무거운 이야기만 해온 것 같아서 이번 글에서는 잠시 쉬어 가는 이야기를 한 토막 해보려고 한다. 다름이 아니라 대안연대회의(이하 대안연대)라는 조직에서 일어났던 이야기와 당시의 논쟁에 대한 것이다.

나는 정승일, 장하준, 이종태 등과 함께 대안연대에 소속된 같은 멤버로서 1997년 외환 위기 이후 한국 자본주의의 성격 변화에 대해 유사한 문제의식을 갖고 있었다. 그러나 그 시절에 이미 대안연대 멤버들 사이에, 그리고 정승일 등과 필자 사이에도 큰 견해 차이가 드러났었다. 그리고 그 견해 차이 때문에 공개적·비공개적인 논쟁과 갈등도 있었다.

여기서 말하고 싶은 것은 지금의 한국 경제 성격 논쟁의 구도가 당시의 논쟁과 매우 흡사하다는 사실이다. 이전에 드러났던 쟁점과 견해 차이가 새로운 상황에서, 즉 2008년 세계 금융 위기와 2010년 재정 위기 국면에서 새롭게 표출되고, 첨예화된 것이다. 따라서 과거의 논쟁을 반성적으로 상기해 보는 것은 독자들이 이번 '한국 경제 성격 논쟁'을 이해하는 데도 여러모로 도움이 될 것으로 생각한다.

대안연대의 태동

아마 2000년 겨울쯤이었던 것 같다. 나는 당시 참여사회연구소 경제 분과의 핵심 멤버로 활동하고 있던 조원희 교수가 속병을 앓고 있다는 것을 알게 되었다. 그는 1997년 위기 이후 IMF 관리하에 진행되어 온 김대중 정부의 구조 조정이 '한국적 신자유주의' 성격을 갖고 있다고 바라보면서 비판적 입장에 서있었다. 또한 장하성·김상조 교수 등이 주도한 참여연대 경제개혁센터의 소액주주 운동에 대해서도 큰 불만을 갖고 있었다.[*]

그는 이 운동이 재벌 체제와 한국 경제가 갖고 있는 전근대적 성격을 개혁하는 데 긍정적 측면을 갖고 있다는 점은 인정했다. 그러나 그가 보기에 이보다 중요한 점은, 이 개혁 운동이 한국 경제의 영미식 주주 자본주의화를 추동하고, 사회경제적 양극화와 불안정화를 심화시킨다는 것이었다. 참여사회연구소는 참여연대의 부설 연구소이긴 했으나, 연구소를 이끌고 있던 박진도(당시 소장), 김균(당시 경제분과장) 교수도 조원희 교수와 대체로 유사한 문제의식을 갖고 있었다고 생각된다.

---

[*] 자세한 것은 조원희, "경제민주화 운동론," 이병천·조원희 엮음, 『한국 경제, 재생의 길은 있는가』(당대, 2001) 참조.

속병을 앓고 있던 조원희 교수에게 내가 한 가지 아이디어를 냈다. 나는 연구소 테두리 안에서만 맴돌지 말고 경계를 넘어 바깥에서 뜻을 같이하는 사람들과 함께 별도 조직을 꾸리는 게 어떻겠냐고 제안했다. 내 이 아이디어에 조 교수가 공감했다. 그 공감 위에서 나를 포함해 조원희, 박진도, 김균, 유철규, 이찬근, 이해영, 조돈문 교수 등이 동참한, '신자유주의 극복을 위한 대안연대회의'라는 긴 이름을 가진 네트워크형 싱크탱크가 발족되기에 이르렀다. 창립 이후 오랫동안 대안연대는 참여사회연구소 안에 사무국을 두었다.

당시 상황에서 대안연대라는 조직을 결성하는 것은 결코 쉬운 일이 아니었다. 천신만고 끝에 김대중 정부가 집권에 성공하고 평화적 정권 교체를 이뤘는데 이 정부를 흔든다는 게 어찌 쉬운 일이겠는가. 그뿐 아니라 당시 시민운동을 비롯해 주류 시민사회권의 지배적 분위기는 김대중 정부의 구조 조정과 IMF라는 외압이 모처럼 재벌 체제 개혁의 기회가 될 수 있다고 보고 있었다. 참여연대의 경제민주화위원회가 추진한 소액주주 운동이 그 대표적인 사례다. 당시 위원장이었던 장하성 교수 — 그는 이후 장하성 펀드를 운영한다 — 는 소액주주 운동을 '제2의 6월항쟁'(!)이라고까지 말하고 있었고, 예컨대 강준만 교수 같은 사람조차 맞장구를 쳤다.* 재벌 개혁을 (구)자유주의적 개혁에 가두어 놓고 생각한 많은 사람들이 이와 비슷한 생각을 했던 것 같고 언론의 호응도 컸다.

지금은 어떨지 모르겠지만, 당시 이런 상황에서, 더군다나 참여연대 부설 연구소 인물들이 주축이 되어 김대중 정부가 추진하는 구조 조정의

---

* 강준만, "재벌 상대로 '6월 항쟁' 벌이는 장하성과 참여연대," 『인물과 사상』, 8호(1998).

기본 방향을 정면으로 비판하고 소액주주 운동과 판이하게 다른 진단과 대안의 목소리를 낸다는 것은 큰 용기를 필요로 했다.*

97년 체제: '한국형 무책임 신자유주의'

대안연대의 주축이 된 사람들은 김대중 정부의 구조 조정이 '한국적 신자유주의'의 성격을 갖고 있다고 보고 있었다. 그런데 '한국적 신자유주의'란 대체 어떤 것일까. 우리들은 이 문제에 대해 꽤 깊이 고민하고 토론했으며 그 결과가 대안연대의 발족 선언문 속에 담겨 있다. 다소 길긴 하지만, 이에 해당하는 선언문의 중요 대목을 옮겨 보면 다음과 같다.

> 우리는 낡고 부패한 구체제의 뿌리 깊은 유산을 청산하지 못한 채 새로운 시장 독재의 시대를 맞이했다. … 한국 경제는 다음과 같은 복합적 위기 상황에 빠져 있다고 말할 수 있다. 첫째, 국민경제 대외 종속의 위기다. 한국 경제는 국경이 무장해제된 채, 무한 자유를 누리는 국제 금융자본의 무책임한 유출입과 미국 금융 주도 자본주의의 거품 사이클에 덩달아 춤추면서, 한 나라 국민경제의 기본적 자율성과 주권적 통제력을 상실해 가고 있다. … 둘째, 사회적 통합과 민주주의 실종의 위기다. 공정한 고통 분담 및 권한과 책임의 상호성 원칙

---

* 참고로, 당시에 'DJ 노믹스'를 바라보는 대표적 견해들로는 김형기 엮음, 『21세기 한국의 대안적 발전 모델』(한울, 2002), 158-176쪽에 개진되어 있는 이진순, 이정우, 김균, 김영철의 견해들을 보라.

이 실종되었다. 그리하여 새로운 무책임 체제가 재생되고 민주주의는 실종되어 버렸으며, '두 국민'으로의 사회적 양극 분열이 날로 심화되고 있다. 만성적인 고용 파괴와 고용 불안, 비정규직의 양산으로 생존의 벼랑에 몰린 노동자의 희생, 160조 원이나 되는 천문학적 규모의 공적 자금 투입에 따른 일반 국민의 희생에도 불구하고, 무능한 정치인과 관료 집단, 재벌로 요약되는 3대 부실 지배 복합체는 마땅히 그 권한에 뒤따라야 할 법적·도덕적 책임을 감당한 적이 없다. 이 땅의 지배 집단은 국민 대중에게 참여는 배제시킨 채 구조 조정 비용을 전담케 하면서, 정작 그들 자신은 최소한의 사회적 책임 규율조차 이행하지 않고 있다. 우리 국민은 세계화된 새로운 시장 독재에 기득권 지배 집단의 심각한 무책임이 중첩된, 한국형 무책임 신자유주의 아래서 고통받고 있다.

위의 대안연대 발족 선언문은 "세계화된 새로운 시장 독재에 기득권 지배 집단의 심각한 무책임이 중첩된, 한국형 무책임 신자유주의"에 대해 말하고 있다. 기득권 지배 집단이란 "무능한 정치인과 관료 집단, 재벌로 요약되는 3대 부실 지배 복합체"를 말한다. 경제적 지배 집단은 물론 재벌이다. 따라서 대안연대의 발족 선언문에서 우리는 시장 독재에 무책임 재벌의 지배가 중첩된 체제를 "한국형 무책임 신자유주의"로 규정했던 것이다(나는 이전 글에서 '잡종 신자유주의'라는 표현을 쓴 바 있는데 비슷한 말이다).

다시 말해 재벌은 장하준·정승일이 주장하듯이 신자유주의의 공격 대상이라기보다 그 핵심 지배 세력으로 파악된다. 그리고 여기서 새로운 시장 독재란 "국민경제가 주로 단기 투기적 수익 극대화를 추구하는 국제 금융자본의 목마장으로 전락하고 이들에 의해 국민경제의 금융 혈맥이 장악되고, 국민적 산업 기반 또한 잠식되고 있는 상황" 또 "'두 국민'으로의 사회적 양극 분열이 심화되고, 만성적인 고용 파괴와 고용 불안, 비정규직이 양산되고 있는 상황" 그리고 "국민 대중에게 참여는 배제시킨 채 구조 조정 비용을 전담케 하면서, 정작 지배 집단은 최소한의 사회적 책임 규율조차 이행하지 않고" 있는 상황을 가리키고 있다. 즉, 금융 자유화와 개방화, 노동시장 유연화, 그리고 재벌을 포함한 지배 집단의 무책임과 나수 대중의 민주적 참여 배제를 시장 독재의 내용으로 파악했다. 거기에는 인간 노동력, 토지·주택, 금융 그리고 기업 등의 상품화·시장화가 몰고 오는 이른바 '폴라니적 모순'에 대한 비판적 인식이 깔려 있었다.

사실을 말하자면, 대안연대의 발족 선언문은 멤버들의 요청으로 내가 기초했다. 그렇지만 초안의 핵심 기조에 대해 주요 멤버들이 모두 동의했고, 발족에 즈음해서는 전체 회원들에게도 회람된 결과 최종 확정된 것이다. 발족 선언문에서 "한국형 무책임 신자유주의"를 시장 독재에 무책임 재벌 지배가 중첩된 체제로 파악하는 데는, 특히 나와 김균 교수 사이의 그간의 공감대가 큰 역할을 했다. 김균 교수는 당시에 ─ 지금은 참여연대 공동 대표직을 맡고 있다 ─ 참여사회연구소 경제 분과를 이끌고 있었다. 그는 나와 함께 김대중 정부 100일 토론회 발제문을 공동 작업해서 발표한 것을 필두로, 『위기 그리고 대전환』(당대, 1998)이라는 공동 연구서를 발간했고, 그 다음해에는 참여사회연구소가 만든 『한국 5대 재벌 백서 1995~1997』(나남, 1999) 작업도 주도했다. 또 김균 교수는 박순성 교수와 공동으로 "김대중 정부의 경제정책과 신자유주의"(『위기 그리고 대전환』에 수록)와 "IMF 위기 이후의 재벌 개혁"(『한국 5대 재벌 백서 1995~1997』에 수록)이라는 글을 집필했는데, 그중에서 중요 대목을 옮겨 보면 다음과 같다.

현 정부(김대중 정부) 경제정책의 기조는 네 가지로 요약된다. 첫째는 경쟁 질서의 확립이다. 이는 재벌 개혁정책, 탈규제 정책, 공정 거래 정책 등으로 질서 자유주의적 경향을 띠고 있는 것처럼 보이지만, 실제로는 국가 철수를 통해 기업을 국민경제의 중심으로 내세우는 기업주의적 경향 또는 재벌 지배력을 약화시키려는 의도에도 불구하고 … 결과적으로는 재벌의 힘을 강화하는 '자본의 자유화'로 나아가는 경향을 지닌다. 둘째는 자본과 노동의 관계에서 자본의 효율성을 높이기 위한 임노동 관계의 불안정화·적대화를 의미하는 노동시장의 유연화이다. … 셋째는 민영화이다. 외자 유치와 효율성 강화를 위해 대규모 국영기업을 국내 대자본과 국제 자본에 매각하는 이 정책은 국민경제의 독자성과 자율성을 약화시킬 것이다. 넷째는, 대외 개방이다. 급속하고 무차별적인 국민경제의 개방은 국민경제에 대한 초국적 자본(국제 금융자본과 초국적 기업)의 지배력을 강화시켜 주고, 국민경제의 거시 안정성을 저하시킨다. 이런 경제정책은 현 정부가 탈규제화, 자유화, 민영화로 규정되는 신자유주의적 경제정책의 전형을 따르고 있음을 보여 준다. 그리고 바로 이런 이유 때문에 국내의 재벌은 근본적으로는 IMF가 요구했으며 정부가 현재 추진하고 있는 경제개혁을 적대적으로 받아들이지 않는다("김대중 정부의 경제정책과 신자유주의," 388-389쪽).

위의 글은 김대중 정부의 경제정책이 경쟁 시장 규율로 재벌을 개혁하려 하면서도 동시에 재벌에 밀려 재벌의 힘을 강화하는 경향에 대해 지적하고 있다. 그리고 대내적으로 경제력 집중과 불평등 심화, 대외적으로 무분별한 개방과 국제 금융자본의 침투에 따른 국민경제 자율성의 약화를 지적하고 있다. 이는 대안연대 선언문의 기조와 거의 유사한 논조라

할 수 있다.

발족 후 대안연대는 나름대로 열심히 움직였고, 처음 약 2년간은 순탄히 굴러갔던 것으로 기억된다. 흥미로운 일 한 가지만 이야기한다면, 2001년 10월 23일에 발표된 공동성명서 건이다. 이 공동성명서의 제목은 "정부는 재벌 개혁을 후퇴시키는 조치들을 철회하라"로 되어 있는데, 경실련, 대안연대, 민교협, 민주노동당, 민주노총, 민변, 참여연대, 한국노총, 함께하는시민행동 등의 공동 명의로 발표된 것이다.

이즈음에 김대중 정부는 출자 총액 제한, 금융 계열사의 계열사 주식보유 한도 및 의결권 제한 등 이른바 재벌 개혁 "5+3" 원칙에 따른 주요개혁 조치들을 거의 모두 폐기 처분하고 있었다. 그래서 주요 노동·시민·사회단체들이 항의하면서 재벌 정책에 대해 입장을 밝히게 된 것이다.

이 성명서의 요구 사항에는 출자 총액 제한 제도 유지, 금융 보험사의계열사 의결권 행사 제한, 30대 기업 집단 지정 제도 유지, 은행 주식의동일인 소유 한도 제한, 그리고 증권 집단소송 제도 도입 등의 내용이 포함되어 있다. 내가 말하고 싶은 것은 당시에는 이런 내용의 재벌 개혁 요구에 대안연대, 참여연대, 경실련, 민주노동당 등 대부분의 시민·노동단체가 동의하고 있었다는 사실이다.

대안연대의 균열과 『시민과 세계』 지상 논쟁에서 이찬근과 장하준의 견해

대안연대 내부에서 균열과 갈등이 발생한 것은 2003년 4월 소버린에 의한

SK(주)의 적대적 M&A 시도 사건이 일어나면서부터였던 것으로 생각된다. 바로 이때를 전환점으로 당시 대안연대 일선에서 주도적 역할을 했던 이찬근 교수가 이후 장하준·정승일이 『쾌도난마』와 『선택』에서 보인 것과 거의 유사한 논조를 펴기 시작했다. 또 그런 논조로 정승일 등과 함께 대안연대 포럼도 이끌어 갔다. 어떤 경우는 아예 재벌 연구원(한국경제연구원) 쪽 인물을 불러다 놓고 포럼을 개최하기도 했다.* 그런 걸 보고 나는 아연실색했고, 포럼 당일에는 청중석에서 언성을 높이기도 했다. 여기저기서 웅성거리는 소리가 들려왔다. 이후 보수 언론에서는 대안연대를 국제 금융자본의 공격에 대항해 재벌을 옹호하는 조직으로 정리하면서 참여연대와 경쟁을 시켰다. 참여사회연구소의 동료 중에는 왜 대안연대를 만들었냐며 비판하는 사람까지 있었다. 난감한 일이 아닐 수 없었다.

이찬근 교수가 처음부터 '한국식 신자유주의'를 이후 정승일, 장하준처럼 재벌을 뺀 국제 금융자본 지배 체제로 보았는지, 새로운 상황에서 생각이 바뀌었는지는 잘 알 수 없다. 아마 처음부터 생각이 달랐을 가능성도 배제할 수 없을 것이다. 나로서는 이런 생각과 활동에 대해 이해되는 바가 없진 않았지만, 어쨌건 시장 독재에 무책임 재벌의 지배가 중첩된 체제를 "한국형 무책임 신자유주의"로 보고 그 극복을 지향한 대안연대의 발족 취지와는 심각하게 충돌하는 것으로 볼 수밖에 없었다.

나는 어떤 식으로든 이 문제를 정리해야겠다는 생각을 했다. 대안연대 내부적으로는 유철규, 조돈문 교수 등과 함께 이 문제를 검토했고 2004년 6월에는 토론회도 열었다(2004년 6월 30일 열린 제8회 대안정책 포럼

---

* "신산업정책 어디로 가야 하나," 2003년 대안연대회의 토론회 자료집(2003/03/14) 참조.

및 총회 참고). 다른 한편, 대안연대 외부적으로는 참여사회연구소에서 발간하는 잡지 『시민과 세계』 지면에서 '한국 자본주의 개혁 논쟁'이라는 주제로 지상 논쟁을 진행시켰다. 『시민과 세계』의 지상 논쟁은 아마 지금까지도 이 문제에 관해 장하준, 김상조, 김진방, 이찬근, 신정완 등 주요 논자들의 견해를 가장 충실히 담고 있는 기록이 아닌가 싶다.* 『시민과 세계』에 기고한 글에서 이찬근이 하고 있는 말을 들어 보자.

> 논쟁의 한 축인 참여연대는 국민경제의 최대 모순은 경제민주화의 발목을 잡고 있는 기득권적 재벌이며, 국내외 자본 모두가 독과점적 이익을 추구한다는 점에서 자본의 국적을 구분하는 것은 무의미하다고 주장했다. 이런 관점에서 참여연대는 주주 가치에 입각한 자유 시장주의적 재벌 개혁을 지지하며 … 필요에 따라 외국자본을 재벌 개혁의 지렛대로 삼아야 한다는 입장을 취한다. 이에 대해 대안연대 측은 국민경제의 최대 모순은 자본 자유화 이후 초국적 금융 자본에 의해 국민경제가 장악된 것이며, 재벌은 여러 가지 파행성에도 불구하고 사회적·국민적 요구를 부정할 수 없다는 점에서 일정 수준 국적 자본의 성격을 띤다고 주장했다. 이런 관점에서 대안연대는 외국자본에 의한 물적 기반의 파괴 현상이 매우 심각하므로 이상론적인 주주 가치 방식의 재벌 개혁을 지양하고 외자로부터 국내 재벌의 지배권을 지킬 수 있는 새로운 대안을 모색해야 한다는 입장을 취한다.**

---

* 이 논쟁과 관련된 글은 모두 이병천 엮음, 『세계화 시대 한국 자본주의』(한울, 2007)에 수록되어 있다.
** 이찬근, "한국 경제 시스템의 위기와 대안 정책," 『시민과 세계』, 6호(2004년 상반기), 308쪽.

위의 인용문에서 보인 이찬근의 견해는 『쾌도난마』, 『선택』에서 보인 장하준·정승일의 견해 즉, "오늘날 (신)자유주의 프로젝트의 주체는 재벌이 아니라 세계화된 금융자본이다", "노동운동의 주적은 세계화된 금융자본"이라는 주장과 거의 같음을 알 수 있다. 이찬근이 대안으로 '사회적 대타협'을 주장한 것도 비슷하다. 그는 비금융 계열사에 대한 재벌의 지배권 안정을 위해 특단의 배려가 필요하다고 주장했다. 그러나 사회적 대타협을 위한 조건으로서, 이찬근은 재벌이 이윤의 일정 비율을 사회 공헌 기금 혹은 주력 업종의 발전 기금으로 출연할 것, 이 재원을 고용을 창출하는 중소기업의 역량을 확충하기 위한 자금으로 사용하도록 할 것을 제시했다. 또 그가 재벌의 사업 영역이 비금융권에 한정되어야 한다고 말한 것도 주목할 만하다. 그는 이렇게 말한다.

그동안 제2금융권을 중심으로 이루어져 온 재벌의 금융사 지배는 사금고로서의 폐해뿐만 아니라 은행과 제2금융권 간의 유기적인 결합을 제약함으로써 겸업화·복합화를 통한 금융 산업의 발전을 가로막는 요인이 되었으므로 이를 시정해야 한다. 이는 금융 전업 그룹이 발전할 수 있는 중요한 조건이다(같은 글, 313쪽).

이처럼 이찬근의 제안은 오늘의 장하준·정승일의 견해에 비해서는 재벌 개혁과 사회적 타협에 대해 더 진취적인 지점을 갖고 있다. 아마 그가 우리와 대안연대를 같이 했기 때문인지도 모른다. 또한 『시민과 세계』 논쟁에는 장하준도 참여했는데, 이 시기 그의 견해를 주목해서 봐야 한다. 당시 그가 표명한 견해는 『쾌도난마』, 『선택』의 견해에 비해 재벌 개혁에 대해 훨씬 더 열린 생각을 보여 준다. 그는 이렇게 말했다.

재벌 체제의 장점은 … 경영권의 중앙 집중, 대규모 자금 동원력, 위험 분산 능력 등을 통해 적극적인 투자와 신산업으로의 진출을 용이하게 하는 것이다. 그러나 이는 그만큼 위험도 큰 체제였다. … 장기적으로도 채산성이 없는 기업을 계열시 간 보조를 통해 지탱할 수 있게 함으로써 부실을 장기화하고 계열사의 연쇄 부실을 가져올 수 있다. 총수로 권한이 집중되어 대규모 투자를 과감하고 신속하게 할 수 있는 커다란 장점이 있지만, 이 투자가 실패할 경우 그 대가가 크다. 이런 재벌 체제의 단점을 막기 위해서는 현재 개혁에서 추진하는 대로 회계의 투명성 제고, 사외 이사 제도의 도입, 소액주주 권한의 강화 등을 통한 외부 감시 기능을 높이는 것도 도움이 될 수 있다. 그러나 이보다 더 중요한 것은 종업원, 거래 은행, 하청 업체 등 기업의 내부 사정을 잘 아는 이해 당사자들에 의한 내부 감시를 강화하는 것이다 … 또 재벌 체제를 유지한다는 것이 꼭 기존의 총수 가족의 지배권을 보장해 주어야 한다는 것도 아니다. 일본의 경우에서와 같이 가족 소유가 없이도 주거래 은행제도, 관련사 간 상호 주식 소유 등을 통해 재벌 체제의 장점을 유지하는 것이 가능하기 때문이다.*

여기서 장하준은 재벌 체제의 장점뿐만 아니라 그 단점에 대해서도 지적한다. 그래서 이해 당사자들에 의한 내부 감시 강화가 더 중요한 개혁 대안이라고 주장하면서도, 소액주주권의 강화 등 외부 감시 기능을 높이는 것도 재벌 체제의 단점을 막는 데 도움이 될 수 있음을 인정한다. 그

---

* 장하준, "'경제'개혁'의 방향을 다시 생각한다," 『시민과 세계』 5호(2004년 상반기), 262-263쪽.

러나 우리가 장하준의 견해에서 더 주목해야 할 것은 재벌 체제를 유지한다는 게 꼭 기존 총수 가족의 지배권을 보장해 주어야 한다는 것은 아니라고 말한 부분이다. 그는 일본의 경우를 거론하면서, 가족 소유가 없이도 주거래 은행제도, 주식 상호 보유 등을 통해 재벌 체제의 장점을 유지하는 방식도 가능하다고 말하고 있다.

내가 보건대 사실 장하준의 이 언급은 매우 놀라운 것이다. 적어도 두 가지 점에서 그렇다. 먼저, 한국의 재벌 체제가 일본식의 기업집단으로 가려면 엄청난 재벌 개혁 관문을 통과해야 하는데 그는 이 문제를 너무 쉽게 태연히 말하고 있다. 총수 가족의 지배권을 박탈하는 문제를 너무 간단히 이야기하고 있는 것이다. 일본에서 발본적 재벌 개혁은 전후 미국 점령하에서 비로소 단행되었으며, 그 결과 나타난 일본의 기업집단과 법인 자본주의는, 소유 구조에 관한 한, 자본주의 역사상 가장 급진적 재벌 개혁이 이루어진 경우에 속한다. 물론 장하준은 안정 지분이 확보되지 않은 상태에서 총수 가족의 통제를 일시에 없애면 외국자본이 국민경제를 '접수'할 위험도 있다는 우려를 표시했다.

관련된 문제로 또 한 가지 지적해야 할 것은, 그가 재벌 체제와 기업집단의 중대한 차이에 대해 둔감하다는 것이다. 일본식 기업집단에서처럼 가족 소유가 없이도 재벌 체제의 장점을 유지할 수 있다는 그의 말은, 그 자체로 틀린 말이라고는 할 수 없다. 재벌 체제도 기업집단의 일종이기 때문이다. 그러나 그는 미국 점령하에서 재벌 개혁을 통해 생겨난 기업집단 체제의 변화, 재벌 체제와 대기업 집단 간의 중대한 차이를 너무 가볍게 스쳐 간다. 무엇보다도 총수가 전제적 권력을 행사하면서 국민경제를 좌지우지하고 있는 재벌 체제를 국민과 상생하는 기업집단으로 거듭나도록 개혁하는 길에서, 총수 가족의 지배권을 위시해 소유권을 어떻게 질적으로 새롭게 재구성하고 재정립해야 하는지, 그간 노동자와 국민 대중의 피와 땀, 국가의 퍼주기라는 "출생의 기억"(유철규)이 새겨져 있는 재벌의 부를 어떻게 국민화해야 하는지에 대한 문제 인식, 즉 한국 재벌 체제의 역사성에 대한 인식이 미약하다. 그리고 재벌 체제가 갖고 있는 독점적 지배력의 문제, 그리하여 민주적 참여와 협동의 자본주의로 가는 길에서 독점에 대한 비판이 갖는 의미를 가볍게 생각한다. 나는 (구)자유주의적 공정경쟁론자에게도 이 점에 대한 역사적·전망적 인식이 부족하다고 생각하나, 이와 또 다른 의미에서 장하준 역시 그렇다는 생각이 든다.

어쨌든『시민과 세계』논쟁에서 장하준이 한국 재벌의 일본식 개혁 경로를 열어 놓았다는 사실만큼은 의미가 크다. 이는『쾌도난마』,『선택』의 견해와는 크게 다른 것이다. 그 때문에 그가 오해받고 있는 부분이 많고 이해 당사자 자본주의론에서는 나와 의견의 합치점도 갖고 있다는 생각까지 했었다. 또 내가 잘못 읽었는지 모르지만, 당시에 장하준은 이찬근처럼 확실히 '외자 지배 주요 모순론'을 들고 나온 것으로 보이진 않았다. 여하튼 나는『쾌도난마』,『선택』에서 제시된 장하준의 견해는 일본식 재벌 개혁까지 열어 놓고 있었던『시민과 세계』의 글로부터 재벌 옹호 쪽으로 크게 후퇴, 경도된 입장임을 말하고 있다.

한국적 경로에 착근된 역사적 제도주의로 가야 한다

내가 기억하는 바로는, 당시에는 이찬근과 장하준의 견해도 소수 의견에 불과했고 큰 지지를 얻지 못했다. 이후 이찬근은 2004년 8월, 대안연대를 떠나 다시 투기자본감시센터라는 새 조직을 발족시켰는데, 이 조직이 발족 후 주최한 국민대토론회 석상에서도 우리는 다음과 같은 중요한 발언들을 듣게 된다.[*]

김기준(금융산업노조 정책위원장) 이것은 과연 누구를 위한 개혁인가. 국민의 대다수인 노동자 서민을 위한 개혁은 아니었음이 명백하다. … 이를 두고 재벌은 외자에 대한 방어책을 마련해 줄 것을 요구하는데, 외자 지배 체제와 재벌 지배 체제가 다르다고 주장하려면 재벌이 먼저 변해야 한다. 특히 재벌은 노동을 인정해야 한다. 삼성같이 무노조를 고수하는 재벌이 외국자본과의 차별성을 인정해 달라고 요구하는 것은 억지라고밖에 볼 수 없다(431쪽).

심상정(민주노동당 국회의원) 외자의 힘을 빌려 무엇인가를 이루어 보려던 재벌은 자승자박의 형세가 되어 버렸다. … 재벌, 대기업들은 외자에 대한 과도한 특권이 경영권을 위협한다고 말하는데, 이것은 재벌에 특권을 줄 것이 아니라 외국자본의 특권을 제거해 나가는 쪽으로 규제를 강화해 동일한 경제 조건을 확보하는 방식으로 가야 한다. 재벌도 더 이상 적대적인 노사 관계를 유지해서는 안 된다. 반기업 정서가 팽배한 것은 그동안 재벌의 행태가 누적되어 나타난

---

[*] 이찬근 외, 『한국 경제가 사라진다』(21세기북스, 2004).

결과다. 국민적 지지를 모으기 위해서는 피나는 노력이 있어야 한다(434쪽).

위의 김기준 위원장, 심상정 의원의 견해는 나와 별로 다르지 않다. 한국 자본주의의 97년 체제를 시장 독재에 무책임 재벌 지배가 중첩된 "한국형 무책임 신자유주의"로 파악하고 제2민주화를 위한 대안을 모색하고자 했던 대안연대의 창립 선언문의 정신과 기조는 당시 이찬근과 함께 대안연대 일선을 책임졌던 유철규의 중간 결산 글 "재벌과 외자의 딜레마", 그리고 '삼성 공화국' 사건이 터져 나온 상황에서 조돈문, 송원근 그리고 필자가 주도해 수행했던 공동 연구 『한국 사회, 삼성을 묻는다』(후마니타스, 2008)로 이어졌다. 이 책에서 나는 장하준뿐만 아니라 김상조의 견해에 대해서도 비판한 바 있는데, 이에 대해서는 달리 또 이야기할 기회가 있을 것으로 생각한다.

이 글은 마지막으로, 이찬근이 "국민경제의 최대 모순은 자본 자유화 이후 초국적 금융자본에 의해 국민경제가 장악된 것"이라고 주장하고 그런 생각으로 대안연대 활동을 끌고 갔을 때, 유철규가 이 문제에 대해 중간 정리해 놓은 문건을 일부 소개하는 것으로 끝맺고자 한다. 유철규는 『한국 경제가 사라진다』(21세기북스, 2004)에 수록된 "재벌과 외자의 딜레마"라는 글에서 다음과 같이 쓰고 있다.

이런 체제[재벌 지배와 외자 지배가 혼합된 체제]는 여러 가지 문제가 있다. … 재벌 계열사에 대한 외자 지분이 확대되면서 국민경제적 관점에서 바람직한 재벌 개혁이 점점 더 어려워지고 있다는 점이다. 외자가 재벌 독점 체제로부터 발생하는 이득을 직접 향유할 수 있게 되면서 외자가 스스로 재벌 개혁 정책에

저항하게 되었다. 외자로서는 재벌 체제의 이득에 참여할 수 있는 통로를 열 때까지는 재벌 독점 체제의 해체와 투명성을 주장했지만, 일단 그 통로가 확보된 다음에는 오히려 재벌 체제의 유지에서 나타나는 이득을 먼저 생각하게 되고 투명성 확대에는 소극적인 자세를 취하게 된다(218-219쪽).

재벌은 기업의 사회적 책임에 대해 가장 많이 반발했으며 세금과 국민적 지원에 의해 성장한 역사도 스스로 부정해 왔다. 이미 형성된 사적 소유권은 신성한 것이라고 주장할 때, 비정규직을 무제한적으로 확대해야 한다고 요구할 때, 부분적인 복지 제도의 도입마저 사회주의적이라고 반대할 때, 한국의 노동조합이 전투적이라고 비난할 때, 그리고 재벌에 대한 국민적 기대를 비합리적인 것이라고 꾸짖을 때는 외국자본과 손잡았으며, 외국인 주주의 합리적 요구를 그 이유로 들었다. 현재 한국 사회의 경제적 권력은 외국자본과 재벌이 나누어 갖고 있다. 이것이 외자와 재벌 딜레마의 허虛다(221쪽).

외자와 재벌 딜레마의 실實은 국적과 무관하게 이 땅에서 활동하는 기업에게 민주적 책임성과 투명성을 요구하는 것이다. 따라서 외자와 손잡고 국내 재벌을 공격하거나, 재벌과 손잡고 외국자본에 대항하는 전선을 치는 두 가지 방식으로 우리가 직면한 과제를 대립적으로 바라보는 것은 옳은 방식이 아니다(222쪽).

위의 유철규의 말은 소버린 사태가 발생한 이후 달라진 한국 경제 상황에서 대안연대의 창립 기조를 적절히 이어받으며 정리하고 있는 견해라 할 수 있다. 내 생각도 이와 별반 다르지 않다. 나는 이런 기반 위에서 장하준·정승일과 토론을 벌이고 있다.

나는 이번 글에서 『시민과 세계』 지상 논쟁에서 나타난 장하준의 견해가 『쾌도난마』, 『선택』의 견해와는 꽤 큰 차이가 있음을 보였다. 『시민과 세계』에 실린 그의 글은 한국 재벌 체제의 일본식 개혁으로의 길을 열어 놓았다는 점에서 『선택』과 『쾌도난마』에 비해 분명 진취적 측면을 갖고 있었다. 하지만 여기에는 비역사적인 측면도 있다. 우리의 조건에서 일본식 개혁이 어떻게, 무슨 힘으로 가능할까는 깊이 고민해야만 하는 문제다. 장하준에게서는 한국의 역사적 경로가 일본의 경로와 얼마나 다른지에 대한 역사적·정치적 인식을 찾아보기 어렵다.

장하준의 제도주의 정치경제학은 한국의 역사와 현실, 구체적 문맥에 더 뿌리를 내려야 할 것으로 보인다. 물론 이는 단지 그만의 숙제는 아니다. 그것은 흔히 역사와 제도, 국민국가 공간을 쉽게 건너뛰며 추상적 이론을 바로 들이대곤 하는, 탈맥락적인 한국의 진보 경제학 전반이 안고 있는 과제이기도 하다.

07
이건희와 삼성그룹을
생이별시키지 마라

메아리 소리를 듣는 것은 기분 좋은 일이다. 손바닥도 마주쳐야 소리가 나고, 그래서 기분도 상쾌해지고 듣는 사람도 덩달아 신이 난다. 학술 논쟁도 마찬가지다. 내 문제 제기에 대해 장하준·정승일·이종태 씨가 연명으로 응답을 해왔다. 게다가 응답이 늦어진 점에 대해 죄송하다는 말까지 했다. 고마운 일이다.

사실 나는 작년에 장하준 교수의 『그들이 말하지 않는 23가지』에 대해 제법 긴 비판적 논평을 쓴 바 있지만 메아리 없는 독백으로 끝났다(이에 대해서는 이 책의 제2부 참조). 그 때문에 이번에도 그럴 가능성이 높다고 생각했다. 그러던 차에 그들의 답변과 비판을 받았다. 장하준 그룹(장하준·정승일·이종태의 약칭)은 앞으로 8~10회 정도에 걸쳐 연속으로 글을 쓸 것이라는 예고까지 했다. 개인적으로 기대가 크다. 독자들도 그럴 것이다. 이번 논쟁이 불필요한 소모전이 아닌, 생산적이고 바람직한 결과를 낳게 되기를 바란다. 나의 이번 글은 장하준 그룹의 첫 번째 응답, "이건희와 삼성그룹도 구별 못하나"라는 글에 대한 재반박이 될 것이다. 그러나 그 글의 내용을 본격적으로 검토하기 전에 앞으로 순조로운 논쟁 전개를 위해 필요한 몇 마디를 먼저 하고 싶다.

왜곡, 중상 비방?

우선, 장하준 그룹은 내가 (정태인과 함께) 그들의 책에 대해 "거의 욕설에 가까운 곡해와 왜곡, 중상 비방을 펼치는 것은 정말 당혹스럽다", 내 글에 는 "왜곡과 중상 비방이 수없이 많다"라고 지적했다. 솔직한 심정을 말하 자면, 좀 당혹스러운 건 이런 지적을 받는 내 쪽이다.

해명하자면 이렇다. 나는 장하준 그룹의 글이 그간 우리 사회에서 재 벌이 저질러 온 부정, 불법, 편법, 비리와 독점·독식, 무책임, 구사대·용 역 동원 폭력 등에 대한 비판은 너무 미약하고 과소한 반면에, 재벌의 장 점과 기여에 대해서는 너무 과대 포장해 치켜세운다고 읽었다. 재벌의 장 점과 기여라면, 굳이 진보주의자가 지적하지 않더라도, 그간 당사자인 재 벌과 산하 기관·연구원(전경련 부설 한국경제연구원, 외곽단체인 자유기업원, 삼성 부설 삼성경제연구소 등), 재벌을 옹호하고 지원사격한 정·관·언·학계 가 우리 귀에 못이 박히도록 장황하고 시끄럽게 떠들어 왔던 바이다. 엊 그제만 해도 전경련 싱크탱크 한국경제연구원에서 경제민주화를 반대하 는 여론 몰이를 하면서 헌법 119조 2항을 삭제해야 한다고 위헌적 재벌 만능론을 주장했다. 그런 까닭에 나는 장하준 그룹이 한국의 재벌이 지닌 양면성, 그 두 얼굴에 대해 너무 불균형하고 비대칭적인 시각과 인식을 갖고 있다고 보았다.

또한 지난번 내 글에서도 밝혔듯이, 장하준은 한때 일본식 재벌 해체 대안까지 말한 사람이다. 또 그는 이와 거의 같은 시점에 일본식 길과는 180도 다른, 스웨덴을 포함한 유럽식 대타협안도 제기했다. 그러더니 지금은 어떠한가. 출자 총액 제한 제도나 순환 출자 금지, 지주회사 규제 강화, 그리고 금산 분리 등과 같이 재벌 특권과 경제력 집중을 약화시키는 기본 정책들조차 "월스트리트 금융자본을 도와주는 방식"(『선택』, 257쪽)이라고 말할 정도로 극단적인 주장을 펴고 있다. 세계 자본주의 역사상 가장 급진적인 재벌 해체론까지 수용하더니 표변해 극단적인 재벌 체제 옹호론을 편다는 생각을 하지 않을 수 없다.

또 장하준은 다른 나라 대기업들의 횡포를 거론하거나 자본주의 기업 원리란 원래부터 독재라고 말하면서 한국 재벌 총수의 독재를 옹호한다 (『선택』, 219-220쪽). 내용적으로 보자면, 장하준 그룹은 재벌과 관련되어 발생한 경제력 집중과 양극화, 빈곤화 등 한국 사회경제의 주요 문제들, 나아가서는 재벌 조직과 큰 관련 없는 문제조차 거의 다 주주 자본주의 탓으로, 그리고 재벌 체제가 약화된 탓으로 돌린다. 예컨대 쌍용자동차 사태를 쌍용차가 재벌 체제에서 빠져나왔기 때문에 발생한 것으로 보고 있는 것이 대표적인 사례다.

위와 같은 견해를 두고 내가 '재벌 옹호론'이라고 지적한 게, "거의 욕설에 가까운 곡해와 왜곡, 중상 비방을 펼치는 것"이 되는가. 좀 납득하기 힘들다.

논쟁의 윤리

그럼에도 불구하고 내 글의 내용이나 표현에서 내 의도와는 관계없이 혹시 "거의 욕설에 가까운 곡해와 왜곡, 중상 비방"으로 받아들여질 수도 있는 부분이 있었는지 모르겠다. 만약 그렇다면 본의는 아니니 오해는 풀었으면 한다. 나는 개인적으로 그간 숱한 논쟁을 겪어 왔고 그것에 대해 별로 유쾌하지 못한 기억을 많이 갖고 있다. 그런 경험도 있고 해서 장하준의 『23가지』에 대한 비판적 논평 이래 내 나름대로는 조심해 왔다고 생각했는데, 내가 왜곡과 중상 비방을 일삼았다고 하니 당황스러운 것이다. 아무튼 앞으로 최대한 원만한 소통과 열린 토론이 되도록 노력하겠다. 나는 『프레시안』에 기고한 첫 번째 글에서 다음과 같이 쓴 바 있다. "토론은 열려 있다. 해답은 생산적이고 개방적인 토론 과정에서 집단 지성이 형성되면서 도출될 것이라 믿고 있다." 이번 한국 경제 성격 논쟁이 학술적으로(그리고 가능하면 정치적으로도) 뺄셈이 아니라 덧셈의 게임이 되길 원한다.

덧붙여 내가 부탁할 게 있는데, 내 견해를 정태인 새사연(새로운사회를여는연구원) 원장과 도매금으로 묶어 취급하지는 말았으면 하는 것이다. 물론 그는 훌륭한 연구자이자 정책생산자이며 나는 그와 공유하는 중요한 지점이 아주 많다. 그러나 그렇지 않은 부분도 없지는 않다. 무엇보다 장하준·정승일·이종태는 3인 공동 명의로 책을 두 권이나 냈지만, 나는 정태인과 그런 식으로 글을 같이 쓴 적은 없다. 또 어떤 사람들은 내 생각을 김상조 교수와 같이 묶기도 하는데, 이런 묶음은 사양하고 싶다. 이 대목에서 나는 한국 경제 성격과 대안 논쟁의 구도를 MB와 반MB로 나누어진 정치권처럼 양자 구도가 아니라 이해당사자 참여와 분배 정의의 가치를 앞세우는 참여 민주적, 조절형 시장경제론이 시민권을 갖는 삼각 구도로 보고 있음을 밝힌다.*

재벌이란?

위에서 건설적 논쟁을 위한 약간의 제안 그리고 부탁까지 했지만, 내용면에서 꼭 분명한 설명이 필요한 별도의 문제가 한 가지 있다. 그건 우리가 재벌, 재벌 체제, 재벌 조직, 재벌 개혁, 재벌 해체 등의 이야기를 하고 있는데, 이때 무엇을 재벌로 보고 그런 말을 하고 있나 하는 것이다. 나는 그간 이 기본적인 문제에서 소통이 잘되지 않았기 때문에 논쟁이 겉돈 경우가 많았다고 생각한다. 예컨대 최근『한겨레신문』재벌 개혁 지상 논쟁에서 정승일은 이렇게 말하고 있다.

> (우리도) 재벌 개혁을 반대하지 않는다. 찬성한다. 다만 그 방향이 다를 뿐이다. 우리가 옹호하는 것은 대기업 집단이지 재벌 패밀리(가문)가 아니다. 재벌 패밀리 잡겠다고 재벌 해체하려는 것은 빈대 잡으려 초가삼간 다 태우는 격이다(『한겨레신문』, 2012/05/31, 4면).

---

* 이 삼각 구도에 대해서는 조혜경, "한국 자본주의 체제의 진화와 사회 갈등," 최태욱 엮음, 『갈등과 제도』 (후마니타스, 2012), 55-59쪽을 참조.

여기서 정승일은 대기업 집단 일반과 재벌 체제가 어떤 점에서 다른 지에 대해 매우 모호하게 말하고 있는 것 같다. 또 정승일·장하준은 재벌 개혁을 곧 기업집단의 해체와 동일시하는 경우가 있는데, 과연 그렇게 볼 수 있는지 묻고 싶다. 재벌 개혁론자 중에서 어떤 논자가 기업집단을 해 체하자고 말하고 있는가. 나만 해도 재벌 해체를 주장한 적은 없다. 이 문 제는 『한겨레신문』 지상 논쟁에서 김기원 교수가 지적한 부분이기도 한 데, 그는 이렇게 말했다.

장 교수 쪽은 있지도 않은 '허수아비'를 때리고 있다. 재벌 개혁론자들 중 기업 집단을 해체시키자는 식의 주장을 펼치는 사람은 사실상 없다.

위의 김기원 교수와 같은 의문에 대해 장하준 그룹은 확실한 해명을 할 필요가 있다고 본다. 구체적으로 어떤 논자들이 기업집단을 해체하는 재벌 개혁을 주장하는지, 기업집단을 선진화하는 재벌 개혁론은 왜 잘못 인지에 대해 답을 해주어야 한다. 그들의 재벌 이해의 모호성에 대해서는 이번뿐만이 아니고, 이전에도 지적된 바가 있었다.[*] 그러므로 이를 둘러 싼 혼선 때문에 논쟁이 뜬구름 잡기가 되지 않도록 장하준 그룹은 재벌을 무엇으로 보는지, 재벌과 대기업 집단의 차이를 무엇으로 보는지를 분명 히 밝혀 주었으면 한다.

내 생각을 말하자면 ― 결코 나만의 독창적 견해는 아니다 ― 나는 재

[*] 장하준, "사회복지가 곧 경쟁력이다," 최장집 외, 『우리는 무엇을 할 것인가 : 민주화 20년 한국 사회를 돌아 보다』(프레시안북, 2008), 257쪽.

벌을 네 가지 구성 요소를 가진 대기업 집단으로 보고자 한다. ① 총수 일가의 소유와 지배 또는 통제, ② 피라미드형 소유로 연결된 기업집단, ③ 다각적 사업 경영, ④ 독과점적 시장 지배와 국민경제에 대한 거시적 지배가 그 구성 요소다. 이런 정의로 보자면, 재벌은 분명 대기업 집단의 일종이긴 하나 매우 특수한 대기업 집단이다. ①~④에 걸쳐 재벌이 갖는 특징의 일부가 해체된다 해도 대기업 집단의 특성은 지속될 수도 있고, 재생될 수도 있다. 이는 전후 일본의 재벌 해체와 그 후 기업집단 형성사에서 잘 알 수 있다. 일본에서 재벌 해체 후의 기업집단은 느슨하게 수평적 관계로 연결되어 있고 개별 기업의 독립성이 강하다. 그 때문에 총수 가문이 수직적으로 통제하면서 피라미드형 소유로 연결된 재벌형 기업집단과는 기업 조직의 원리가 질적으로 다르다.

장하준은 한국 재벌에 대해 일본식 개혁 대안도 말한 적이 있기 때문에, 이번 기회에 그가 재벌, 재벌 개혁, 재벌 해체를 정확히 무엇으로 보는지를 설명해 준다면 — 책이나 글에서 이미 말했다 해도 — 논쟁의 진전에 큰 도움이 될 것이다. 이 부분에서 좀 엉켜 있는 논쟁의 실타래를 쾌도난마해 주기 바란다.

신자유주의적 인물과 신자유주의적 제도를 구별하자?

이제 이번 글의 중심 주제로 넘어가자. 장하준 등은 최초의 공식적 응답에서 매우 중요한, 새로운 논점을 제기하고 나왔다. 이 논점 때문에 우리는 같은 이야기를 지루하게 반복하거나 서로 엉키지 않고 한발 더 나아갈 수 있게 됐다. 또 논쟁의 재미도 더하게 됐다. 그들은 금융자본과 재벌의 이원론·양자택일론을 비판한 내 지적에 대해, 신자유주의적 '인물'과 신자유주의적 '제도'를 구별하지 않는 이야기라고 하면서 다음과 같이 반박했다.

A 인물과 제도를 구별하지 않는 똑같은 문제짐은 이병천의 글에서도 발견된다. 이병천은 "한국의 신자유주의는 개발독재의 유산 위에 서있다"라는 글에서, 한국에서 1990년대 초반부터 신자유주의를 추진해 온 인물들은 대부분 과거 개발독재 시대에 권력의 정점에 있던 재벌계 인물들과 경제 관료들이라는 점을 지적한다. 그러면서 한국에서 신자유주의는 금융자본과 금융 자산가들이 선두에 섰던 서구와는 달리 박정희 체제의 유산인 모피아 관료와 재벌계 인사들이 앞장서서 추진한 '잡종 신자유주의'라고 지적한다. 훌륭하면서도 올바른 지적이다. 그리고 우리는 단 한 번도 이 점을 부인한 적이 없다.

B 그런데 박정희 체제의 권력자들(모피아와 재벌)이 1990년대 이후 신자유주의를 추진한 동일한 인물·개인들이라는 이병천식 논법을 따라가자면, 한국에서 신자유주의(시장주의적 제도·정책)와 박정희 체제(반시장주의적 제도·정책) 사이에는 별다른 '질적 차이'가 없다는 결론이 나온다. 실제 이병천은 이것을 주장하고 있는 셈인데, 제도·정책의 관점에서 볼 때, 이는 도무지 납득하기 힘든 이야기이다.

C 이병천은 우리가 『쾌도난마』와 『선택』에서 재벌을 신자유주의의 '피해자'인 양 엉터리로 묘사했다고 신랄하게 비판했다. 우리로서는 어이가 없는 비판인

데, 이 역시 이병천이 개인(재벌 가족과 그 가신들)과 제도(법인 기업으로서의 대기업과 대기업 집단)를 구별하지 않기 때문에 생긴 심각한 곡해요 중상 비방이다. 이병천은 이건희와 정몽구와 같은 재벌 가문(인간·개인)과 그룹 체제(제도·정책)를 구별하지 않는다. … 요컨대, 정태인과 이병천은 박정희식 경제체제(반신자유주의적 제도·정책)와 그에 관련된 인물들(신자유주의적 모피아 경제 관료들)을 구별하지 않고, 인물의 문제를 제도의 문제로 바꿔 버린다. 또한 대기업 집단(주주 자본주의 원리에 어긋나는)이라는 경제 제도를 재벌 가족들(주주 자본주의에 적극 호응해 사리사욕을 취하는)이라는 인물·개인들과 구별하지 않으며, 인물의 문제를 제도의 문제로 바꿔 버린다(강조는 인용자).

나는 이전 글에서 재벌이 한국 신자유주의의 핵심 세력이라는 것, 그래서 한국 신자유주의는 개발독재의 유산 위에 '올라탔다는 것', 그리하여 그것은 재벌과 금융자본이 타협하면서 공생하는 '잡종 신자유주의'의 성격을 갖고 있음을 지적한 바 있다. 그런 생각으로 장하준 등이 『쾌도난마』와 『선택』에서 보여 준 '재벌을 떼어 낸 신자유주의론'을 비판했으며 그들의 견해는 재벌이 신자유주의 동맹의 핵심 세력이라고 한 『주식회사』의 논지와도 모순된 자가당착적인 것이라고 지적했다.

그런데 위의 반박에서 장하준 등은, 재벌이 신자유주의 동맹의 핵심 세력이라고 썼던 장하준(과 신장섭)의 이전 논지를 강력히 옹호한다. 그러면서 나의 잡종 신자유주의론에 대해서도 자신들과 같은 생각이라며 받아들인다. 어찌된 영문인가. 그들은 자신들의 자가당착에서 빠져나오는 묘수를 발견한 것 같다. 그 묘수란 다름 아니라, 인물·개인과 제도·정책을 구별하는 것이다. 더 정확하게는 재벌 가문과 그룹 체제 또는 대기업

집단을 구별하는 것이다. 이 논리에 따르면, 주주 자본주의에 적극 호응하면서 사리사욕을 취하는 재벌 총수·가문과 주주 자본주의 원리에 어긋나는 대기업 집단은 구별되어야 한다. 그러면서 이들은 내 비판이 이 양자를 구분할 줄 모르는 무지의 소치 때문이라고, 인물의 문제를 제도의 문제로 바꾸어 버린 데서 나왔다고 반박했다.

이는 일견 매우 그럴듯해 보이는 논법이다. 그러나 과연 이런 식의 인물/제도 이분법이 지금까지 그들 견해의 난점과 자가당착을 해결해 줄 수 있을까. 내가 보기에는 그럴 것 같지 않다. 그들은 문제를 쾌도난마하기는커녕 다시 한 번 어렵게 꼬아 버린 것 같다.

그들은 인물·세력과 제도·정책을 구분해야 한다고 말한다. 그렇다, 둘은 마땅히 구분되어야 한다. 아주 좋은 생각이다. 나 또한 그렇게 생각한다. 그러나 그것뿐인가? 장하준 등은 싱겁게 그렇게 말하고는 끝낸다. 그러나 그렇게 끝내서는 뭐가 찜찜하지 않은가. 나는 그들의 생각과 내 생각이 어떻게 다른지를 알기 쉽게 보여 주기 위해 다음과 같이 그림을 그렸다. 그들의 생각은 〈그림 1〉에서처럼 인물과 제도가 완전히 따로 떨어져 있는 두 개의 원과 같은 모양이다. 그러나 우리는 묻는다. 인물·세력과 제도, 재벌 총수·가문과 재벌 체제는 장하준 그룹의 주장처럼, 그렇게 완전히 따로 떨어져 있는가?

일찍이 마르크스는 자본가란 자본주의라는 구조 또는 자본"관계"의 (지배적) 담당자라고 말한 바 있는데, 이 지적은 너무 구조결정론 냄새가 강하지만, 구조·제도와 동떨어진 인물·세력론이 가진 허점에 대해서는 적확한 비판이 될 수 있다. 재벌 총수·가문은 재벌 체제에서, 그 틀 위에서 독점적 통제권을 행사하는 인물·세력이다. 그리고 재벌 체제란 재벌 총수·가문들이 독점적 통제권을 행사하는 제도이다. 즉, 개혁을 요구받고 있는 재벌 체제에서 인물·세력과 제도는 동떨어져 있는 게 아니라 유기적으로 연계되어 있는 복합체라는 것이 나의 재반박의 요점이다.

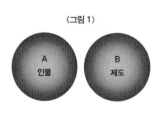

〈그림 1〉

〈그림 2〉는 이런 내 생각을 보여 준다. 신자유주의 세력으로서 재벌이란 단지 인물이 아니라, 인물과 제도가 겹친 C를 가리킨다. 또한 장하준 등은 인물·세력과 제도의 이분법을 사용함으로써 제도주의 정치경제학에서 핵심 논점인 권력의 문제를 제거했다. 그러나 권력이야말로 인물·세력인 동시에 제도화된 구조의 수준을 같이 가지고 있다. 그리고 제도에 내장된 이 권력 문제의 존재 때문에 갈등과 조절, 타협의 문제가 제기된다. 인물·세력, 제도에 권력 수준까지 포개 놓은 것이 〈그림 3〉이다. 인물·세력, 제도,

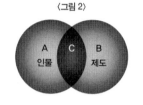

〈그림 2〉

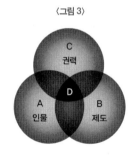

〈그림 3〉

권력 세 수준은 D에서 통합되면서 하나의 복합체를 구성한다. 그리고 그 복합체가 바로 재벌 체제다.

신자유주의 = 재벌 인물 - 재벌 제도 + 금융자본?

또 따져 보아야 할 중요한 문제가 있다. 위에서 살폈듯이, 장하준 그룹은 인물과 제도의 이분법에 입각해, 총수·가문·가신으로서의 재벌은 주주 자본주의에 적극 호응하며 사리사욕을 취하는 반면, 대기업 집단·그룹 체제로서의 재벌은 주주 자본주의 원리에 어긋나게 움직인다고 주장한다.[*]

이 주장을 어떻게 볼 것인가? 과연 그렇게 이분법적으로 말할 수 있는가. 장하준 등의 주장대로 총수·일가·가신들은 분명히 자신들의 사익을 위해 주주 자본주의, 주식 펀드와 타협하고 "의기투합"하기도 한다(『선택』, 215, 223-224쪽). 그러나 그간의 연구와 실태를 보면, 총수·일가·가신들은 소액주주와 여타 이해 당사자, 여타 계열사의 이익을 침해하면서 "총수 가치"경영을 일삼아 온 경우가 허다하다. 특히 삼성의 에버랜드 전환사채 저가 배정 사건 등에서 보듯이, 경영권을 승계하는 과정에서 빚어진 각종 불법 비리 행위가 대표적인 경우다. 또 경영권 승계를 위해 "물량 몰아주기"로 부당 내부 거래를 악용하는 것도 마찬가지인데, 그 부담은 소액주주 및 여타 이해 당사자에게 전가된다. 역사적으로 거슬러 올라가 우리가 개발주의의 자유화 또는 시장화 과정에서 재벌이 신자유주의의 핵심 추진 세력이 되었다고 말했을 때 그 의미는, 장하준 그룹이 주장하듯이 재벌 가족들이 주주 자본주의에 적극 호응해 사리사욕을 취한 것보다는, 국가와 국민 대중의 엄청난 지원으로 성장한 재벌 체제의 재산권이 재벌 가

---

[*] 장하준은 2008년 삼성 특검 후 '재벌의 금융 자본화'가 진행되고 있다고 보기도 했다. 다음 글을 참조하라. 장하준·이종태, "시장을 시장주의자에게 맡겨 둘 수는 없다"(시민+복지 기획위원회 엮음, 『한국 사회와 좌파의 재정립』, 산책자, 2008).

족의 손아귀에 돌아간 반면, 국민 대중은 오히려 시장화, 특히 노동시장 유연화 공세에 내몰리게 된 사태를 말하는 것이다. 그런데 장하준 그룹은 이처럼 개발주의의 자유화 과정에서 재벌 가문이 독차지하는 소유·통제권 성립이 갖는 중대한 의미를 놓친 채 주로 그들의 금융 자본화 여하에 대해서만 노심초사하고 있다.*

　문제는 또 있다. 재벌 총수와 가문을 기업집단과 기계적으로 분리하고서 주주 자본주의에 적극 호응해 사리사욕을 취하는 자들이라고만 보는 장하준 그룹의 인식은 또 다른 문제를 야기한다. 총수·일가·가신들이 결코 사익만 추구하는 자들은 아니다. 그들은 산업 지휘관으로서 조직 능력을 발휘해 재벌 체제의 중장기 성장과 동태적 효율성도 추구한다. 만약 그들이 단지 사익만 추구하고 주주 가치만 추구하는 존재라면, 우리는 그들을 단지 지대 추구자로만 간주하는 것이 된다. 그러나 그렇게 봐서는 세계시장에서 삼성전자나 현대자동차가 갖는 경쟁력을 설명하는 데 큰 난점을 갖게 된다. 한국 재벌 체제의 작동에서 총수가 하는 역할은 주주 가치를 금과옥조로 여기는 미국 기업의 CEO와는 결코 같지 않다.

　다른 한편 제도로서의 재벌의 경우, 기업집단 형태 그 자체로 보자면 장하준 그룹의 주장대로 이 조직 형태는 분명히 주주 자본주의 원리에 어긋난다. 총수가 주도하고 통제하는 기업집단의 행동 원리는 분명히 자본시장의 요구와 감시에 순응하기 쉬운 독립 기업과는 다르다.

　그럼에도 불구하고 주주 자본주의와의 타협과 의기투합은 제도로서의 재벌 수준과는 무관하게, 단지 총수·가문이라는 인물의 수준에서만 일

---

*　이 점에 대해서는 이 책 1부, 3장에 수록된 "장하준·정승일의 자가당착, 그리고 '잡종 신자유주의'" 참조.

어난다고 볼 수 없다. 총수·가문이 통제권을 행사하는 재벌 제도, 재벌 체제 전체가 가동되면서 주주 가치와 타협·공생하는 하나의 축적 양식이 작동하고 있는 것으로, 그런 축적 양식은 재벌 체제 전체를 관통하는 특성이라고 봐야 한다. 어찌 재벌의 주주 가치 추구와 타협이 인물 수준에만 국한된 현상이고 제도와는 전혀 무관한 현상이라고 말할 수 있는가. 제도로서의 재벌, 그 인적·물적·지적 자원과 역량을 조직화하지 않고, 생산 체제를 가동시키지 않고, 그 축적 양식을 구성하지 않고서 단지 인물들만이, 제도와는 관계없이 자기들끼리만 주주 가치를 추구한다는 말인가.

장하준 그룹의 인물과 제도 이분론과 달리, 나는 1997년 이후 한국의 재벌은 인물과 제도, 총수·가문과 대기업 집단이 한 몸으로 어우러져 ① 총수 가치, ② 주주 가치, ③ 대기업 집단의 가치, ④ 독점적 지배 가치라는 네 개의 가치를 교묘한 방식으로, 타협적으로 추구하고 있다고 보고싶다. 총수 가치는 불법·편법적인 경영권 세습 등 총수·가문의 사익을 추구하는 것이다. 주주 가치는 주식시장과 금융 투자자의 요구에 부응하는 것이다. 그리고 대기업 집단의 가치는 위험을 공유하고 '사회화'함으로써 성장 또는 동태적 효율성을 추구하는 것이다.

그러나 이 성장 지향성 못지않게 중요한 것이 있는데, 그것은 또한 독점적 지배력과 승자 독식, 경제력 집중의 심화를 통해 공정한 경쟁과 개방적 협력의 발전을 가로막는 것이다. 재벌 체제는 이렇게 네 가지 가치의 추구를 통해서 사회경제적 양극화 축적 체제, 즉 재벌과 금융자본이 공생하면서 그 지배 동맹의 힘으로 노동자와 서민, 취약한 중산층을 양극화 함정으로 몰아넣는 '잡종형 신자유주의' 축적 체제를 밀고 가는 것이다. 물론 두말할 것도 없이 여기에 재벌과 금융자본, 부자를 더욱 강하게 하고, 비정규직을 중심으로 한 노동자, 영세 자영업자, 취약한 중산층, 중소기업 등을 더욱 바닥으로 향하게 하는 정부 정책이 막강한 지원사격을 한다.

장하준 그룹은 날더러 인물·개인과 제도·정책을 구별하지 못했다고, 주주 자본주의에 적극 호응하고 사리사욕을 취하는 재벌 총수·가문과 주주 자본주의 원리에 어긋나는 대기업 집단을 구별하지 못했다고 반박했다. 그들은 총수·가문이라는 인물들만이 신자유주의를 추구할 뿐 제도로서의 재벌은 신자유주의와 무관하다고 주장했다. 그들은 인물로서의 재벌은 신자유주의 세력이지만, 제도로서의 재벌은 전혀 그렇지 않다고 강변한다. 다시 그들의 논지를 풀어 보자면, '신자유주의 = 인물로서의 재벌 −제도로서의 재벌+금융자본'의 공식이 될 것이다. 여기서 재벌 제도는 빠지게 된다. 이런 식의 신자유주의론은 과연 성공할 수 있을까.

이건희와 삼성그룹을 생이별시키지 마라

이상에서 말한 바와 같이, 만약 장하준 그룹이 제시한 인물/제도의 기계적 이분론보다 인물/제도/권력의 복합체를 봐야 한다는 나의 생각이 더 설득력을 가진다면, 그들은 자신들의 자가당착을 다시 들여다 보아야 할 것이다. 자신들이 왜 이런 덫에 빠졌는지에 대해서도 자기 발밑을 살펴봐야 할 것이다.

인물과 제도, 신자유주의적 인물과 신자유주의적 제도, 이건희와 삼성그룹을 천리만리로 서로 생이별시켜 놓은 후에 '신자유주의=재벌 인물

—재벌 제도＋금융자본'이라는 자못 흥미로운 공식을 제시한 장하준 그룹은 자신들이 빠진 덫에서 벗어나기 위해 땀을 좀 흘려야 할 것 같다. "이건희와 삼성그룹도 구별 못하나"라고 한 그들의 비판에 대한 나의 반비판은 다음과 같다.

"이건희와 삼성그룹을 생이별시키지 마라."

08

재벌과 타협하기 전에
힘 있게 부딪쳐라

좋은 일자리, 좋은 경제, 좋은 삶

『정의란 무엇인가』(이창신 옮김, 김영사, 2010)로 한국 사회에 정의 열풍을
일으켰던 마이클 샌델 교수는 "소비자에게 최저가 상품을 제공하는 것이
사회의 유일한 가치가 될 수는 없다"는 말을 남기고 돌아갔다. 그러면서
중소기업이 고용과 지역사회의 좋은 삶을 위해 매우 중요한 역할을 한다
고 힘주어 말했다. 『돈으로 살 수 없는 것들』(안기순 옮김, 와이즈베리, 2012)
의 저자다운 충고가 아닐 수 없다. 강소한 중견 기업들이 활착活着, 활생活生
함으로써 대기업과 중소기업이 상생하고 양질의 일자리가 늘어나고 경제
정의가 실현된다면, 그리고 그 바탕 위에 좋은 삶을 이뤄 낼 수 있다면 그
야말로 참 '좋은 경제'가 아니겠는가.

때마침 야당의 한 대선 후보가 내건 "저녁이 있는 삶"이라는 말도 상당한 공감을 얻고 있다고 한다. 지독한 성장 중독병, 경쟁 중독병, 노동 중독병, 학력 중독병 등에서 해방되어 저마다 자율적 삶을 회복하고, 연인과 가족과 사랑하고, 친구와 우정을 나눌 충분한 자유 시간을 누릴 수 있다면 얼마나 좋은 삶이겠나. 게다가 노동시간을 단축해 일자리까지 나눌 수 있다면 일자리와 행복한 삶이라는 '두 마리 토끼'를 잡을 수 있을 것이다. 물론 그 후보의 진짜 실력이 과연 '저녁이 있는 삶'을 이끌어 낼 수 있을지는 별개 문제다.

'돈으로 살 수 없는 것들' 그리고 '저녁이 있는 삶'의 이야기는 돈이면 뭐든지 다 된다고 생각하며 성장 중독, 경쟁 중독에 걸린 사회, 오래도록 저녁이 없는 삶을 살아온 우리들의 모습, 그리고 어느 때보다 노동이 가벼워지고 불안정해져 노동 배제와 노동 중독이 희한하게 겹쳐 있는 우리 시대를 다시 돌아보게 한다.

이런 이야기를 들으면서 나는 지금까지 있어 온 경제민주화와 복지국가 논의도 새 지점으로 올려놓아야 한다는 생각도 한다. 만약 우리가 시선을 더 아래로 향하면서 한국 경제 패러다임을 새롭게 전환하는 길, 진정 정의롭고 좋은 경제의 프레임, 좋은 삶의 프레임을 추구한다면 우리의 미래는 얼마든지 더 높은 길로 나아갈 수 있을 것이다.

그렇다면 어떻게 해야 우리 지역사회 골목골목에도 평화가 찾아와 강소 중견 기업들이 번창하고 기업·산업 생태계를 복원하며, 양질의 일자리가 늘어나고 생활 가치를 향유하는, 모든 이를 위한 경제민주화의 길, '공생의 숲'의 경제로 갈 수 있을까? 좋은 경제·좋은 삶으로 가는 데 필수적인 세 가지 요소, 즉 중소기업 및 소상인의 가치, 노동의 가치, 그리고 생활 가치를 함께 살리는 길은 어디에 숨어 있을까?

얼마 전에 '경제민주화시민연대'(준)가 출범했다. 이 시민연대는 발족 기념 토론회에서 "1퍼센트를 위한 재벌 경제에서 모두를 위한 경제민주화로" 가자, 그리하여 "한국 경제의 패러다임을 전환하자"는 슬로건을 내세웠다. 시민연대는 결코 재벌 개혁이 경제민주화의 모든 것이라고 말하지는 않는다. 경제민주화의 길은 재벌 개혁보다 훨씬 넓고 깊다. 재벌 개혁은 물론이고, 노동 개혁, 금융 개혁, 중소기업 개혁, 교육개혁, (민영화가 아니라) 공공성을 살리는 공기업 개혁, 조세 개혁과 사회 서비스 확충을 위한 정부 개혁, 에너지 고소비 산업의 저소비 산업으로의 개혁과 소비 개혁, 그리고 언론 개혁 등에까지 걸쳐 있다. 최종적으로는 나라 경제를 앞서 말한 정의롭고도 좋은 경제로, 1퍼센트 독점·독식 경제를 모든 이가 공유하는 100퍼센트 경제로 바꾸고자 하는 것이 바로 경제민주화라는 것이다.

그러나 우리가 재벌 특권 독식 체제를 개혁하지 않고서도 모든 이를 위한 경제민주화의 길로 나아갈 수 있을까? 재벌 개혁이란 관문을 통과하지 않고 과연 정의롭고도 좋은 경제가 가능할까? 결코 그럴 수 없다. 시민연대 발족식에서는 현재 재벌 체제 아래 고통받고 있는 각계각층이 호소하는 21세기판 '만민공동회' 시간을 가진 바 있다. 그 자리에는 하도급 피해로 고통받고 있는 중소 기업인들의 호소, 대형 마트의 진출로 눈물 흘리게 된 중소 상인들의 호소, 사내 하청 등 비정규직 처지로 고통받는 노동자들의 호소, 88만원 세대와 백수의 처지를 벗어나지 못하는 청년·학생들의 호소, 재벌에 혜택이 집중되어 있는 불공정 조세 체계에 대한 납세자들의 호소, 광고를 통한 재벌 대기업의 언론 지배 실태를 짚은 언론 감시 단체의 호소 등이 있었다. 각계각층의 호소들은 오늘날 우리 사회가 발본적 재벌 개혁 없이는 결코 양극화를 넘어 모든 이를 위한 경제민주화로 갈 수 없음을 생생하게 증언해 주고 있다.

공정거래위원회가 발표한 "2012년 대기업집단 주식 소유 현황" 자료에 따르면, 한국의 재벌 체제는 1퍼센트 남짓한 지분율을 가진 총수가 전체 계열사를 지배하는 형태다(2012년 현재 상위 10대 재벌에서 총수의 지분율은 0.94퍼센트인 데 반해 계열사 지분율은 55.73퍼센트다. 삼성의 경우 이건희 회장의 지분율은 0.52퍼센트이며, 계열사 지분율은 58.75퍼센트이다). 나아가 지역경제와 나라 경제를 독점·독식하고 온갖 혜택을 누리면서도 그 비용과 위험은 나라 경제와 다수 국민 대중에게 떠넘기는 체제, 세계경제 사상 별로 흔치 않은 대단한 무책임-불공정 체제가 한국의 재벌 체제다. 그리고 '재벌닷컴'에 따르면 5대 재벌의 자산은 정부 총자산의 절반에 육박하며, 삼성의 자산은 100대 재벌 전체의 19.3퍼센트를 차지하고 있을 정도다. 이런 구도에서 재벌 총수와 재벌 그룹, 이건희와 삼성그룹은 '이별'을 말하기에는 너무나 가까이 서로 달라붙어 있다. 이런 비정상적 기득권 체제를 대수술하지 않고서는 경제민주화도, 경제 정의도, 더불어 사는 대한민국의 길도 모두 요원할 수밖에 없다. 그러므로 장하준 그룹은 '이건희와 삼성그룹을 생이별시키는 방법들'에 대해 말하기에 앞서서, 이미 그 둘이 이별 상태에 있다고 주장했던 주장 자체에 대해서 납득할 만한 설명을 해야 할 것이다.

재벌 가치와 주주 가치는 어떻게 공생하나?

재벌 개혁과 경제민주화가 '낡은 화두'라고 말한 장하준 그룹은 국제 금융 자본 대 '재벌+노동+중소기업+자영업'을 한국 경제의 기본적 모순 구도로 보는 것 같다. 다름이 아니라 "저들(국제 금융자본)이 마음만 먹으면 한국 대기업 정도는 들었다 놓았다" 할 수 있다고 생각하기 때문이다(『선택』, 199쪽). 한국 경제의 구도에 대해 바로 이런 인식틀을 갖고 있기 때문에 재벌 개혁을 하면 "영미 금융자본이 재벌을 접수"한다는 식으로 과도한 주장까지 하게 된다. 그런데 이 주장은 과연 얼마나 실증적 근거를 가지고 있을까.

지금까지 나는 장하준 그룹의 견해가 갖고 있는 문제점들에 대해 여러 가지 지적을 해왔지만, 사실 그들의 주장과 인식틀은 실증적 측면에서 매우 중대한 부담을 안고 있다. 즉, 지금까지 그들의 연구는 정작 한국 경제가 어느 정도로 주주 가치에 의해 지배되고 있는지에 대해 실증적으로 잘 보여 주고 있지 않다. 이는 『선택』의 경우도 별로 다를 바가 없다. 게다가 『선택』에서는 당기 순이익이 아니라 영업 이익 대비 '배당+자사주 매입액'을 주주 이익 환원율로 사용하고 있는데(『선택』, 215쪽), 이는 논의를 더 혼란스럽게 한다. 추가적 설명이 없다면 현재로서는 그런 방식이 얼마나 적절한지 납득하기 어렵다.

그렇지만 1997년 외환 위기 이후 한국의 축적 체제가 과연 어느 정도 주주 가치 지향적으로 변모했는지에 대해서는 장하준 그룹뿐만 아니라 한국 경제학계 전체를 보아도 실증 연구가 많이 진전됐다고 보기는 어려운 것 같다. 내 개인적으로는 이 공백을 해결하기 위해 '민주 정부' 10년 시기(1997~2007)를 중심으로 미진하나마 실증 연구를 해본 적이 있다.*
이 글에서 나는 장하준 그룹의 주장이 실증적 근거가 미약하다는 점을 이미 지적한 바 있으며, 현재 2007년 이후 시기로 연장해서 작업을 진행 중이다. 이 실증 작업에서 어려운 점 가운데 하나는 기업의 매년 '자사주 취득/처분/순잔액' 값을 구하는 데 어려움이 있다는 것이다. 무엇보다 자료 소스마다 값이 상당히 다르게 나온다. 나는 주로 한국신용평가(주)에서 제공하는 KISLINE(한국신용평가정보 제공 기업 정보 서비스) 자료를 사용하고 있음을 밝힌다. 최종적으로는 개별 기업의 사업보고서를 살펴봐야 할 것 같다. 여하튼 앞으로 이 주제에 대해서 참신한 연구들이 나올 것으로 기대하면서, 〈그림 1〉과 〈그림 2〉에서는 내가 현재 작업하고 있는 내용 중에서 삼성전자와 현대자동차의 주주 가치 추구 경향이 어떤지에 대해서만 살펴보기로 한다.

〈그림 1〉과 〈그림 2〉로부터 우리는 다음과 같은 몇 가지 사실을 지적할 수 있다. 먼저, 삼성전자와 현대자동차는 1997년 이후 한국 제조업 동향을 대표하는 쌍두마차 격의 기업이라 할 수 있는데, 주주 가치 성향 면에서는 매우 대조적인 모습을 보인다. 삼성전자가 자사주 취득을 중심으로 — 배당성향은 낮다 — 상당히 높은 수준의 주주 가치 성향을 보여 왔음에 반해, 현대자동차는 주주 가치 경영을 하고 있다고 보기 어려울 만큼 당기 순이익 대비 '배당+자사주 취득'값이 매우 낮다. 2002~07년의 6년 동안 삼성전자가 평균 32.1퍼센트로 높은 주주 가치 성향을 보였음에 반해 현대자동차의 같은 값은 21.4퍼센트에 불과하다. 이는 2005년의

---

* 이병천, "외환 위기 이후 한국의 축적 체제," 『동향과 전망』, 81호(2011년 봄).

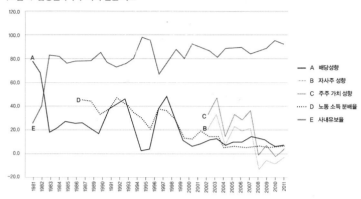

〈그림 1〉 삼성전자 주주 가치 관련 지표

A 배당성향
B 자사주 성향
C 주주 가치 성향
D 노동 소득 분배율
E 사내유보율

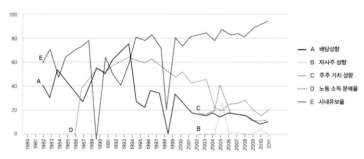

〈그림 2〉 현대자동차 주주 가치 관련 지표

A 배당성향
B 자사주 성향
C 주주 가치 성향
D 노동 소득 분배율
E 사내유보율

예외적 경우를 제외하면 훨씬 낮아진다. 삼성전자는 최대 주주 지분율이 낮으면서 자사주 지분율이 아주 높은 대표 기업으로서, 주가 부양 못지않게 경영권 방어를 위해 자사주 취득을 활용하고 있는 것으로 보인다. 그렇지만 삼성전자도 2008년 이후에는 자사주 취득에서 처분 쪽으로 돌아서면서 주주 가치 성향이 매우 낮아졌다. 이는 위기관리 경영으로 전환한 탓으로 보인다. 현대자동차의 경우는 2008년 이후 영업 실적은 양호했지만 낮은 주주 가치 성향에는 별 변화가 없다. 물론 상장 기업 중에서 한국 통신KT처럼 엄청나게 주주 퍼주기 경영을 하는 경우도 없지는 않다. 그러나 이런 사례를 제조 대기업의 표준형으로 보기는 어렵다.

둘째, 노동 소득 분배율(부가가치 대비 인건비)의 동향은 전문가들에 의해 잘 밝혀져 있고, 보통의 경제 시민들도 대체로 잘 알고 있는 바이다. 삼성전자와 현대자동차에서 노동 소득 분배율은 1997년 이후 급격히 추락했다. 그리고 2008년 이후는 노동 소득 분배율과 주주 가치 성향 모두 낮다. 그런데 삼성전자에 비한다면 상대적으로 현대자동차의 분배율이 더 높다.

셋째, 재벌 대기업은 큰 세금 부담을 지고 있을 것으로 생각하는 일반적 통념과는 달리 그들의 조세 부담은 상당히 낮다. 이는 1997년 이후 지속적으로 낮아졌다. 제조업 전체 실효 법인세율이 20.5퍼센트인 데 비해 삼성전자는 14.1퍼센트에 불과하다. 현대차는 그보다는 높아 19.0퍼센트다(2005~09년 평균).

넷째, 삼성전자와 현대자동차 모두에서 주목해야 할 것은 사내유보율이 매우 높으며, 이는 심지어 1997년 이전보다 줄곧 더 높아지는 추세를 보이고 있다는 것이다. 삼성전자는 90퍼센트대, 현대차는 80퍼센트대의 유보율을 보이고 있다. 한편 미국 기업의 경우 사내유보율은 50~60퍼센트 수준으로 낮은데 이는 순이익의 중요 부분을 배당 및 자사주 취득으로 유출하고 있기 때문이다. 삼성전자와 현대차에서 대표적으로 볼 수 있는 한국 기업의 높은 사내유보율은 한국 기업의 성과 배분 방식에서 노동에 돌아가는 몫이 낮음은 물론 주주에 돌아가는 몫도 미국에 비해서는 낮고, 많은 부분을 기업 내부에 쌓아 두는 경향이 있음을 의미한다. 이는 현금성

자산 비중이 높은 사실과도 부합된다. 물론 내부 유보에 대한 잔여 청구권과 통제권은 재벌 총수가 쥐고 있다. 다시 말해 높은 사내유보율은 총수 가치와 기업집단(또는 성장) 가치를 같이 추구하는 것으로 풀이할 수 있다. 물론 재벌 총수는 주주의 '눈치'를 봐야 하고 서로 타협을 해야만 한다.

경제민주화의 정도正道: 어설픈 타협 이전에 힘 있게 부딪쳐라

장하준 그룹은 국제 금융자본이 맘만 먹으면 한국 대기업 정도는 "들었다 놓았다" 할 수 있다고 보고 있다. 그렇게 생각하기 때문에 재벌 개혁은 국제 금융자본이 한국 재벌을 "접수"할 위험을 낳는다고 주장하고, 재벌 해체와 재벌 특권 및 독식의 해체도 구분하지 못한다. 그러나 막상 그들이 제시하는 실증적 근거는 취약하다. 이는 장하준 그룹의 중대한 약점이 아닐 수 없다. 내 관찰에 따르면, 한국의 재벌은 장하준 그룹의 주장처럼 그렇게 호락호락한 존재가 아니다. 총수 주도 또는 독재 아래 막강한 자율적 파워를 갖고서 한편으로 금융시장 압력에 대응하고 다른 한편으로 재벌 가치를 추구한다. 예컨대 현대자동차의 경우, 사내 하청이라는 이름으로 불법 파견 노동을 광범하게 활용하고 대법원 판결까지 모르쇠로 대처하고 있는 것은 국제 금융자본의 압박보다는 현대차 재벌 그룹의 독자적인 판단과 대응 양식이 더 우세하게 작용하고 있는 것으로 봐야 한다. 노동문제, 중소기업·소상인 문제를 국제 금융자본 탓으로 돌린다면 이는 심한 단순 논리가 아닐 수 없다.

우리가 경제민주화와 재벌 개혁, 그리고 정의롭고도 좋은 공생의 숲 경제로 가려면 먼저 착시·착각에서부터 벗어나야 할 것이다. 깊은 강은 국제 금융자본과 재벌 사이가 아니라, '재벌 및 국제 금융자본'과 '비정규직 노동자＋취약한 정규직＋중소기업자＋소상공인＋자영업자＋취약한 중산층' 사이에 흐르고 있다. 재벌을 제거한 신자유주의론에 의거한 어설픈 다협론을 버리는 것이 먼저다. 도전자는 값싼 타협을 말하기 전에 먼저 힘 있게, 당차게 부딪쳐야 한다. 재벌의 고삐를 잡고 국가다운 국가를 구성해 낼 수 있는 시민 정치적·제도 정치적 대항력을, 그리고 경제민주화 동맹의 소통과 공감 능력 및 저변 기반을 크게 키우고 넓히는 것이 먼저다. 그렇게 해야만 1퍼센트를 위한 재벌 독식 정글 경제에서 배제되고 버림받은 99퍼센트 '을'들의 삶의 가치, 중소기업인·소상공인의 가치와 골목 평화의 가치, 너무나 가볍게 내동댕이쳐진 노동하는 인간의 가치 그리고 생활하는 자유인의 가치를 단단히 하는 길로 갈 수 있을 것이다.*

---

* 이 글의 서두에서 말한 필자의 최종 연구 결과는 다음을 참조하라. 이병천, "한국 경제 97년 체제의 특성에 대하여," 『동향과 전망』, 86호(2012년 가을·겨울호).

09
재벌 개혁과 경제민주화의 이중 과제
: '시즌 2'는 '시즌 1'과 어떻게 달라야 하나˙

"재벌 개혁 과정에서 분배 정의와 민주적 참여는 어디로 실종해 버렸나? 이것이 문제에 대한 나의 물음이다. 지난 시기에는 재벌 개혁이 실질적 경제민주화와 분리되거나, 경제민주화 자체가 공정 경쟁 시장 수립이라는 경쟁 절차 문제로 좁혀졌다. 공정 경쟁 시장이나 소액주주권의 문제만이라면 공정거래법으로 해결할 수 있는 것이고, 굳이 헌법 119조 경제민주화 조항을 끌어들일 필요는 없는 것이 아닌가?" 재벌 개혁이 곧 사회경제적 양극화를 극복하면서 민생을 살리는 실질적 경제민주화를 위한 길이 되기 위해서는 절차적인 공정 경쟁 시장을 수립하는 과제와 함께 반드시 실질적인 민주적 참여와 분배 정의도 그 필수적 과제로 제기해야 한다는 것. 이것이 이병천 교수가 지난날은 물론, 현

˙ 이 글은 참여사회연구소와 참여연대 시민경제위원회가 주관한 "재벌 공화국을 넘어"를 주제로 한 연속 강좌 중 2012년 9월 4일 이루어진 두 번째 강의를 풀어 정리한 것이다. 장흥배 간사가 정리하고 저자가 교열을 보았다.

재의 재벌 개혁과 경제민주화 논의에 대해 가지고 있는 기본 생각이다.

이 교수는 "참여 경제와 분배 정의, 그리고 공정 경쟁은 재벌 개혁에서 불가결한 이중 과제이며, 이 실질적·절차적 이중 과제를 어떻게 통합적으로 파악하면서 개혁 운동을 전개할 것인가가 무엇보다 중요하다"면서 "그간 정치권 그리고 시민운동의 재벌 개혁은 절차적인 공정 경쟁 수립 문제를 중심에 둠으로써 재벌 개혁을 (구)자유주의적 과제로 좁혔다"고 지적했다. 이 교수는 "재벌이 독점·독식하는 특권적 시장경제 체제에서 공정 경쟁은 분명히 한 가지 중요한 역사적 과제"라면서, "그러나 분배 정의와 참여 경제를 빼놓고 재벌 개혁과 경제민주화를 얘기하면, 개발독재 이래 민주화 시대까지 이어진 선성장 후 분배 방식으로 국민적 지원과 희생을 통해 세계적 반열까지 올라선 재벌의 사회적·역사적 책임이 기억에서 지워지게 된다"고 거듭 강조했다.

이 대목과 관련하여 이 교수는 공정 경쟁 시장 수립이나 소액주주권 중심의 재벌 개혁 정책과 운동의 한계를 비판하고 보편적 복지국가 수립을 주장하는 장하준 교수의 생각에 동감을 표시했다. 그러나 이 교수는 "장하준 교수는 놀랍게도 신자유주의 지배 체제에서 재벌을 빼놓는다"는 말로 장 교수에 대한 자신의 비판점을 압축했다. 한국식 신자유주의 양극화 체제에서 소수 재벌이 그 지배 체제의 정점에 자리 잡고 있음에도 불구하고, 장 교수는 이 지배 체제에서 재벌을 빼내고 복지국가를 위해 '대타협'을 해야 한다고 공허하게 외치고 있다는 것이다.

이 교수는 강의 주제인 재벌 개혁의 실패 원인과 관련, 분배 정의와 참여 경제의 문제를 밀어낸 '민주개혁 정부'의 과오와 좌절에 대해서도 강하게 비판했다. 이 교수는 "1997년 이후 민주개혁 정부는 분배 정의와 참여 경제 확립을 자기 과제로 삼지 않았으며 공정 경쟁 수립 과제조차 제대로 수행하지 못했다"면서,

"그래서 비틀거렸는데도 지금 민주통합당은 철저한 자기반성 자세를 보이지 않는다"고 지적했다. 김영삼 정부의 '세계화' 추진과 IMF 환란 자초, 김대중 정부 집권 후반기 재벌 개혁의 완연한 후퇴, 그리고 노무현 정부와 재벌 삼성의 밀월 등은 보수 세력에 포위된 '민주 정부'의 객관적 조건과 함께, 개혁적 자유주의 정권 자체에 내재된 자기 한계도 동시에 보여 주는 교훈적 사례들이다. 앞으로 전개될 상황에 대해 이 교수는 다음과 같이 봤다.

지금은 재벌 개혁의 실패냐 성공이냐, 이런 이분법적 상황은 아닌 것 같다. 한참 '줄푸세' 정책을 얘기하던 새누리당 박근혜 후보조차 지금 경제민주화를 하겠다고 말하고 있다. 그런 상황이기 때문에 아마도 부분적인 소개혁은 이뤄질 것 같고, 그래서 지금은 성공이냐 실패냐보다는 재벌 개혁이 어느 정도 폭과 깊이로 될 것이냐, 이렇게 가고 있는 것 같다. 세계적으로는 2008년 미국발 금융 위기가 있었으며, 내부적으로는 이명박 정부의 역주행이 워낙 민생을 파탄으로 내몰고 나라 경제를 망쳐 놓아 민심이 영 좋지 않다. 이런 상황 때문에 재벌 개혁도 조금은 진행될 것 같다. 그러나 부분적인 소개혁 정도로 신자유주의적 양극화 구체제가 극복될 수 있을지, 그래서 더불어 사는 민주적 시장경제로 갈 수 있을지, 이게 문제다.

이 교수의 이번 강의는 개발독재의 유산에 대한 이야기에서 시작해, 단순히 재벌 개혁의 실패가 아니라 "어떤 실패인지"의 문제로 넘어가, 실패를 반복하지 않으려면 어떻게 해야 할지에 대한 이야기로 끝을 맺었다. 아래는 약 두 시간에 걸쳐 진행된 이날 강의의 내용을 정리한 것이다.

민주화 시대에 어떤 일이 일어났나:

"길들이기에는 너무 힘이 센 괴물" 그리고 허약한 연성 개혁 정부

먼저, 개발독재의 유산으로서 재벌 문제부터 이야기를 시작하는 것이 좋겠다. 재벌이 행사하는 힘은 워낙 강고하고 강력한 반면 이를 견제하고 고삐를 잡을 수 있는 개혁의 힘은 취약한 것이 우리가 처해 있는 엄중한 역사적 조건이 되었다. 우리는 그간 '대마불사'大馬不死, too big to fail라는 말을 많이 해왔다. 2008년 위기 이후에 미국에서 월스트리트 점령 운동이 일어나기도 했는데, 미국 월스트리트의 금융 권력이 한국 재벌의 위치와 대충 비슷하다고 보면 되겠다. 대마불사 현상은 거대 자본이 지배하는 시장 경제에서는 흔히 나타나는 문제다. 경영을 잘못해 부실을 초래했으면 경영자가 책임을 지고 물러나야 하며, 회생이 어려우면 기업도 퇴출시키는 게 공정 시장경제 원칙에 맞다. 그렇지만 부실 덩어리 기업인데도 그 덩치가 너무 커서 별수 없이 정부가 지원해 회생 노력을 할 수밖에 없는 현상을 가리켜 대마불사라고 한다. 그렇지만 한국 재벌의 경우는, 대마불사도 문제지만 오히려 "길들이기에는 너무 강하다"too strong leviathan to get disciplined라는 말이 더 적절해 보인다. 대마불사가 공정 경쟁 시장의 관점에서 나온 말이라면, "길들이기에는 너무 강하다"라는 말은 민주적 규율의 시각에서 나온 말이다.

한국의 재벌은 개발독재 시기에 특혜 금융 수혜 등 온갖 종류의 정부 특혜를 누렸고, 자신의 노력만으로 지금의 위치에 오른 것이 결코 아니다. 그동안 대한민국의 성장 방식은 정부, 재벌, 국민이 일종의 '불완전 계약' 상태에서 협력해 먼저 파이를 만들고 나중에 나눈다는 식이었다. 그러나 그 공동 협력의 성과는 거의 재벌이 독식했고 민주화 시대에 후 분배를 한다는 약속은 깨져 버렸다. 따라서 지금의 과제는 단지 재벌을 비판만 하는 것으로 끝나는 것이 아니라, 재벌의 이익이 국민 대중의 이익으로 연결될 수 있도록 국민적 이익 공유 메커니즘을 구축하는 것이 매우 중요하다. 장하준 교수도 지적한 바지만, 그간 우리가 국민 대중의 지원과 희생으로 재벌을 키웠는데 이제 외국자본이 거기에 달라붙어 이익을 챙겨 간다는 게 말이 되는가. 이런 문제의식은 나도 공유하는 바다. 그러나 그다음부터는 의견이 갈린다.

재벌을 길들인다는 것은 재벌을 민주적으로 규율하고 거듭나게 해서 전 국민적 이익이 되도록 다시 새 제도적 틀을 짠다는 얘기다. 재벌 삼성처럼 일개 기업이 온갖 방법으로 국가기관이나 검찰을 마음대로 조정하고 구워 삼도록 놔둬선 안 된다. 제대로 작동하는 시장경제 체제에서 재벌에 책임을 지운다는 것은 잘못된 기업 활동을 한 경우 그 기업을 퇴출시켜야 한다는 의미도 있다. 물론 재벌 개혁의 기본 목표는, 삼성이 잘되는 것이 나라 경제와 민생에도 좋은 일이 되도록 재벌을 거듭나게 하는 것이 되어야 하지, 삼성을 해체시키는 것은 아니다. 이익을 독식하지 않고 국민적으로 공유하도록 사회적 책임을 지우는 것이 기본 목표다.

그런데 길들이기엔 너무 강대하고 힘이 센 재벌의 힘, 이것이 바로 개발독재가 물려준 역사적 유산이다. 박정희 체제는 마치 공룡과 같은 강력한 재벌 권력과 경제력 집중 구조를 물려준 반면, 노동계급과 민주적 시민사회의 성장은 억압하고 그 발언권을 통제했다.

재벌의 고삐를 잡아 길들이는 일, 다시 말해 재벌을 민주적 책임을 다하도록 규율하는 일과 공정한 경쟁 시장을 수립하는 것이 바로 재벌 개혁의 이중 과제라 할 수 있다. 재벌의 이익이 노동자, 중소기업, 골목 상권, 지역사회, 소비자 등 이해 당사자들에게도 균점되도록 하고, 이해 당사자들이 열린 시장경제에 참여해 활동하도록 실질적 기회를 보장하는 것이 민주적 규율의 과제라고 한다면, 통상 언급되는 출자 총액 제한, 순환 출자 금지, 금산 분리 등은 주로 공정한 경쟁 질서 수립과 관련된 과제들이다.

고삐가 풀려 마구 날뛰는 새벌의 고삐를 다시 잡는 일은 결코 쉬운 일이 아니다. 매우 불편한 이야기지만, 재벌의 고삐를 잡는 데는 어떤 측면에서는 권위주의적 박정희 정권, 전두환 정권이 더 능력을 발휘했다고 봐야 할지도 모르겠다. 박정희 체제 아래서는 재벌에 엄청나게 특혜를 퍼줬지만 그것에 상응하는 대가도 요구했다. 수출을 잘못하면 지원에서 제외하거나 퇴출하는 식으로 성과 규율을 강제했다. 그리고 오늘날의 공정거래법이 전두환 정권 시절에 만들어진 건 모두가 잘 알고 있는 사실 아닌가.

이는 곧 재벌 개혁의 과제를 수행하는 데 있어 민주화 시대가 그만큼 허약했다는 뜻이다. 강력한 재벌 대 허약한 "연성軟性 민주 정부", 이 구도가 민주화 시대 우리가 처한 역사적 조건이 되었다. 다른 나라와 비교해봐도, 한국은 매우 특수한 역사적 상황에 놓여 있음을 알 수 있다. 스웨덴의 경우, 강한 노동과 재벌(발렌베리Wallenberg 그룹)의 타협 결과, 재벌 시스템의 맨 꼭대기에 공익 재단이 자리 잡고, 이 공익 재단이 사회적 책임과 국민적 이익 공유 활동을 하게 됐다. 미국의 경우 노동 세력은 전통적으로 힘이 약하지만 반독점 경쟁 질서의 전통이 가장 강한 나라다. 그래서 프랭클린 루스벨트가 주도한 뉴딜 개혁으로 강력한 반독점 개혁 관문을 통과했다. 그리고 미국도 스웨덴과는 다르지만 공익 재단이 많이 발전했다. 재벌이 '날강도'라 불릴 정도로 워낙 악행을 많이 저질렀기 때문에 그렇게라도 하지 않으면 도저히 사회적 정당성을 얻을 수 없었기 때문이다. 일본은 전후 미군 점령하에서 외부의 힘으로 재벌이 해체됐다. 재벌 체제가 가장 급진적으로 해체된 경우에 해당된다. 마지막으로, 동아시아에서 대만, 싱가포르는 국가 부문이 매우 크며 한국처럼 재벌이 독식하고 국민 경제를 볼모로 잡는 문제가 없다.

민주화 시대에 재벌에 의한 국가기관과 시민사회의 포섭 및 지배 문제는 여러 말할 필요 없이 김용철 변호사가 쓴 『삼성을 말한다』를 보면 잘 알 수 있다. 그리고 삼성 X파일 사건이나 삼성 특검의 결말 등을 보면 생생하게 알 수 있다. 또 재벌은 단지 힘으로만 밀어붙이는 게 아니다. 이른바 '경제위기'나 '경제 살리기' 이데올로기를 통해 개혁 노력을 무산시킨다. 그리고 재벌은 개혁 정부를 길들이기 위해 투자 파업을 벌이기도 한다. 파업은 노동자만 하는 게 아니라 자본도 한다. 이를 '자본 파업'이라고 한다. 특히 경기가 침체할 때 혹은 선거 국면에서 정부는 속이 터지고 재벌은 이 상황을 적절히 잘 활용한다.

시장 개혁에 내재된 딜레마: '전환의 계곡'

나는 1987년 민주화 이후 민주주의 시대에 사회경제적 민주화의 실질적 내실을 확보하지 못하고 개혁 정부가 허약하게 계속 비틀거렸다는 의미로 '물 탄 민주주의' 혹은 '물 탄 개혁'이라는 말을 쓴다. 개혁 정부는 재벌과 보수 세력의 압박에 밀리고 포위되었고, 이 상황에서 재벌은 대내적 자유화(규제 완화), 대외적 자유화(무분별한 개방)를 끊임없이 요구했다. 김영삼 정부가 자초한 1997년 IMF 외환 위기, 김대중 정부 집권 말기의 재벌 개혁의 완연한 후퇴, 노무현 정부와 삼성의 밀월 등이 이런 대표적 사례들이다.

그런데 이런 경과는 개혁 정부가 재벌에 발목이 잡혀 그런 부분도 있지만, 그 자체에 내재된 속성 때문에 그렇게 된 부분도 있다고 봐야 한다. 두 가지를 같이 봐야 한다. 그리고 관료 집단도 굉장히 무서운 조직이다. 한국 경제를 다루고, 관리·운용하는 기본 정책 노하우를 이들이 다 장악하고 있다. 이런 기반 위에서 내각에 들어온 진보 학자들도 길들인다. 때로는 대통령의 지시조차 사보타주한다. 민주통합당이나 안철수 쪽이 집권할 수 있을지 모르겠지만, 설사 안철수 교수 할아버지가 집권한다 해도 이런 문제에 봉착하지 않을 수 없다.

그리고 민주개혁 정부는 신자유주의의 지배적 사조를 수용했다. 이 부분은 이제는 너무나도 잘 알려져 있다. 규제 완화, 자유화, 민영화, 개방이 세계를 풍미했고 우리도 이 흐름을 추종했다. 경제민주화라기보다는 경제 자유화를 추구했다. 경제 자유화도 단순하지는 않은데, 여기에는 일방적인 규제 완화, 주주 자본주의 추구 그리고 공정 경쟁 수립 등이 뒤섞여 있었다. 1997년 이후 개혁 정부의 준거 모델은 미국식 주주 자본주의였다고 생각된다. 그 결과 서민 대중의 개혁 에너지를 동원하기 어렵게 됐던 것이다.

그런데 재벌 개혁은 불가피하게 시장을 확대하는 개혁도 내포하고 있다. 시장이 저발전된 상태에서는 시장을 더 키워야 하는 과제를 안고 있다는 뜻이다. 그런데 정글식 경쟁(자유방임 경쟁)은 물론이고 공정 경쟁 역시 시장 경쟁을 심화시킨다. 그리고 시장의 확장이 곧 지속 가능한 성장을 보장하는 것도 아니다.

따라서 국민들은 정치적 민주화가 이루어져 살기 좋아지는 줄 알았는데, 말하자면 '밥 먹여 주는 민주주의'가 될 줄 알았는데, 경쟁만 심화되고 살기가 고달파졌다는 걸 알게 된다. 이 과정을 민주화 이행 및 공고화론에서 흔히 '전환의 계곡' 또는 '눈물의 계곡'이라고 부른다. 이런 상황에서 개혁 정부에서 전형적으로 나오는 처방이 무리한 경기 부양책이다. 이는 경제의 건강성을 망치는 일인데 그 유혹을 이기기가 몹시 어렵다. 부동산 거품 띄우기, 금융 규제 완화, 신용카드 규제 완화, 금리 인하 등이 그런 정책들이다. 또 이를 틈타서 재벌의 '경제 살리기'와 규제 완화 공세가 벌어진다.

마지막으로, 절차적 민주주의 자체에 내재된 보수성 문제도 있다. 민주화 이후에는 재벌 개혁도 절차를 따라 진행해야 한다. 그러나 이 '민주적 절차'를 지키는 과정에서 당연히 힘세고 돈 많은 세력들의 목소리가 높을 수밖에 없다. 경제적 시장에도, 정치적 시장에도 강자의 목소리가 더 큰 힘을 발휘한다. 이 또한 흥미로운 '민주화 역설'의 한 부분이라 하겠다.

시민운동도 분배 정의와 참여 경제 과제를 전면에 제기해야

시민사회 운동의 흐름은 여러 갈래인데, 크게 보자면 분배 정의와 민주적 참여를 중심에 두는 흐름과 공정한 시장 경쟁 또는 절차적 공정성을 중심에 두는 흐름으로 분화되어 왔다고 생각된다. 유종일 교수는 『경제 119 : 한국 경제를 살리기 위한 유종일 교수의 정책 대안』(시사IN북, 2011)에서 경제민주화의 과제를 크게 공정 경쟁, 참여 경제, 분배 정의라는 세 가지로 요약한 바 있다. 대개 한 가지만 거론하곤 하는데, 나름대로 요점을 종합적으로 잘 정리했다고 본다. 세 가지를 한데 모아 놓았을 때 한국에서 어떤 식의 조절형 시장경제가 가능할지에 대해서는 아직 논의가 부족한 부분이 있긴 하다. 그런데 우리가 참여 경제와 분배 정의를 실질적 경제민주화의 과제라고 본다면, 공정 경쟁은 절차적 경제민주화의 과제라 말할 수 있을 것이다. 나는 경제민주화의 이 두 축을 어떻게 잘 가져가느냐가 대단히 중요하다고 보는데, 이를 통합적으로 가져가는 일을 그간 시민 운동도 잘한 것 같지는 않다.

경실련의 창립 이래 참여연대를 포함한 시민 단체의 재벌 개혁 운동은 공정 경쟁 수립 문제를 중심에 두어 왔다. 최근 김상조 교수는 『종횡무진 한국 경제 : 재벌과 모피아의 함정에서 탈출하라』(오마이북, 2012)라는 역작을 내놓았는데, 여기서 한국 경제를 "신자유주의의 과잉과 구자유주의의 결핍" 상태로 진단하고 있다. 그러면서 후자에 초점을 두고 재벌 개혁을 (구)자유주의적 과제로 좁히고 있다. 이런 생각에 대한 나의 질문은 '재벌 개혁에서 실질적 경제민주화의 과제, 즉 분배 정의와 참여 경제는 어디로 갔는가?' 하는 것이다. 재벌 개혁이 실질적 경제민주화 과제와 단절되거나 경제민주화 자체가 공정 경쟁의 수립 문제로 좁혀진 측면이 있다. 그렇다면 공정거래법으로 소화가 가능하고 굳이 헌법 119조를 얘기할 필요는 없지 않겠는가? 공정 경쟁 측면만 얘기하면, 재벌이 그 정점에 자리하고 있는 사회경제적 양극화 체제 아래 서민, 노동자, 취약 중산층

등의 희생이 진행되고 있다는 진실이 희석될 것이다.

이 문제는 단지 내 얘기만은 아니고, 알고 보니 대선에 출마하기 이전 안철수 교수도 정확히 파악하고 있었다. 그가 나오자마자 베스트셀러가 된 『안철수의 생각』(김영사, 2012)이라는 책에서 "우리나라 재벌들은 물론 자신들의 노력도 있었지만 국가적으로 많은 자원을 몰아주고 노동자들이 희생했기 때문에 크게 성장할 수 있었죠. 그런데 재벌들은 모든 걸 제 스스로 이룬 것처럼 행동하면서 이익을 독식하고 사회적 책임을 지지 않았죠"라고 쓰고 있다. 적어도 이 부분만큼은 정확한 지적이 아닐 수 없다. 그런데 오랫동안 참여연대의 재벌 개혁 운동, 경제민주화 운동은 양극화 체제와 경제력 집중 문제를 주 타깃으로 삼지 않았고, 공정 경쟁 시장 수립 문제에 초점을 맞추었다. 이 빈틈이 이제 재벌 개혁과 경제민주화 운동 '시즌 2' 국면에서 반성적으로 검토해야 할 기본적인 문제다. 나는 얼마 전에 발족한 '경제민주화와 재벌 개혁 시민연대'도 이런 문제의식을 깔고 있다고 생각하고 있다.

그렇지만 오해해서는 안 되는데, 내 지적은 공정 경쟁 수립이 우리의 역사적 과제가 아니라는 말이 결코 아니라 어디까지나 부분 과제, 경쟁 절차의 문제라는 의미다. 재벌 개혁에서 공정 경쟁과 분배 정의 또는 절차적 경제민주화와 실질적 경제민주화는 병렬적으로 제기할 것이 아니라, 실질적 경제민주화 다시 말해 파이의 공정한 분배와 의사 결정에 대한 이해 당사자의 실질적 참여 과제를 중심에 놓고 거기에 공정 경쟁의 수립 과제를 결합하는 식으로 통합적으로 파악해야 한다고 본다. 그렇게 하지 않으면 민생고에 시달리는 서민 대중의 열정을 동원할 수가 없고 지금 시기 진보 개혁 세력의 최대 과제라 할 '민생 연합'을 만들어 낼 수가 없다. 1997년 외환 위기와 구조 조정 이후 15년, 한국 경제 '97년 체제' 15년의 현 상황에서 우리는 그렇게 해야 하는 역사적 시점에 와 있다. 이것이 내가 갖고 있는 생각이다.

또 실패하지 않으려면?

그런 점에서 볼 때, 장하준 교수의 연구는 그간 공정 경쟁 또는 소액주주권 중심의 재벌 개혁 운동이 갖고 있는 한계를 짚고 있다는 점에서 의미가 크다. 그러나 장 교수는 놀랍게도 신자유주의 지배 체제에서 재벌을 빼놓는다. 그의 논의에서는 한국 사회에서 재벌이 휘두르고 있는 강대한 힘과 그 사회적 책임이 희석된다. 한국 경제 97년 체제를 이야기하는 대표적인 두 견해(김상조, 장하준)가 모두 각각 다른 논리 구조로 신자유주의 지배 또는 사회경제적 양극화 체제의 정점에 있는 재벌을 그 책임에서 면제시키고 있는 것은 매우 흥미로운 일이 아닐 수 없다.

민주개혁 정부 역시 분배 정의와 참여 경제를 자기 과제로 삼지 않았다. 또한 절차적 공정 경쟁 질서 수립의 과제조차 제대로 완수해 내지 못했다. 또 박정희 모델의 붕괴 이후 민주화와 세계화 시대에 어떤 새로운 한국형 '조절된 시장경제'를 수립해야 할지에 대해 진지한 고민이 없었다. 그들은 미국식 스탠더드가 곧 코리안 스탠더드라는 생각을 벗어나지 않았다. 그래서 비틀거리고 민심이 떠나 버린 것이다. 바로 이 대목에 대해 무겁고 통렬한 자기반성이 있어야 하는데, 그런 진지한 자세를 보이고 있지 않다. 그래서 심지어 "진보의 실패가 박정희를 부른다"라는 불편한 말조차 나오게 된 것이다.

　새누리당의 재집권을 막고 정권 교체를 이루는 것은 물론 참으로 중대한 시대 과제가 아닐 수 없다. '줄푸세'와 경제민주화의 '철학이 같다'고 하면서 경제민주화를 정체불명으로 만들고, 유신 독재가 없었으면 수출 100억 달러를 달성하지 못했을 것이라고 강변하는 구체제 세력에게 이 나라를 다시 맡겨서야 되겠는가. 그러나 정권 장악은 끝이 아니고 새로운 시작이다. 재벌 개혁이 또 실패하지 않으려면, 진보 개혁 세력의 결집, 무엇보다 민생 연합의 수립과 시민사회 진지의 견결한 강화, 재벌 개혁과 경제민주화에 대한 '시즌 2'의 생각을 재정립하는 일, 폭넓은 의미에서 '전환의 계곡'에 대비해서 주도면밀한 대처 전략을 준비하는 것이 꼭 필요하다.

　장하준 그룹을 비롯해 사회적 대타협을 말하는 사람들이 더러 있다. 물론 타협을 해야 하고 어떤 형태든 결국은 하게 될 것이다. 그러나 타협이란 정권을 장악하기까지는 물론 정권 교체 이후에도 힘과 힘이 부딪히는 과정에서 성립될 것이다. 타협하자고 공허하게 주장만 하면 뭐하나. 재벌과 섣부른 타협을 말하기에 앞서 힘 있게 부딪혀야 한다. 그리고 재벌이 명실상부한 시민 기업으로 거듭나게 규율할 수 있도록 집단적인, 시민적 대항력과 진지를 키우고 저변을 넓게 확대해야 한다. 바로 그것이 지금 우리가 힘써야 할 일일 것이다.

10
신자유주의란 무엇인가?
: 다시 장하준 그룹에 묻는다

1

우리는 '신자유주의'라는 말을 자주 쓰고 있다. 이 "신자유주의"라는 말은 그간 학계에서 널리 사용해 온 학술 용어일 뿐 아니라, 공론장이나 국내외 사회운동에서도 줄곧 사용해 온 용어다. 그럼에도 불구하고 신자유주의라는 것이 정확히 무엇을 말하는 것인지, 신자유주의와 그렇지 않은 것 사이의 경계는 어디인지, 그리고 신자유주의의 다양성에 대해 말할 수 있는지 등에 대해 적지 않은 이견과 논란들이 있는 것 또한 부정할 수 없는 사실이다. 그 때문에 나는 장하준 그룹과의 논쟁에서도 이 문제에 대해 내 나름대로 정리를 해야 할 필요를 느낀다.

먼저 "신"자유주의란 경제적 자유주의가 다시 부활한 현상을 가리키는 말이다. 여기서 경제적 자유주의란 자유 시장, 더 정확히 말해 시장적 조절 기제와 사적 자본(사기업)의 자유로운 이윤 추구 행위가 경제적 효율과 자유의 가치를 가장 잘 실현할 수 있다고 보고 이를 최대한 보장해야 한다고 주장하는 이념이자 정책이다. 그리고 그런 이념과 정책이 실현된 체제가 자유주의 체제 또는 자유주의적 자본주의 체제라 할 수 있다. 그래서 이런 내용을 가진 경제적 자유주의를 부활시킨 것이 바로 "신"자유주의다. 통상적으로는 안정화, 자유화(규제 완화), 민영화(사유화) 그리고 자본과 상품 이동, 특히 자본의 자유로운 국경 이동을 보장하는 대외 개방이 신자유주의의 기본 정책 패키지라고 이야기된다. 좀 더 구체적으로 존 윌리엄슨John Williamson이 이야기한 '워싱턴 컨센서스'의 정책 패키지를 보자면, 재정 건전성 확보, 공적 지출의 우선순위 조정, 세제 개혁, 금리자유화, 국제 경쟁 환율의 도입, 무역자유화, 외국인 직접투자 허용, 공기업 민영화, 재산권 보호 등 10개 항목이 제시되어 있다. 이런 정책들을 통해 시장 가격기구가 제대로 작동하도록 하고 사적 자본이 자유롭게 이윤 추구 활동을 하며, 나아가 글로벌 시장 경쟁에 적응하면서 개방의 이익을 얻게 한다는 것이다.

시기적으로 보면, 제2차 세계대전 이후 금융의 흐름에 대한 통제 위에서 산업자본과 노동(더 넓게 민중)의 타협 그리고 복지 증대 및 경기 조절을 목표로 한 국가 개입으로 짜여 있던 '조절된 자본주의' 체제가 장기 불황에 빠진 1970년대 말, 1980년대 초부터 미국의 레이건 정부와 영국의 대처 정부는 조절된 자본주의 체제를 파괴하면서 새로운 사회경제정책을 밀어붙이기 시작했다. 그리고 그 정책으로 개편된 미국과 영국의 새로운 자본주의 체제, 그리고 국제통화기금과 세계은행의 구조 조정 프로그램을 통해 지구적 규모로 확대된 정책과 체제로서 신자유주의가 전면화되는 시대가 도래했다. 이에 대해서는 구태여 자세한 이야기를 하지 않아도 잘 알려져 있는 부분이다. 그러나 이런 설명 정도만으로는 신자유주의라는 용어를 엄격히 개념화했다고 할 수 없다. 여기에는 여전히 애매모호한 대목이 많이 남아 있다. 이 때문에 어떤 논자는 신자유주의라는 말은 복지국가를 경험한 나라에서만, 그것이 후퇴하고 복지 자본주의 체제가 공격받는 상황에 대해서만 제한적으로 사용해야 한다고 주장한다. 또어떤 논자들은 자본의 유연성과 유동성이 극대화됨으로써 금융이 경제의지배적 수준으로 올라간 주주 자본주의를 신자유주의로 좁게 정의하기도한다. 장하준 그룹도 바로 이런 생각을 공유하고 있다. 심지어 또 어떤 논자는 "신"자도 좋은 말이고 "자유"도 좋은 말이기 때문에, 진보주의자가보수적인 경제 이념을 비판하면서 신자유주의라는 말을 사용하는 것은부적절하다고 우스꽝스러운 말을 하기도 한다.

이처럼 견해가 분분하기 때문에 분명히 더 교통정리를 해야 할 필요가 있다. 위에서 말했듯이 신자유주의라는 말은 시장적 조절과 사적 자본의 자유로운 이윤 추구 행위가 효율과 자유의 가치를 가장 잘 실현한다고보고 이를 최대한 보장해야 한다고 주장하는 이념·정책·체제이며, 안정화·자유화·민영화·개방화가 그 기본 정책이다. 그럼에도 불구하고 나는신자유주의라는 말 자체에 여전히 모호한 지점이 있다고 생각하는데, 여기에는 여러 가지 이유가 있다. 다음에서 이에 대해 살펴보고자 한다.

2

먼저, 신자유주의라는 말이 모호한 논리적 이유부터 생각해 보자. 이에 대해서는 마침 장하준 교수가 좋은 설명을 제공해 주고 있다. 장하준은 신자유주의 이론 형성의 기원과 관련해 거기에 내적 모순이 있다고 지적한다. 그에 따르면, 신자유주의 독트린은 알고 보면 수미일관된 체계가 아니다. 그것은 성격이 아주 다른 신고전파 경제학과 오스트리아 자유주의 전통 간의 '정략결혼' 또는 '비신성동맹'으로 성립되었다. 여기서 오스트리아 자유주의 전통은 국가 통제주의를 극도로 싫어하는 반면에 신고전파 경제학은 개입주의적 색채를 가지고 있다. 이 때문에 신자유주의 교의는 신고전파에 특유의 개입주의 색채를 억제하면서 여러 가지 방식으로 이 모순을 해결하는 논리적 곡예를 부려야 했다. 또한 개입주의 지향을 갖고 있는 신고전파 경제학 내부에도 적절한 국가의 역할이 무엇인지, 좋은 개입과 나쁜 개입을 어떻게 구별할 수 있는지에 대해 '과학적인' 판단 기준을 제시하지 못하는 큰 문제점이 있다.* 그렇게 본다면, 신자유주의는 국가의 역할, 또 시장의 조절 능력에 대해서도 태생적 모호함 내지 동요가 있다고 할 수 있다.

둘째, 신자유주의가 특정한 계급 타협이라는 데서 기인하는 이유가 있다. 계급 구조적 측면에서 볼 때, 위에서 말했듯이 전후 자본주의는 금융자본의 자유를 통제한 위에서 산업자본과 노동 간의 타협을 기본틀로 하는 조절된 경영자 자본주의였던 반면에, 신자유주의는 자본 활동의 자

---

* 장하준, 『국가의 역할』(부키, 2006), 110~ 117쪽.

유를 최대한 보장하면서 특히 통제된 금융을 자유화된 금융으로 변모시켰다. 이에 따라 신자유주의 계급 타협neoliberal compromise의 구조는 경영자 주도의 조절된 자본주의 타협으로부터 크게 변화되어, 산업자본과 자유화된 금융자본이 타협을 도모하면서 노동(더 넓게 민중) 부문을 배제하는 형태를 취했다. 이 같은 신자유주의적 타협에서 금융자본의 힘이 아주 강화돼 그것이 주도권을 가질 경우에 금융 헤게모니가 성립하게 된다. 이것이 영미형 금융 주도 신자유주의 체제인 것이다.[*] 그러나 산업자본과 금융자본의 지배적 타협이 꼭 금융 주도의 형태로만 나타날 것인가. 그렇지는 않다. 칼 폴라니가 말했듯이 노동, 토지(부동산), 그리고 금융의 시장화를 통해 노동과 서민 대중의 살림살이 터전을 상품화 또는 시장화 위기에 빠트리면서도 산업자본과 금융자본의 타협은 다양한 형태로 나타날 수 있다. 우리는 신자유주의를 파악함에 있어 이 다양성에 주목하지 않으면 안 된다. 노동자와 서민 대중을 배제하면서 양극화를 추진하는 지배계급 간의 타협 및 동맹 체제로서 신자유주의가 보여 주는 여러 다양한 유형들 중에서도 우리는 금융자본이 주도하는 영미형의 형태(신자유주의 A)와 산업자본이 우위에 있는 또 다른 형태(신자유주의 B)를 기본형으로 설정할 수 있다.

이와 관련해 하비David Harvey는 신자유주의를 두 가지 수준으로 구분하는 매우 중요한 이해 방식을 제공해 주고 있다. 그에 따르면 신자유주의는 1970년대의 구조적 위기를, 노동을 억압하면서 자본가 계급의 권력을

---

[*] Gérard Duménil and Dominique Lévy, *The Crisis of Neoliberalism*, Harvard University Press, 2011 (『신자유주의의 위기』, 김덕민 옮김, 후마니타스 근간).

회복·강화하는 방식으로 극복하기 위한 계급 프로젝트로서 출현했다. 그러나 이 자본계급의 기획은 노동자 대중의 소득 정체와 양극화, 수요 부족 문제를 야기하는 내적 모순을 안게 되었다. 이에 따라 다시 이 모순을 금융의 팽창으로 타개하려는 과정에서 금융 주도 신자유주의로 진전되었다.[*] 하비의 이 같은 설명은 신자유주의의 이해에서 금융이 차지하는 독자적 역할의 중요성을 포착하면서도 그 뿌리에 존재하는 자본과 노동 간의 계급 균형의 변화를 보고 있다는 점에서 뛰어난 것이며, 신자유주의에 대한 많은 일면적 인식을 극복하는 데 큰 도움을 준다. 또 신자유주의를 계급 기획으로 인식하고 그 출현의 시대적 맥락을 보면, 이를 단지 이전의 경제적 자유주의의 부활로만 보기 어렵다는 것도 알 수 있게 된다.

셋째, 나아가 신자유주의는 그 자체로 다양할 수밖에 없으며, 그렇게 봐야 이 현상을 더 잘 이해할 수 있고 대안도 낼 수 있다는 견해가 제시된 바 있다. 펙Jamie Peck 등은 보기 드물게 "다양한 신자유주의"variegated neoliberalism라는 문제를 본격적으로 제기했는데,^{**} 이에 따르면 신자유주의는 "사회관계의 시장화 또는 상품화 기획"이다. 그렇지만 그것은 다음과 같은 여러 가지 지점들을 고려하면서 다양성을 지닌 것으로 파악되어야 한다.

신자유주의를 고전적 자유주의의 부활로 보기도 하지만, 그것과 질적으로 다른 정치경제 조건들 속에서, 즉 역사적으로 종별적인specific 규제 실패와 정치적 투쟁에 대응해 출현했다.

---

[*] 데이비드 하비, 『자본이라는 수수께끼』(이강국 옮김, 창작과비평, 2012).

^{**} Jamie Peck, Nik Theodore and Neil Brenner, "Neoliberalism Resurgent?," *The South Atlantic Quarterly*, Spring 2012.

신자유주의는 물려받은 기존의 정치-제도적 배열과 접합되거나 충돌하면서, 또 글로벌한 힘과 국내적 힘이 접합되면서 불균등하게 발전하고 '지제도적'geoinstitutional 차이를 낳는다.

신자유주의는 일거에 전면화되는 것이 아니다. 부단한 역사적 과정을 거쳐 현실화된다. 이때 그 과정은 누적적 효과를 가지면서 패턴화된다.

신자유주의가 항상 구조 재편의 유일한, 포괄적 과정은 결코 아니다. 그것은 다른 경향들과 경합하거나 보완되면서 전개되는 경향 가운데 하나로 나타난다.

칼 폴라니가 말했듯이, 사회경제 생활의 시장화·상품화를 강제하는 신자유주의의 길은 필수적으로 국가 개입주의와 제도적 거버넌스 양식의 변화를 동반한다.

위에서 본 바와 같은 뒤메닐·레비, 하비, 펙 등의 논의는 우리가 신자유주의의 핵심적 실체와 그 다양성을 바라보는 데 큰 도움을 준다. 그리고 이들의 논의에 힘입어 우리는 금융자본이 우위에 선 영미형(신자유주의 A)과 달리, 한국형 신자유주의를 산업자본이 우위에 선 신자유주의 B형으로 파악할 수 있을 것이다. 영미형 신자유주의는 자본의 자유화·유동화가 극단적으로 진전된 유형이며, 한국의 신자유주의는 이와는 다르다.

그런데 사실 알고 보면 신자유주의를 지구적 규모로 퍼트리기 위한 발전 프로그램인 워싱턴 컨센서스만 하더라도 단지 한 가지가 아니라 여러 역사적 경험들을 종합한 것임을 생각할 필요가 있다. 워싱턴 컨센서스는 오랜 기간 시행해 온 IMF의 거시 경제 안정화 정책, 세계은행이 채택한 규제 완화정책, 레이건 초기 미국 워싱턴에서 유행한 공급 중시의 사고방식, 그리고 영국의 대대적인 공기업 민영화 경험 등이 통합된 것이다.* 미국의 경우에는 영국처럼 공기업이 별로 발전되지 않았기 때문에 미국식 신자유주의 자체에는 뚜렷한 공기업 민영화 정책이랄 것이 없었다. 또 레이건의 미국은 '군사적 케인스주의'라 할 만큼 대대적으로 군비 지출을 늘렸기 때문에 안정화 정책은 별로 해당 사항이 없다. 그렇다고 해서 우리는 레이거노믹스가 신자유주의 정책이 아니라고 말하지 않는다.

또한 여러 상이한 경험들의 종합으로 형성됐던 워싱턴 컨센서스도 고정 불변으로 머물러 있었던 게 아니고 진화했다. 원래의 워싱턴 컨센서스는 자본 권력에 최대한의 자유를 보장한다. 그리고 정글과 다름없는 약육강식 자유경쟁 시장을 조장한다. 이에 따라 금융자본이 투기화하는 것은 물론 산업자본조차 단기적·투기적 활동으로 몰려가게 된다. 무분별한 대외 개방과 투기 자본의 자유로운 유출입으로 국민경제의 불안정과 양극화가 심화되기 십상이다. 사실 워싱턴 컨센서스는 2008년 미국을 진원지로 글로벌 금융 위기가 발발하기 훨씬 이전에 이미 세계 대부분의 지역에서 참담한 실패로 끝났다. 그러자 1990년대 말에 이르러 워싱턴 컨센서스도 변화가 불가피했던 것이다. 이런 사정 때문에 로드릭Dani Rodrik 같은 학자는 워싱턴 컨센서스의 원판과 수정 증보판을 구분하고 있다. 수정판의 개혁 원칙은 '좋은 지배 구조'의 문제에 중점을 둔 제도적 성격을 띠고 있는데, 추가 항목은 기업의 지배 구조 개선과 부패 척결에서부터 노동시장 유연화, "신중한" 자본계정 개방, 사회 안전망 구축, 빈곤 퇴치에 이르기까지 다양한 내용을 포함한다(〈표 1〉 참고). 이 정도가 되면, 워싱턴 컨센서스의 수정판은 이미 규제 완화 일변도의 '시장 만능주의'와는 꽤 거리

---

* 랜스 테일러, "자유주의의 부활 : 글로벌 경제하의 IMF와 세계은행," 이병천·백영현 엮음, 『한국 사회에 주는 충고』(삼인, 1998), 130쪽.

〈표 1〉 워싱턴 컨센서스의 원판과 수정판

원판	수정판
1. 재정 건전성 확보	11. 기업 지배 구조 개선
2. 공적 지출의 우선순위 조정	12. 부패 척결
3. 세제 개혁	13. 노동시장의 유연화
4. 금리자유화	14. WTO 합의 준수
5. 국제 경쟁 환율 도입	15. 국제 금융 기준 및 규범 준수
6. 무역자유화	16. '신중한' 자본계정 개방
7. 외국인 직접투자 허용	17. 자율적 환율 체제
8. 공기업 민영화	18. 중앙은행의 독립성 확보 및 인플레이션 관리
9. 규제 완화	19. 사회 안전망 구축
10. 재산권 보호	20. 빈곤 퇴치

자료: 대니 로드릭, 『더 나은 세계화를 말하다』, 제현주 옮김, 북돋움, 2011, 33쪽.

가 있고 "중도적" 또는 "개혁적" 신자유주의 성격을 갖고 있다고 봐야 할 것이다.

3

이상에서 우리는 신자유주의라는 현상이 통상적인 생각에 비해 다양한 얼굴을 갖고 있으며 그 폭도 다양해 "잡종"의 형태를 띠고 있음을 알 수 있다. 한편에서 금융 주도의 주주 자본주의를 신자유주의로 좁게 정의하는 견해도 물론 있다(견해 1). 그렇지만 다른 한편 훨씬 광의로, 그리고 다양성을 포용하는 방식으로 신자유주의를 정의하는 견해가 널리 공유되고 있다(견해 2). 내가 장하준 그룹과의 논쟁에서 신자유주의를 "잡종"으로 보면서 그것을 금융 주도의 주주 자본주의로만 좁게 보는 그들의 견해에 반대한 것은 후자의 연구 흐름에 기반을 두고 있다. 물론 현실적으로 1997년 이후 한국 경제의 성격이 어떤지에 대한 것은 신자유주의에 대한 이론적 인식 문제와는 별도로 실증 연구로 판가름해야 할 것이다. 그런데 여기서 내가 또 한 가지 지적하고 싶은 부분이 있다. 그것은 장하준의 경우, 그의 발전 정책에 대한 다른 연구를 보면, 한국 경제에 대한 논의에서와는 다르게 신자유주의를 보다 넓게 이해하고 있음을 발견할 수 있다는 사실이다. 장하준은 『다시 발전을 요구한다 : 장하준의 경제정책 매뉴얼』(부키, 2008)에서는 신자유주의가 다음과 같은 세 가지 요소로 구성되어 있다고 말한다.

첫째, 신자유주의는 경제 부문의 지배 구조와 (가격 지지나 가격 상한제 폐지, 무역자유화, 시장에서의 환율 결정 등을 통한) 재화와 자본 흐름을 조정하는 데 (정부)보다 시장의 역할을 강화한다. 둘째, 신자유주의는 민간 부문과 (민영화와 규제 철폐 등을 통해) 사적 소유권의 범위를 확장하고 그 역할을 강조한다. 셋째, 신자유주의는 (균형 예산, 노동시장의 유연성, 낮은 인플레이션 등) 특정 규범을 '건전한 경제정책'이라고 주장하며 이를 장려한다(28쪽).

여기서 장하준이 보여 주는 신자유주의에 대한 이해는 내가 위에서 말한 광의의 정의(견해 2)에 가까운 것으로 보인다. 그렇다면 나는 장하준에 다음과 같이 묻지 않을 수 없다. 왜 그는 발전 정책 일반을 논의할 때는 이렇게 신자유주의에 대한 광의의 이해를 가지고 있으면서도 유독 한국 자본주의를 논의할 때는 신자유주의를 금융 주도(외자 지배)의 주주 자본주의로 좁게 정의하는가. 그러면서 국민국가 내부의 이해관계와 계급 갈등의 위상을 부차화시키고 재벌 독점·독식이 갖는 무게를 약화시키는 접근법을 취하는 것일까? 궁금한 일이 아닐 수 없으며, 앞으로 더 토론이 필요한 대목이다.

제2부

『그들이 말하지 않는

23가지』 논쟁

11

경제 시민은
시민 경제를 요구한다

진보 경제학, 시민과 만나다.

새해를 맞아 장하준 교수의 새 책 『그들이 말하지 않는 23가지』를 읽었다. 마이클 샌델의 『정의란 무엇인가』(이창신 옮김, 김영사, 2010), 김용철 변호사의 『삼성을 생각한다』(사회평론, 2010)와 함께 장 교수의 『23가지』가 2010년 대한민국 최고 베스트셀러라는 소식은 진작 들어서 알고 있었다. 이 흥겨운 소식은 새해에도 이어지고 있다. 그러나 매우 유감스럽게도 나는 그동안 발등에 떨어진 불 때문에 미처 이 책을 읽을 시간을 갖지 못했다. 새해 들어서야 겨우 한숨을 돌리고 『23가지』를 읽게 됐다. 경제학으로 밥을 먹고 산다면서 보통 경제 시민들보다 훨씬 늦깎이 독자로 뒤쳐졌으니 많이 미안하다. 『23가지』를 읽어 보니 과연 왜 이 책이 독자들로부터 그토록 큰 호응을 받았는지 알고도 남음이 있다.

무엇보다 딱딱한 경제학 책인데도 너무 쉽고 재미가 있다. 장 교수는 이전 책들에서도 대중에 다가가는 글쓰기로 뛰어난 문필력을 보여 왔지만 이번 책은 정말 대단하다. 그동안 '경제학 콘서트'라는 문패를 단 이런 저런 책들이 많이 나왔는데, 『23가지』야말로 명실상부한 경제학 콘서트, 그것도 고급 콘서트라고 해도 손색이 없을 것 같다. 내 머리 용량으로는 기껏 대여섯 가지 정도 뽑아낼 수 있을까 싶은데 무려 23가지 주제를 뽑아내서, 삭막하고 결코 다루기 쉽지 않은 우리 시대 주요 경제 및 경제학이 안고 있는 문제들을 아주 쉽고 재미있게 풀어냈다. 둘째, 2008년 미국발 세계경제 위기의 의미와 교훈이 무엇인지에 대해 여러 각도에서 많은 책들이 쏟아져 나오고 있지만, 『23가지』야말로 이 문제에 대해 시의적절하게 잘 응답했다고 생각된다. 만신창이가 된 오늘의 세계경제 문제와 그것이 경제학에 주는 교훈을 이처럼 쉽고, 재미있게 그러면서도 고급 명품 지식을 담아 제공하고 있는 책은 국내외를 통틀어 결코 흔치 않을 것이다.

셋째, 단순 분류법으로 말하자면 『23가지』는 보수 경제학이 아니라 진보 경제학 책에 속한다고 생각된다. 한 세대를 풍미한 자유 시장주의가 성장도 복지도 모두 실패했음을 비판하고 성장과 복지를 함께 이룰 수 있는 복지국가의 진보 대안을 제시하고 있다. 또한 『23가지』는 이전에 쓴 장 교수 자신의 책과 비교해도 중요한 변화를 보여 주고 있는 것 같다. 예컨대 이전에 쓴 『사다리 걷어차기』(부키, 2004)나 신장섭 교수와 함께 쓴 『주식회사 한국의 구조 조정』(창작과비평, 2004)과 같은 책들은 주로 성장을 중심에 둔 책들이었고, 자유 시장주의와 개발주의를 대비시키는 경향을 보였다. 그래서 사실 내가 읽기로는, 재벌과 외국자본을 이항 대립으로 놓는 논법 등 보수 쪽의 주장과 중첩되는 내용도 적지 않았다.* 그런데 그와 달리 이번 책은 성장, 복지 나아가 공정의 가치까지 함께 언급하면서 복지국가 대안을 제시하고 있다. 박정희 개발독재 체제의 성과를 높이 평가하는 사람들이라고 해서 그 이후 한국 경제 진로에 대한 견해가 똑같은 것은 아니다. 개발 연대 이후 시기에 대해서는 자유 시장주의자가 되거나, 재벌 체제의 장점만을 일방적으로 옹호하거나 하는 논자들이 많다. 이와 달리 장 교수는 복지국가에 깃발을 꽂고 있다. 이는 흔치 않은 경우다. 한국의 진보와 진보 경제학으로서는 큰 우군을 얻은 반면, 보수와 보수 경제학으로는 큰 적수를 만난 셈이다. 이곳저곳에서 장하준에 대한 보수적 비판이 개시되고 있는 것으로 보이는데, 이는 그만큼 이번 책이 이전 책과는 결이 다름을 반증한다.

나는 생각해 본다. 마르크스의 『자본론』을 비롯한 번역서를 제외하고, 지금까지 한국 경제학의 역사상 『23가지』만큼 많이 팔린 진보 경제학 책이 이전에 있었던가. 아니, 진보와 보수를 통틀어 이 정도로 대중의 큰 호응을 얻은 책이 있었던가. 『23가지』의 성공은 결코 보통 성공은 아니다. 저자는 경제 시민의 권리 증진을 위해, 자유 시장주의를 넘어서는 경제학의 시민적 계몽을 위해 『23가지』를 썼다고 말하고 있는데, 이 목표에서 큰 성공을 거두었음이 분명하다. 비록 늦었지만 큰 박수를 보낸다. 나의 이 박수는 저자에게 보내는 박수일 뿐만 아니라, 한국의 진보 경제학이 시민 대중과의 만남에 성공한 것에 대해 보내는 박수이기도 하다. 그렇지만 단지 박수만 치고 만다면 이는 경제학으로 밥 먹고 사는 내 몫

---

* 이에 대해서는 이 책의 3부, 18장에 수록된 『주식회사 한국의 구조 조정』에 대한 필자의 서평 참조(『서평문화』, 제56집, 2004년 겨울호).

을 하지 않는 것이 될 것이다. 내가 이 글을 쓰는 또 하나의 이유는 『23가지』에 대해 몇 마디 보태기 위해서다. 그래서 이를 통해 한국의 진보 경제학이 시민과 더 나은 만남을 갖는 데 도움이 되기 위해서다.

시장과 정치: 어떤 시장, 어떤 정치인가

장하준의 『23가지』가 유례없이 큰 호응을 얻은 것은 자유 시장 자본주의를 비판하고 더 나은 대안 자본주의로 갈 수 있음을 23가지로 잘 정리해서 보여 준 데 있다. 그렇지만 가짓수가 많다고 해서 늘 좋은 것은 아니다. 확실히 23가지는 한결같이 알찬 내용들로 꽉 채워져 있다. 그러나 나는 23가지가 죽 나열되어 있는 게 아니라 어떻게 유기적으로 연관되어 있는지, 『23가지』의 많은 가지들을 펼치게 하는 중심적인 생각, 생각의 기둥과 주춧돌은 어떤 것인지에 대해 관심이 간다. 그래서 날더러 이 책의 23가지 항목을 관통하는 중심 생각을 한 가지만 집어 보라고 한다면 아무래도 맨 머리 부분, Thing 1을 선택하겠다.

Thing 1에서 "그들"은 이렇게 말한다. 시장은 자유로워야 한다. 자유 시장에 정부가 개입하면 자원이 적재적소에 쓰이지 못하게 된다. 이에 대해 장하준은 이렇게 말한다. 자유 시장이라는 것은 없다. 어떤 시장이든 거기에는 선택의 자유를 제한하는 규칙과 한계가 있다. 자유 시장은 정치적으로 정의된다. 구체적으로 어떤 규제가 있는가. 장하준은 시장에서 무엇을 사고팔 수 있는지, 누가 참여할 수 있는지, 거래와 관련된 조건은 어떤 것인지, 가격은 어떻게 결정되는지 등등, 이 모두에 규제가 있다고 설명한다. 나는 자유 시장이 정치적으로 정의된다고 들고 나온 장하준의 비판이야말로 자유 시장주의에 대한 정문의 일격이며, 거의 강령적 수준의 대항 포지션이라고 생각한다. 그러면서도 Thing 1의 논의가 미흡하다고 느낀다.

첫째, 공방이 좀 엇갈린 것 같다. "그들"은 정부 개입이 자유 시장의 효율성을 해친다고 주장하는데, 장하준은 이를 반박하는 게 아니라 자유 시장이라 해도 거기에는 모종의 규제가 있어서, 알고 보면 자유 시장이 아니라 규제된 시장이라고 말한 것이다. 이건 자유 시장 효율성론에 대한 논박은 아니다. "그들"은 장하준의 말을 적당히 수용하면서 "규제된 자유 시장"이 "규제된 비자유 시장"보다 더 효율적이라고 대답할 수도 있을 것이다. 그렇다면 토론은 엇나갔다. 또한 신고전파 경제학이 시장 "효율성 독재"론임은 분명한 사실이지만 자유 시장주의를 효율성론에만 한정하는 것은 좀 일면적이다. 정의에 대해 논한 마이클 샌델의 책과 강의를 들어 봐도 알지만, 자유 시장이 자유와 정의를 보장한다는 주장이 있다. 또 자유 시장이 가치중립적이라는 주장도 있다. 이 모두를 다루면서 광의의 "시장 실패"론을 구성해야 한다. 따라서 토론은 여전히 열려 있다고 해야 한다.

둘째, 장하준이 말하는 규제에는 여러 가지가 뒤섞여 있다. 그렇지만 그는 그 상이한 규제들의 성격을 잘 구분하고 있지 않다. 또한 더 중요한 것은 시장의 경계를 객관적·과학적으로 규정할 수 없다는 점을 강조하다 보니, 정작 중요한 문제, 즉 왜 규제가 필요한가의 문제를 정면으로 다루지 않고 있다는 것이다. 이 문제에 대해, 하버드대학의 대니 로드릭 같은 사람은 시장을 창조하는 일, 규제하는 일, 안정화하는 일, 정당화하는 일

등을 구분한다. 그래서 바로 이런 일들을 위해 정부 개입이 필요하고 비시장적 제도가 필요하다고 설명한다.* 내게는 이 설명이 훨씬 명료하게 들린다. 그리고 로드릭이 말하는 규제에는 장하준과 달리 반독점 규제가 포함되어 있다는 사실에 주목할 필요가 있다. 이 문제는 특히 '삼성 공화국'과 마주하고 있는 한국 상황에서 매우 중요하다.

그렇지만 우리는 로드릭 이전에 갈 폴라니로부터 배워야 할 것이 있다. 그는 다름 아니라 자유 시장체제가 인간 살림살이의 실체적 터전인 노동, 토지, 화폐를 무리하게 허구적 상품으로 전락시켰고 바로 그 점 때문에 자기 조절 능력이 없다고, 그 자체로는 지속 불가능하다고 비판한 바 있다. 또 자유 시장에 내장된 이런 근본 모순 때문에 시장화에 대한 사회의 보호적 대항 운동, 그리하여 이중 운동의 역사가 전개된다고 갈파했다. 또 자유 시장(주의)의 허구성에는 폴라니가 제기한 문제와 함께, 잘 알다시피 마르크스가 제기한 문제가 있다. 장하준은 Thing 1의 마지막에 가서야 "시장은 1달러당 1표 원칙에 따라 작동"한다, 그래서 규제 철폐의 주장인즉 "돈 있는 사람들에게 더 많은 권력을 주자는 의미"라고 말하고 있다. 그렇다, 겉으로는 자유롭게 보이지만 시장에서는 돈이 말하고 돈의 힘이 지배한다. 그래서 "보이지 않는 손"이 아니라 "보이지 않는 주먹"이 있다고 하는 것이다. 그런데 이 문제는 이런 정도로만 언급하고 넘어가기에는 너무 중요하다. "자유" 시장이 실질적으로는 "부자유"한 자본 권력이 주도하는 시스템, 기업 권력 시스템이라는 사실이야말로 "자유 시장이란

---

* 대니 로드릭, 『더 나은 세계화를 말하다』(제현주 옮김, 북돋움, 2011); "지속 가능한 세계화를 위하여"(레베카 김 옮김), 『시민과 세계』, 9호(2006년 하반기).

것은 없다"는 주장의 근본 이유가 되기 때문이다. 장하준이 제창하는 제도주의 정치경제학은 자유 시장에 대한 폴라니와 마르크스의 문제의식을 그 핵심 구조 안에 가져와야 할 것이다.

"경제 시민"은 "시민 경제"를 요구한다

마지막으로 장하준은 『23가지』의 머리 부분에서 시장이 정치적으로 정의되는 것이라는 정말 중요한 주장을 잘 내세웠지만, 이때 넓게는 정치를, 좁게는 국가를 너무 규제 중심으로 사고하는 것이 아닌가 생각한다. 다시 말해 정치라는 것, 국가의 할 일을 규제 중심으로, 달리 말해 무엇을 제한하는 소극적 역할 중심으로 본다는 말이다.

그러나 국가의 할 일은 규제 훨씬 이상이다. 또 정치란 국가의 할 일 훨씬 이상이다. 국가는 아무래도 위로부터의 통치와 직결되지만 정치란 아래로부터 구성하는 것이기 때문이다. 정치는 여러 분면을 갖고 있으나 날더러 말하라면 정치의 근본은 공동체다. 정치란 무엇보다 참여하고 구성하는 것, 공동체를 구성하고 같은 배를 타고 가는 자로서 여러 길로 열려있는 "우리" 자체를 창조하는 것이라고 말하고 싶다. 즉, 이해 당사자인 구성원들에게 주권자로서 명실상부한 참여의 지분을 갖게 하면서 그에 상응하는 책임도 지게 하는 것이다. 그리고 고삐 풀린 월스트리트의 금융 권력도, 한국의 재벌 권력도, 강남 부자도 비용은 사회적으로 전가하면서 이익은 사적으로 독차지하는, 그런 방식이 아니라 공동체의 시민적 구성원으로서 응분의 책임을 갖고 헌신하도록 하며, 그런 조건 위에서 권리도 행사케 하는 것이다. "그들"이 그렇게 하도록, 사익 특권 세력에 대해 민주적이고 시민적인 통제력 또는 규율력을 확보해야 함은 두말할 필요도 없다. 정치는 구성하는 것이지만 사익 지배 세력을 규율할 수 있는 힘도 권력도 없는 구성의 정치란 있을 수 없다. 그런 구도 속에서 구성원들이 함께 협력하고 "공동의 부"commonwealth를 창조하고, 공동선과 개인성, 개인적 자유와 공적 연대가 선순환하는 것, 이것이 정치이고, 능동적이고 생동하는 시민 정치의 활력이다.

그런데 여기서 강조해야 할 것은 이렇게 공동의 부를 창조하고 공유하는 정치, 즉 '활사활공'活私活公의 시민 정치가 결코 경제 바깥에 따로 떨어져 있지 않다는 것이다. 애초부터 순수한 경제란 없고 경제 안에는 정치가 포함되어 있다. 그것이 바로 내가 이해하는 "시민 경제"다. 장하준처럼 단지 소극적으로 자유 시장은 객관적·과학적으로 규정할 수 없다고 말하는 데 멈출 것이 아니라, 참여하고 협력하고 창조하고 공유하고 연대하는 정치를 내장한 "시민 경제"론을 구성할 때 비로소 로빈슨 크루소적 경제인(호모 에코노미쿠스)과 무한 경쟁의 허구적 경제학, "합리적 바보"(아마르티아 센Amartya Kumar Sen)의 자유 시장 경제학 — 대학 캠퍼스를 제국주의적으로 휩쓸고 있는 『맨큐의 경제학』Principles of Economics(김종석·김경환 옮김, Cengage Learning, 2012)도 여기에 포함된다 — 을 넘어설 수 있을 것이다. 경제 시민의 권리 증진은 시민 경제론을 필요로 한다.

12

장하준,
재벌 권력엔 왜 눈 감는가?

주주 자본주의론, "그들" 대 장하준

나에게 Thing 1에 이어 『23가지』를 엮고 있는 또 하나의 중심 생각이 뭐라고 생각하는지 묻는다면 서슴지 않고 Thing 2를 들겠다. 장하준은 "자유 시장이라는 것은 없다"를 『23가지』의 우두머리로 내세운 데 이어 Thing 2에서 그 못지않게 충격적인 이야기를 끄집어내고 있다. Thing 2는 "기업은 소유주 이익을 위해 경영되면 안 된다"고 말한다.

이 Thing 2 또한 Thing 1 "자유 시장이라는 것은 없다"와 한패가 되어 자유 시장주의자들을 화들짝 놀라게 할 주장이며 "그들"과의 공방에서 물러설 수 없는 진검 승부처라 하지 않을 수 없다. 기업은 누구의 것인가, 기업의 목적은 무엇인가, 어떻게 해야 "좋은 기업"이 될 수 있나, GM에 좋은 것이 미국에도 좋은가, 삼성에 좋은 것이 한국에도 좋은가, 삼성에 좋은 것이 한국이라는 나라 경제와 서민 대중에도 좋게 하려면 어떻게 해야 하나. 이는 참으로 중요한, 경제의 기본 문제가 아닐 수 없다. 동시에 내가 이전 글에서 말했듯이 순수한 경제는 없고 경제 안에 정치가 있는 만큼 Thing 2의 경제문제는 동시에 정치 문제이기도 하다. Thing 2 및 이와 관련된 Things에서 장하준은 기세등등해 천년만년 갈 것처럼 보이던 미국 자본주의가 망가졌고, 이를 따라가던 세계 다른 나라들도 갈 길을 잃게 된 근본 이유를 소유론의 각도에서 해명했다고 할 수 있다. 그런 가운데 대안 자본주의의 소유론적·경영론적 기초도 제시한다.

"그들"은 말한다. 기업의 주인은 주주들이다. 기업은 주주의 이익을 위해 경영되어야 한다. 주주는 고정 수입이 없고 다른 이해 당사자들이 부담하지 않는 위험을 진다. 그래서 주주는 기업 실적을 극대화하는 동기가 강하다. 또 그래서 주주를 위한 경영을 하면 기업 이윤도 극대화되고 기업의 사회적 기여도 극대화된다.

참 환상적인 이야기다. 주주 가치 경영을 하면 그야말로 만사형통이다. 사익을 추구하면 저절로 공익이 실현된다는 저 "보이지 않는 손"의 마법을 소유론의 측면에서 바꾸어 풀어놓은 것과 같다. 정말 이렇게만 된다면 경제 유토피아가 따로 없겠다. 그런데 장하준은 이 환상적인 주주 자본주의 유토피아론, 신성한 주주 주권론을 잭 웰치Jack Welch의 말을 빌어 "세상에서 가장 바보 같은 아이디어"로 시궁창에 처박는다. 우선 그는 사실 확인부터 하는데, 주주들의 압박과 이에 부화뇌동한 전문 경영자의 '비신성동맹'의 결과 미국이 분배와 복지는 물론 지속적 성장에도 실패했다고 말한다. 그래서 거품 띄우기와 부채 키우기로 이를 만회할 수작을 하다가 2008년 대실패를 자초한 것이라는 이야기다. 세계경제 패권국으로서의 위상이 기울게 된 것도 이 "바보 같은 아이디어" 탓이 아주 크다. 그러면 왜 주주 주권론의 장밋빛 유토피아가 정반대인 음울한 디스토피아로 변한 것일까.

장하준은 말한다. 주주가 위험부담을 가장 많이 지고, 그래서 기업의 장기적 실적에 제일 관심이 높다고? 천만의 말씀이다. 오히려 주주들이야말로 기업의 이해 당사자들 중에서 가장 쉽게 손을 뗄 수 있고, 기업의 장기 전망에 가장 관심이 없는 집단이다. 그래서 주주 가치 극대화는 해당 기업의 장기적 성장 잠재력을 훼손하고 경제 전체도 망치는 것이다. 그리고 유한 책임이라는 제도 혁신 자체가 유례없는 물질적 진보를 가능케 한 만큼 주주가 쉽게 빠져나갈 수 있는 구멍이 존재한다.

내가 읽기에 Thing 2는 Thing 1에 비해 훨씬 더 명쾌하고 설득력이 높다. 물론 주주 자본주의론에 대한 장하준의 비판은 그의 독창적 주장이라고는 할 수 없다. 장 교수도 언급한 라조닉William Lazonick 등을 비롯해 이미 많은 선행 연구들이 축적되어 있다. 그러나 장하준이 이를 『23가지』를 엮는 머리 생각으로 올려놓고 설득력 있게 풀어 설명하고 있다는 것이 중요하다. 물론 2008년 금융 위기 이후라는 시점도 중요하다. 그러나 Thing 1에 이어 Thing 2에 대해서도 나는 불만을 가지고 있다. 장하준이 논의를 끝까지 밀고 가지 않고 중도에서 그칠 뿐 아니라, 소유 문제라는 중요한 대목에 대해 침묵하고 있기 때문이다. 다시 Thing 2에서 제기된 기본 문제, 즉 기업은 누구의 것인가 하는 문제로 되돌아가 보자.

장하준이 말하지 않은 것(1) : 기업의 주인은 누구인가

장하준은 무엇을 말하지 않았는가. 장하준은 자신이 제기한 기업은 누구의 것인가, 기업의 주인은 누구인가 하는 문제와 결판을 짓지 않고 있다. 장하준은 "주주들이 법적으로는 기업의 주인일지는 몰라도"라든가 "주주들이 기업의 법적 소유주이기는 하지만"이라고 말한다. 법적으로는 주인이지만 실질적으로는 아니라는 이야기 같기도 하다. 또 Thing 2의 결론 부분에서는 "부동 주주들의 이익을 위해 기업을 경영하는 것은 불공평할 뿐 아니라 효율적이지도 않다"라고 말하기도 한다. 장하준은 주주 주권론의 문제점을 효율성만이 아니라 공평성의 관점에서 보고 있기는 하다. 노동자나 납품 업체 등 주주 이외의 다른 이해 당사자들의 이해에 대해 언급하고 있는 걸 보면 이해 당사자 기업론을 갖고 있는 것 같기도 하다. 그러나 이야기는 중도에서 멈추어 있다. 또 법적이라고는 하지만, 주주가 소유자임을 너무 쉽게 인정하고 있다.

바로 이 때문에 나는 장하준이 "기업의 주인은 주주다"라는 "그들"의 주장을 정면으로 논박하지 못했다고 생각한다. 이대로라면 "그들"은 주주 가치를 극대화하면 효율성 ─ 이 개념도 여전히 문제가 된다 ─ 이 떨어질 수 있다고 한발 물러서면서도 여전히 기업의 주인은 주주라고 주장할 수 있다. 그 주인이 자기 소유물(기업)을 잘못 사용한다 해도 극단적으로는 남이 참견하고 간섭할 일은 아니라고 주장할 수 있을 것이다. 장하준의 비판에도 불구하고 시장 자유주의는 여전히 기업에 대한 주주의 소유권, 나아가 사적 소유권을 '하늘이 내린' 자연권으로 주장할 것이다. Thing 1에서처럼 Thing 2에서도 "그들"과 장하준의 공방은 여전히 열려 있다.

그렇다면 주주 자본주의론을 넘어서는 대안 기업론은 무엇인가. 장하준에 따르면, 기업의 이해 당사자들 중에는 주주처럼 가장 쉽게 빠져나가 기업의 장기적 가치 생산에 무관심하고 무책임한 집단이 있는가 하면, 노동자나 납품 업체처럼 기업의 장기적 생존과 성장에 헌신하는 집단이 있다. 나는 바로 이 지점을 장하준처럼 중도 반절 논의로 그칠 게 아니라 소유론의 문제로 더 밀고 나가야 한다고 생각한다. 즉, 소득과 부에 대한 권리는 우선적으로 사회적으로 유용한 생산적 기여 또는 기능에 부여해야 한다는 것이다. 반대로 그 기여에서 유리된 '기능 없는 소유'functionless property에 우선권을 주어서는 안 된다. 이는 홉하우스ㅅ. T. Hobhouse, 토니R. H. Tawney 등의 영국 진보주의자에서 유래하는 기능적 소유론으로서, 나는 이 생각을 이어받아 이를 시민 경제 소유론 또는 이해 당사자 소유론으로 바꾸어 부르고 싶다. 그 핵심은 소유와 가치 생산에 대한 헌신commitment 간의 상호성reciprocity 원리에 있다. 즉, 참여하고 위험을 공유하고 헌신해야 소유에 대한 권리도 있다는 말이다. 필자는 이전 글에서 정치란 참여하고 구성하는 것이며 시민 경제란 이 정치를 내장한 경제라는 말을 한 바 있는데, 기능적 소유론은 시민 경제론의 소유론적 구성이라 해도 좋다. 이처럼 상호성 원리에 입각한 기능적 소유론에 설 때 비로소 경영자, 투자자만이 아니라 노동자, 납품업자들도 이해 당사자로서 실질적 권리 지분stake을 가질 수 있을 것이다. 그리고 내가 보기에 영국 진보주의자들의 기능적 소유론은 스웨덴 사민주의자들의 기능 사회주의론과 매우 친화적이며, 그들이 사적 소유와 국가적 소유의 이분법을 넘어 소유권을 배타적·독점적인 것이 아니라 '권리의 다발'로 보았던 생각과도 친화적이다.*

장하준이 말하지 않은 것(2) : 기업과 재벌의 권력

그런데 기업을 둘러싼 소유 문제는 결코 주주 자본주의론을 비판하는 것으로 끝날 일이 아니다. Thing 2에서 "기업은 소유주 이익을 위해 경영되면 안 된다"는 말은 소유 문제의 절반만 말하고 있을 뿐이다. 우리가 형식적·법적 소유권과 실질적 소유권 또는 통제권을 구분하게 되면 기업의 이해 당사자와 동시에 "기업 그 자체"를 만나게 된다. 이때 소유와 경영이 분리되는 경우든(미국) 그렇지 않든(한국), 법인 기업 그 자체가 거대 권력으로 출현한 '법인 자본주의', '법인 자유주의'corporate liberalism 또는 "코포크라시"corpocracy** 등의 존재에 대해 말하지 않을 수 없다. 한때 '강도 귀족'Robber Baron으로 불리기도 했던 미국의 록펠러·카네기나 한국의 삼성·현대와 같은 재벌 집단은 뛰어난 조직 능력을 갖고 높은 성과를 내는 기업 "제도"일 뿐만 아니라 그 자체로 하나의 거대 자본 "권력"체다. 그런데 장하준은 Thing 2에서 이에 대해 말하지 않고 있다. 단지 유한 책임 제도와 경영자 자본주의의 출현으로 거대한 물질적 진보가 성취될 수 있었다고 말할 뿐이다. 그리고 Thing 1의 후반부에서 "시장은 1달러당 1표 원칙에 따라 작동"한다고 말해 시장에서 돈이 지배함을 지적하긴 했지만, 이는 소유 문제를 매우 단순화시킨 것이다. 한국의 재벌이 과연 1원 1표 또는 1달러 1표 원칙에 따라 움직이고 있을까?

사실 위에서 말한 결함은 단지 장하준에게서만 보이는 것은 아니다.

* 이병천, "양극화의 함정과 민주화의 깨어진 약속 : 동반 성장의 시민 경제 대안을 찾아서," 『시민과 세계』, 7호(2005년 상반기), 49쪽 참조.
** 찰스 더버, 『히든파워 : 미국 민주당이 공화당을 못 이기는 진짜 이유!』(김형주 옮김, 두리미디어, 2007).

광의의 케인스주의에 속하는 맨큐Nicholas Gregory Mankiw는 물론이고 심지어 스티글리츠Joseph E. Stiglitz 같은 석학에게서도 나타난다. 필자는 스티글리츠의 경제학 원론을 번역하기도 했지만, 그의 경제학에서 기업 권력, 자본 권력의 형체는 매우 흐릿하다.* 케인스주의와는 또 다른 흐름으로 슘페터Joseph Schumpeter, 챈들러Alfred D. Chandler, 암스덴 같은 학자들의 경우에도 재벌 권력, 대기업 집단이 얼마나 골치 아픈 문제 덩어리인지에 대한 논의는 찾아보기 어렵다. 이들 케인스주의자, 슘페터주의자들은 기업 권력, 자본 권력, 계급 구조의 문제를 이론의 핵심 구조에서 주제로 삼지 않으며, 그것이 경제 시스템과 나라 정책 전반을 얼마나 심각하게 왜곡하고 대기업과 부자들에 유리하게 상황을 이끌어 가는지를 잘 보지 않는다.

그러나 소수 경영자가 무책임하게 통제권을 행사하는 대기업과 재벌 집단은 1달러당 1표 원칙에 따라 작동하는 것도 아니다. 여기서 1달러 1표는 오히려 양반이라 할 정도다. 나아가 재벌 권력의 문제는 미시적인 '기업 지배 구조'**의 문제를 넘어 나라 경제 전체의 거시적 지배 구조, 심지어 '정치 지배 구조'를 쥐락펴락하는 문제이기도 하다. 그리고 '기업 권력 자체'에 시선을 돌리면, 장하준이 멋들어지게 이름 붙인 "비신성동맹"이란 것도 단지 주주와 경영자라는 "인격적" 주체 간의 동맹 이상으로 구조화된 익명적 권력 체제의 동맹, 금융 권력 체제와 산업 권력 체제가 얽히고설킨 과두제적 지배 "체제"들로 나타날 것이다. 시장 자유주의 또는 신자유주의는 자본의 자유와 유연화를 극도로 보장하는 과두제적 계급

---

* 이병천, "스티글리츠의 제도 경제학과 포스트 워싱턴 컨센서스," 『경제와 사회』, 58호(2003년 6월) 참조.
** 영어로는 governance structure로 '통치 구조'가 적절한 번역어라고 생각되는데, 이상하게 한국에서는 '지배 구조'라는 번역어가 통용되고 있어 일단 그대로 사용한다

지배 "체제"로 파악되어야 한다.*

재벌 권력, 기업 권력이 역사적으로 보여 왔고 지금도 나라 안팎에서 휘두르고 있는 횡포와 무책임성, 비민주성에 대해서는 굳이 많은 말을 할 필요가 없다. 이에 대한 논의는 김용철 변호사가 쓴 『삼성을 생각한다』로 미룬다.**

나는 말한다. 소유와 소유수의 문제는 단지 주주 무책임의 문제만은 아니다. 우리는 선출되지 않은 소수 경영자의 특권과 그 실질적 통제권 아래에 놓인 기업 권력, 재벌 권력 자체의 무책임에 대해 말해야 한다. 이 고삐 풀린 무책임한 특권 권력의 "사적 소유권"에 맞서 어떻게 이해 당사자의 권리를 옹호하고, 사회적 책임 규율을 부과할 것인가. 신자유주의에 개발독재의 유산이 중첩된 삼성 공화국이라는 고도의 무책임 특권 권력 체제에 대해 어떻게 민주적·시민적 규율력을 확보할 수 있을 것인가. 그래서 삼성에 좋은 것이 민주공화국과 서민 대중에도 좋게 할 것인가. 이에 응답하려면 무엇보다 먼저 자유 시장주의적 공사 이분론을 깨트리는 것이 필수적이다. 다시 말해 기업을 단지 사적인, 사인들 간의 계약물이 아니라 공적 제도, 사회 공동체 안의 시민적 제도로 자리매김하도록 한다. 애당초 법인 기업에 대해 자연인과 동등한 권리를 부여하는 것 자체에 문제가 있는 것이다. 따라서 법인 기업을 공동체 안의 시민적 구성원, 즉 "시민 기업"으로 자리 잡게 하여 민주적 자기 통치권이 '사유재산권'보

---

* 유철규, "신자유주의," 김수행 외, 『현대 마르크스 경제학의 쟁점들』(서울대출판부, 2002).
** 공교롭게도 2010년에는 『23가지』와 『삼성을 생각한다』가 나란히 베스트셀러가 되어 경제 시민이 공부하기 좋게 됐다. 이와 함께 『한국 사회 삼성을 묻는다』(조돈문·이병천·송원근 엮음, 후마니타스, 2008), 『히든파워』(찰스 더버 지음, 김형주 옮김, 두리미디어, 2007), 『기업 권력의 시대』(마이클 페렐먼 지음, 오종석 옮김, 난장이, 2009) 등을 읽으면 더욱 좋을 것이다.

다 우선되게 해야 한다.[*] 그리하여 공장의 입구에서 멈춰 반신불수가 된 인민주권이 공장안으로 진입할 수 있게 해야 한다. 바로 이것이 기능적 소유론에 이어, 시장 자유주의 공사 이분론을 넘어서는 시민 경제 소유론의 제2원리다.

장하준은 기업 권력 자체에 대해 말하지 않는다. 그는 주주 주권론을 "세상에서 가장 바보 같은 아이디어"로 내동댕이쳤고 나아가 복지국가에 자신의 귀중한 한 표를 던졌다. 그러나 그는 말을 하다 말았고 중요한 대목을 빠트렸다. 복지국가와 사회경제적 민주주의를 향한 우리의 몸부림이 압축 성장기 이래 면면히 내려오고 있는 "괴물" 같은 재벌 권력과 그들의 '자본 파업'[**]에 의해 얼마나 심각하게 상처 입고 봉쇄당하고 있는지를, 우리는 Thing 2는 물론 『23가지』 전체에서도, 나아가 그의 경제학 전체를 통해서도 좀처럼 읽기 어렵다. 이는 그의 경제학 전체의 무게가 걸려 있는 문제일 수도 있다. 왜냐하면 그의 경제학에는 단지 제도만이 아니라 지배 권력의 실존, 이 권력을 민주적·시민적 구성원으로 자리 잡게 할 소유론의 원리 문제, 그리고 대자본의 권력에 발전 규율 및 민주적 규율을 부과함으로써 어떻게 경제성장과 사회경제적 진보가 동행할 수 있을지의 문제들에 대한 논의가 빈곤한 것처럼 보이기 때문이다. 그러나 지금은 멀리 갈 것까지 없이 『23가지』가 대기업 권력, 재벌 권력과 복지국가를 정합적으로 설명해야 할 과제를 안고 있는 것만큼은 확실하다.

---

[*]　로버트 달, 『경제민주주의에 대하여』(배관표 옮김, 후마니타스, 2011); 이병천, "삼성과 한국 민주주의," 『한국 사회 삼성을 묻는다』(후마니타스, 2008).

[**]　새뮤얼 보울스 외, 『자본주의 이해하기』(최정규 외 옮김, 후마니타스, 2009), 653쪽.

13

장하준의 복지국가론은
'리얼'하지 않다 … 왜?

장하준의 제도 경제학: "제도가 중요하다"

장하준의 책 『23가지』의 첫머리를 장식한 Thing 1은 "자유 시장이란 것은 없다", 다시 말해 "정치가 중요하다"라는 이야기였다. 이어 Thing 2에서는 "기업이 소유주의 이익을 위해 경영되어서는 안 된다"라고 하면서 "소유가 중요하다"라는 이야기를 한다. 그러면 Thing 3은 뭘까. Thing 3은 "잘사는 나라에서는 하는 일에 비해 임금을 많이 받는다"라고 말하고 있다. 이는 얼핏 보면 Thing 1, 2에 비해 비중이 한참 떨어지는 이야기 같고 엉뚱한 이야기처럼 보이기도 한다. 그러나 내가 보기에 오히려 Thing 3부터 『23가지』가 진짜 재미있고 장하준 제도 경제학의 진가가 나타난다. 경제 시민 독자들이 이 책에 푹 빠져들게 된 것도 여기부터가 아니었을까. 나는 이제부터는 Thing 한 개씩이 아니라 여러 Things를 넘나드는 읽기를 시도해 보려고 한다.

그런데 왜 "잘사는 나라들에서는 하는 일에 비해 임금을 많이 받는다"는 걸까. 보통 상식으로는 생산성이 그만큼 높기 때문에 임금을 더 많이 받는 게 아닌가? 그런데 장하준은 그게 아니라면서 통상적 상식을 뒤엎어 버린다. 그의 답은 역사적으로 축적해 온 다양한 "제도들" 덕분이다. 달리 말해 "시스템"의 차이 때문이다. Thing 3에서 장하준은 "길 따라 똑바로 운전하기 대 길로 뛰어드는 소, 달구지, 인력거 등을 피해서 곡예 운전하기" 등등 기상천외한 예들을 들면서 독자들이 책에서 눈을 뗄 수 없게 만든다. 유사한 이야기는 Thing 11, 15, 17 등으로 이어진다. Thing 11은 "아프리카의 저개발은 숙명이 아니다"라는 것이다. Thing 15는 "가난한 나라 사람들이 부자 나라 사람들보다 기업가 정신이 더 투철하다"고 말한다. 또 Thing 17은 "교육을 더 시킨다고 나라가 더 잘살게 되는 것은 아니다"라고 말한다. 이 모두가 보통 상식을 뒤엎는 이야기지만 특히 Thing 17의 교육 상식 뒤집기는 엄청 파격적이다.

글로벌 경쟁 시대는 곧 교육 경쟁 시대다. 무엇보다 세계 최고의 교육열을 자랑하는 대한민국의 경우, 오래전부터 미국 유학 대열이 줄을 잇고 죽기 살기로 '열공'하고 엄청나게 '스펙 쌓기' 경쟁을 하는데도 청년 실업이 장난이 아니고, 다수 대학 졸업생들은 도무지 "88만 원 세대"의 덫에서 벗어나기가 어렵다. 그런데 장하준 왈, 이 문제는 구성원 개개인이 발버둥쳐서 풀 수 있는 일이 아니란다. 문제는 개인과 국가 경제 생산성을 연결 짓는 제도로 귀착된다. 즉, "제도 빈곤"이 못살게 하고 제도 능력이 잘살게 해준다는 것이다. 한마디로 "제도가 중요하다." 『23가지』의 핵심 메시지가 바로 여기에 있다.

장하준의 이 메시지는 제도 경제학의 핵심 포인트를 훌륭하게 풀어 말한 것이다. 제도 경제학의 용어를 빌려 말해 보라면 그 요점은 "성장 요소" source of growth와 "성장 요인" cause of growth을 구별해야 한다는 것이다. 성장 요소는 자본, 교육, 기술혁신 등인 데 반해, 성장 요인이란 이들 성장 요소들을 전체적으로 묶어 내는 제도적 틀 또는 제도 형태다. 이때 성장 요소가 중요하지 않다는 말은 결코 아니다. 그렇지만 가장 중요한 일은 이들 개별 성장 요소들을 성장 요인인 제도틀 안에 제자리를 잡게 하는 것이다. 그렇지 않으면 그 성장 잠재력은 유실되어 버리기 때문이다.

장하준의 더 나은 자본주의
: "부자는 더 부자로, 서민은 거지로 만드는 전략"을 넘어서

그러나 만약 『23가지』가 여기에 그쳤다면, 이는 보통 경제 시민들에게는 참신한 이야기가 될지 모르지만, 제도론적 성장론의 평범한 한 토막을 벗어나지 못했을 것이다. 매우 고무적인 일은 『23가지』가 단순한 제도론적 성장론을 뛰어넘어 진보적 제도론, 그리하여 더 나은 민주적 자본주의 대안으로 나아갔다는 것이다. 장하준은 부자를 더 부자로 만들어 그 떡고물이 흘러내리게 하는 자유 시장주의의 "트리클 다운" trickle-down 전략에 대항해 성장과 분배 및 복지가 선순환하는 "보텀 업" bottom-up 전략을 제시하고 있다. 진보주의 정치경제학에서는 트리클 다운 전략 대 보텀 업 전략을 흔히 "저진로"(낮은 길) low road 전략 대 "고진로"(높은 길) high road 전략으로 바꾸어 부르곤 한다.

장하준의 더 나은 자본주의론 또는 제도주의 고진로 전략은 간단히 말하자면 Thing 3 더하기 Thing 13으로 구성된다. Thing 13은 "부자를 더 부자로 만든다고 우리 모두 부자가 되는 것은 아니다"라는 이야기다. 장하준이 도마 위에 올린, 부자를 더 부자로 만들어 대중들은 거지처럼 떡고물이나 얻어먹게 하는 전략은 우리가 지금까지 귀에 못이 박히도록 들어 온 이야기로, 지구적 규모로 널리 전파된 자유 시장주의의 지배적 이데올로기다.

미국의 부시 정부의 전략이 그랬고 한국 이명박 정부의 전략이 그렇다. 이명박 정부는 같은 입으로 '공정 사회' 운운하며 혹세무민 하는가 하면, 또 보편적 복지를 공짜 퍼주기, 포퓰리즘이라고 모함하는데, 알고 보면 그 정체란 '부자는 더 부자로, 서민은 거지로' 만드는 편파적 전략을 휘두르며 한 배를 타고 가려는 우리 사회 구성원들을 '두 국민'으로 분열시키려는 것이다.

그런데 놀랍게도 장하준은 오늘날 자유 시장주의 전략이 붕괴 이전 소련의 역사상 신경제정책NEP을 비판한 극좌파 공산주의 전략과 닮았다고 말한다. 부시와 이명박 씨가 스탈린과 아주 많이 닮았다니, 정말 재미있는 이야기 아닌가. 그런데 부자를 더 부자 되게 해서 대중은 거지처럼 얻어먹게 하는 그 정책조차 실패로 끝났다. 사실 "부자-더 부자, 대중-거지" 정책의 파탄은 미국은 물론이고 대한민국 이명박 정부 시기에 입증되었다고 봐야 할 것이다. 그 때문에 우리 국민들도 다시 눈뜨게 되었고, 이명박 정부도 당황한 나머지 자기들 족보와는 무관한 "공정 사회"를 입에 담게 된 게 아니겠는가.

그런데 가난한 사람들을 위한 소득재분배가 경제성장도 촉진시키는 이유는 뭘까. 장하준이 제시하는 이유는 많다. 가난할수록 소비성향이 높아 부자 감세보다 경기 활성화 효과가 크다. 임금이 최저 생계 수준 이상이라면 추가 소득을 교육이나 건강에 투자해 노동생산성을 높인다. 그리고 소득분배가 평등하면 사회적 평화가 이루어져 투자가 촉진된다는 "정치"경제적 이유도 있다. 나아가 Thing 13에 Thing 21을 더해 보면 어떻게 되는가. Thing 21은 "큰 정부는 사람들이 변화를 더 쉽게 받아들이도록 만든다"고 말한다. 즉, '복지국가 펌프'를 설치해야 한다는 이야기다. "그들"에 따르면, 부자에게 세금을 거둬 복지를 높이면 가난한 사람들은 게을러지고 부자들은 투자 의욕을 잃는다. 따라서 경제 전체가 활력을 잃는다. 이에 대항해 장하준은 말한다. 복지가 잘 갖추어지면 사람들은 변화에 개방적이고, 일자리와 관련된 위험을 감수한다. 복지는 "노동자들을 위한 파산법"이다. 이 파산법을 갖추면 성장도 더 빨리 할 수 있다.

또한 장하준은 인간이 자기 이익만 챙기는 이기적 존재인 것만은 아니고 다른 본성도 가진 도덕적 존재라는 말을 한다(Thing 5). 또 더 많은 소득 이상의 '좋은 삶'을 생각해야 한다는 말도 한다(Thing 10). 심지어 기회의 균등이 항상 공평한 것은 아니다, 일정 수준 이상 결과의 균등도 보장돼야 한다는 상당히 '과격한' 이야기까지 한다(Thing 20). 이는 그의 복지론의 폭과 깊이를 보여 주는 대목이라 생각된다.

위와 같은 『23가지』의 복지국가론은, 저자 자신이 의식하고 있는지는 알 길이 없지만, 이전에 쓴 책 『사다리 걷어차기』의 논지와는 상당히 다른 것 같다. 『사다리 걷어차기』를 보면, 선진국들이 지난날 자국의 발전 과정에서도 감당하지 못했던 제도나 정책을 오늘날의 후발국에 무리하게 요구한다고 비판하고 있는데, 이는 물론 타당한 측면도 있으나, 후발국 내부의 정치적 민주화 및 사회경제적 민주화 요구를 억압하는 논리가 될 수도 있다. 말하자면 양날의 칼과 같은 논리다. 내가 보기에 『사다리 걷어차기』는 패권적 자유 시장주의에 대한 발전론적 대응인 동시에, 저자의 리스트식 경제 민족주의적 대응이 얼마든지 보수주의와 결합될 수 있는 내용도 보여 주고 있다.[*]

이에 반해서 『23가지』는 경제적 민족주의와 진보주의가 결합된 논리 구조를 보인다. 이처럼 "그들"에 대항해 성장·분배·복지가 동행하고, 선순환하는 고진로 전략을 제시함으로써 장하준의 경제학은 진보적 평등주의 복지 경제학이 되고 있다. 이와 함께 제도론에 유인(동기부여) 문제를 집어넣을 뿐만 아니라 임금을 단지 비용 요소가 아니라 수요 요소로 봄으로써, 미시와 거시를 통합하는 진보적 제도 경제학의 명품 기초 지식을 알아듣기 쉽게 제공하고 있다.

---

[*] 이에 대해서는, 신정완, "프리드리히 리스트의 경제적 주체화 전략에 대한 비판적 검토," 김경일 외, 『우리 안의 보편성 : 학문 주체화의 새로운 모색』(한울, 2006)과 이 책 3부(20장)에 수록된 필자의 글, "패권적 자유 시장주의 대 경제적 민족주의," 『강원대신문』, 961호(2004/06/14)를 참조하라.

장하준이 말하지 않은 것(1)
: 민주적 참여·노동 참여 없는 복지국가?

『23가지』 대 『리얼 진보』와 『진보 집권 플랜』

만약 『23가지』가 단지 제도가 중요하다, 제도가 잘 갖춰져야 성장을 잘할 수 있다고만 말했더라면, 나는 아마 이 책을 읽다가 덮어 버렸을 것이고 쓸데없이 아까운 시간을 들여 이 책에 대해 가타부타할 필요도 없었을 것이다. 그러나 『23가지』는 이전 저작 『사다리 걷어차기』로부터 방향을 전환해 "부자-더부자, 서민-거지되기"라는 저진로 전략에 대항하면서 성장과 분배, 복지가 선순환하고 이를 통해 더불어 잘사는 진보적 고진로 전략을 제시한다. 그리고 이 진보적 제도 경제학의 틀을 가지고 경제 시민에게 호소력 있게 다가간다. 바로 이 점이 내가 장하준의 여러 책들 중에서 특히 이 책을 높이 사고 싶은 이유다. 지금까지 나는 장하준의 고진로 전략에 대해 많은 칭찬을 했다. 이제 균형을 잡기 위해 그 빈틈에 대해 말할 차례다.

　나는 장하준에게 복지국가로 가는 "동력"은 무엇인가, 그리고 여전히 "어떤 복지국가인가"라고 묻고 싶다. 근래 한국 사회에서는 복지국가와 "진보의 재구성"에 대한 논의가 한창이다. 예컨대 진보신당 상상연구소에서 기획한 『리얼 진보』(레디앙, 2010)라든가, 오연호가 묻고 조국이 답한 『진보 집권 플랜』(오마이북, 2010)이라는 책이 있다. 『23가지』를 이 두 권의 책과 비교해 보면 어떨까.

　장하준이 '23가지'를 내놓았다면, 상상연구소는 '19가지'를 제시했다.

상상연구소의 가짓수가 4가지 더 적다. 그러나 가짓수가 적다는 건 흠이 아니다. 『리얼 진보』는 이렇게 말한다. 복지국가를 위시해 20세기의 역사적인 '거대한 전환'을 불러온 근원적 힘은 민주적·진보적 대중운동이었다. 따라서 21세기에 세계와 한국에서 새로운 거대한 전환을 불러올 것도 바로 진보적 대중운동일 수밖에 없다. 『23가지』에는 『리얼 진보』가 말하는 "진보적 대중운동"이라는 이 알맹이가 빠져 있다. 또 『23가지』에는 『리얼 진보』에서 강조하는 '사회적 경제'(정태인), 즉 아래로부터 피어나는 수평적 협력, 협동경제에 대한 관심도 잘 볼 수가 없다.

다시 조국이 쓴 『진보 집권 플랜』을 보자. 여기서 조국은 진보 재구성의 핵심 의제로, 경제 권력을 어떻게 길들여야 할지, "나쁜 삼성"을 어떻게 "좋은 삼성"으로 만들어야 할지의 문제를 제기한다. 그러면서 장하준이 노조의 경영 참가를 빠트리고 있다고 지적한다(52-56, 121-124쪽). 이 또한 장하준의 핵심 빈틈이라 하지 않을 수 없다. 이처럼 『23가지』에는 한국의 진보가 고투해 온 핵심 지점에 대한 고민이 빈곤하다. 그래서 "리얼"하지 않다.

그렇지만 『23가지』와 『리얼 진보』, 『진보 집권 플랜』을 다른 각도에서 볼 필요도 있다. 여러 개별 정책들을 엮어 하나의 패키지로 내놓았을 때 성장과 분배, 복지, 생태가 선순환하는 일관성을 갖는 발전 모델이 될 수 있을지, 지속 가능한 발전 모델로 굴러가도록 개별 정책들을 관통하는 일관된 제도적 원리는 있는지의 문제가 그것이다. 내가 보기에 『리얼 진보』『진보 집권 플랜』에는 이 지점이 취약한 것 같다. 물론 "사회적 경제"(『리얼 진보』)에 대한 이야기도 있고 "노동자 자주 관리 기업"(『진보 집권 플랜』)에 대한 이야기도 있다. 이것은 진보 재구성의 매우 중요한 부분임에 틀림없다. 그러나 그것만으로는 대안 모델 플랜이 되기 어려울 것이다. 그래서 『리얼 진보』도 『진보 집권 플랜』도 "2퍼센트 부족"해 보인다.

그런데 『23가지』를 읽게 되면 나름대로 발전 모델의 대강의 윤곽이 그려진다. 『23가지』는 단지 가짓수만 많은 게 아니라 기업론과 산업론을 더 나은 자본주의의 핵심 기둥으로 세워 놓고 어떻게 성장할 수 있는지를 설명한다. 그러면서 분배, 복지, 나아가 더 좋은 삶에 대해서도 말한다. 이것은 『23가지』의 강점이며, 경제 시민에게 큰 반향을 불러일으킨 이유이기도 할 것이다. 물론 『23가지』도 기업-산업-금융-노동-복지-교육 등을 모두 관통하는 통합 패키지를 제시했다고 볼 수는 없다.

어떻게 고양이 목에 방울을 달까

요컨대 내가 말하고자 하는 요점은 더 나은 자본주의로 가는 장하준의 고진로 전략에는 지금 여기서 거기로 갈 수 있게 하는 동력, 아래로부터 힘 또는 '활동'에 대한 이야기가 없다는 것이다. 지배 권력과 대중의 힘의 대치, 이들 간의 부딪힘과 갈등, 그리고 이 갈등의 건설적 힘 속에서 생겨날 새 길의 가능성에 대한 이야기가 없다. 따라서 복지국가와 더 나은 자본주의에 대한 아름다운 그림은 있지만, 우리가 어떻게 거기로 갈 수 있을지가 "리얼"하게 와 닿지 않는다. 그런 의미에서 장하준의 복지국가론은 "정치"경제적이지 않고, "역동적"이지도 않다.

생각해 보라. 삼성전자의 경우 2007~09년 평균 유효세율은 고작 10.48퍼센트다. 반면에 일본만 해도 소니는 43.87퍼센트, 토요타는 34.59퍼센트로 삼성전자보다 서너 배가 높다. 미국의 마이크로소프트(25.75퍼센트), 애플(29.26퍼센트)의 유효세율도 삼성전자의 세 배나 된다. 삼성전자의 유효세율은 어지간한 중소기업 평균보다도 낮다. 또 삼성전자는 가혹한 노동조건으로 고통받아 투신자살한 노동자에 대해 사과 한마디 없이 사태를 덮으려 하는 냉혈 "기업 권력"이다.* 이런 삼성에 누가 고양이 방울을 달 수 있을까.

둘째, 장하준의 고진로 전략이 갖고 있는 빈틈은 리얼하지 않다는 데만 있지 않다. 복지국가로 가는 길 못지않게 중요한 것은 "어떤 복지국가인가" 하는 것이다. 앞서 말한 대로 그의 복지국가는 소득 증대 이상의 더 '좋은 삶'까지 생각하는 깊이를 보여 주긴 한다. 그러나 이 논의에는 빠진 게 있다. 복지 연대와 참여 민주주의의 두 바퀴로 가면서 양자가 상호 의존하는 "시민적" 복지국가의 원리가 빠졌다. 보편적 복지국가의 길은 쉬운 길은 아니다. 오래 쌓여 있는 두터운 불신의 덫을 걷어 내고 보편적 복지를 모두의 "공공재"이게 하는 보편적 동의를 구성하고, 무임승차 심리를 통제할 수 있는 정치적·도덕적 논리와 참여-협력의 제도 형태를 가져야만 한다. 완고한 기득권 세력을 떳떳한 시민의 일원이 되게 하는 과제는 두말할 것도 없다. 이 좁은 문을 통과해야만 "모든 아이가 모두의 아이"**가 될 수 있다. 그러지 못하면 사람들은 결코 새로운 "사회적 계약"에 참여하지 않을 것이다. 따라서 우리가 보편적 복지국가로 나아가고자 할 때 단지 복지 연대라는 가치뿐만 아니라 정치경제적 삶의 의사 결정 과정

---

* "삼성 통째로 얻고도 고작 16억으로 퉁친 이재용이 타깃", "자식이 삼성 다닌다고, 그저 좋아만 했던 저는 죄인입니다", 『프레시안』, 2001/01/21 참조.
** 신필균, 『복지국가 스웨덴』(후마니타스, 2011).

에 성원들이 주권자로서 동등하게 참여하는 가치, 서로를 존엄한 동료 시민으로 인정하고 그 역량을 키워주는 가치가 필수적으로 결합되어야 한다. 그러나 이와 관련된 여러 문제 덩어리는 나중으로 돌리고, 여기서는 문제를 좁혀서 장하준의 복지국가라는 것이 민주적 참여, 무엇보다 노동자들이 민주적으로 참여하고 발언할 권리를 보장하는 복지국가인지가 모호하다는 점을 지적하고 싶다.

그래서 그가 대중의 민주적 참여, 경제민주주의와 동행하는 복지국가가 아니라 비스마르크식의 권위주의적 복지국가를 생각하고 있지는 않은지 하는 의심을 갖게 된다. 복지국가로 가는 대중적 동력에 대한 이야기가 없는데 어떻게 대중 참여적·시민적 복지국가가 나올 수 있겠는가. 또 새삼스레 『23가지』를 유심히 들여다보면, 장하준은 주주 자본주의를 비판하고 이해 당사자의 권익에 대해 언급하고 있음에도 불구하고, 『23가지』 전체에 걸쳐 노동을 한 번도 『23가지』 무대에 단독 주제로 올려놓지 않는다. 그리고 장하준은 늘 그렇게 하듯이, 기업과 정부가 협력하는, 정부 주도의 더 나은 자본주의 ― 이는 사실상 동아시아 자본주의로 보인다 ― 에 대해 말하고 있으면서도, 결코 노동 및 대중이 주체적으로 참여하는 협력, 그런 참여와 협력 위에 서는 더 나은 자본주의에 대해서는 말하지 않는다(Thing 12, 18쪽). 요컨대 장하준은 아래로부터의 사회적 동력과 참여적 협력이 아니라 거의 국가 물신주의라는 소리를 들을 정도로 너무 국가의 역할에 과부하를 걸어 놓는다.

장하준이 말하지 않은 것(2)

: 제도·권력·갈등, 그리고 "시민적 정의"와 연대

그런데 장하준의 위와 같은 빈틈은 그의 제도론 일반으로까지 확대될 수 있다. 그가 "제도가 중요하다"고 역설할 때, 일반적으로 그 제도가 권위주의적·정치공학적 제도인지, 이해 당사자들의 민주적 참여를 보장하는 참여적 제도인지 나는 잘 모르겠다. 우리는 제도의 구성 논리에는 권위주의적 길도 있고, 참여 연대적 길도 있음을 알고 있다. 예컨대 2009년 노벨경제학상을 수상한 올리버 윌리엄슨Oliver Williamson 같은 경제학자는 자유 시장주의를 비판하지만, 권위주의적·위계적 제도론을 펴는 대표적 학자다. 다른 한편 제도의 정치경제에는 뒤르켐 이래로 동등한 참여권을 가지면서 유기적 분업 속에서 서로 연대하는 방식이 있다.*

물론 장하준의 평등주의 제도 복지론은 성장, 분배, 복지의 선순환에 대해 말하고 있어서 윌리엄슨류와 똑같은 것은 아니다. 그러나 이해 당사자들의 참여, 다시 말해 제도를 정치적으로 구성하고 운영하는 이해 당사자 주체들의 평등한 참여와 연대에 대해서는 말하고 있지 않다. 그래서 우리는 장하준의 제도론이 제도와 복지에 대한 테크노크라트적 견지를 갖고 있는 것은 아닌지, 그 때문에 장하준식 평등주의에 실질적·원초적 불평등은 없는지 묻게 되는 것이다. 이는 제도와 복지에 대한 시민적 참여 및 연대의 정치경제 담론과는 근본적으로 결이 다르다.

---

* 이 두 유형론에 대해서는 다음을 참조. Wolfgang Streeck, *Re-forming Capitalism: Institutional Change in the German Political Economy*, Oxford University Press, 2009.

장하준의 제도론에 빠진 또 다른 지점은 권력과 갈등, 역사의 차원이다. 이는 우리가 제도에 대한 정치적·역사적 관점에 설 때면 반드시 따라나오는 필수적 지점들이다. 그런데 장하준의 제도 경제학에는 이 지점들이 빠져 있고, 그래서 또 다른 측면에서 "탈정치적" 정치경제학이 된 게 아닌가 싶다. 함께 잘살 길을 추구하는 사회경제적 진보의 길에서 협력 또는 협동은 아주 중요하다. 그러나 경제학이든 철학이든 단지 협력 또는 통합만 이야기하는 제도론은 위로부터의 권위주의적 동원제도론이거나 아니면 갈등을 배제하는 자유주의적인 제도론이 되기 십상이다. 따라서 반드시 "어떤 협력인가"하는 문제를 제기해야 하는 것이다.

협력과 갈등을 같이 말하고 제도를 협력과 갈등의 혼합물로 파악할 때, 수직적 협력과 수평적 협력을 구분할 때, 또 제도의 구조와 역동적 진화를 같이 말할 때만이 "정치"경제적·역사적 관점을 갖는 민주적 제도주의가 성립할 것이다. 권력과 갈등이 없는 제도와 "정치"경제란 없으며, 제도와 "정치"경제란 질서이자 갈등이고 구조이자 역동적 변화이기 때문이다.

내가 생각하는 민주적 제도주의 "정치"경제란 주체적 정치적 행위자가 존재하고 이들이 동등하게 참여할 권리를 가지며, 함께 잘살 수 있는 자신들의 공동체를 구성하는 것이다. 그렇지만 또 제도주의 정치경제란 권력과 지배가 있고 이에 대한 저항이 있고 갈등이 있다. 갈등이 없는 제도, 갈등이 없는 민주주의는 없다. 심지어 나는 "갈등이 정의다"라고까지 말하고 싶을 정도다. 그러나 단지 갈등만 있는 게 아니라 갈등의 조절, 통합이 있어야 한다. 우리는 조절과 통합 속에서 불안정성, 균열을 내장한 채 작동하는 그런 제도의 능력과 질, 역동적 진화 문제와 대면한다. 이런 의미에서 제도는 늘 지배 권력과 대항 권력 간에 '제도화된 타협'의 성격을 갖는다. 그러나 단지 타협만 있는 것도 아니다. 단순한 타협과 건설적 통합은 다르다. 타협해서 갈라 먹고 아래로 추락하는 것이 아니라 사다리 위로 올라가야 한다. 건설적 통합이란 구성원에게 등등한 참여를 보장하고 그 참여 속에서 대립하는 힘들의 다툼이 더 나은 제도와 공동체를 향한 해법을 찾는 것이다. 대립물의 통일은 통일 이전보다 더 높은 균형에 도달해야 하며, 더 높은 공동의 부를 창조하고 "좋은 삶"을 실현하는 것이어야 한다. 그리고 단지 원리만이 아니라 더 높은 균형, 높은 길(고진로)로 가는 구체적인, 현실에 뿌리내린 제도 형태를 수립할 수 있어야 한다. 바로 이것이 내가 생각하는 "시민적 정의"civic justice와 "연대"의 정치경제학, 정의와 연대가 동행하는 "시민 경제"론의 핵심이다.

장하준, 스티글리츠 그리고 경제민주화

마지막으로, 스티글리츠가 제창하는 발전-제도 경제학의 가르침에 대해 언급하고 이를 장하준과 비교함으로써 이번 글을 맺고자 한다. 케인스적 전통에 뿌리를 두고 현대 제도주의 경제학의 선두에 서있으며 "세계은행의 내부 반란자"이기도 한 이 석학은 발전이라는 개념 자체를 사회 전반의 민주적 전환으로, 그래서 아예 그 속에 민주적 참여, 다시 말해 투명성, 개방성, 참여 발언이 다 포함되어 있는 것으로 정의한다.*

---

* Joseph Stiglitz and the World Bank, *The Rebel Within*, Edited with a commentary by Ha-Joon

그리하여 경제 발전과 사회 발전을 기계적으로 분리하지 않고 양자의 선순환을 역설한다. 또한 스티글리츠는 노동자와 자본가 간의 계급 갈등이 만연해 공멸로 떨어지는 사회와 노동자의 참여 속에서 이들이 공동의 이해로 나아갈 수 있는 사회가 얼마나 질적으로 다른 사회인지에 대해 언급한다. 노동하는 인간 — 이는 바로 우리 자신이다 — 이 주변화되고 그들의 빌인권이 "배제"된 사회와, 그들을 존중하며 "포용"하는 사회가 얼마나 다른지에 대해 힘주어 말하는 것이다.

오늘날 한국 사회에는 경제민주화가 시대의 화두로 떠올라 있는 상황이지만, 스티글리츠에 따르면 "경제민주주의"야말로 민주주의 사회의 본질적 구성 부분이고 경제 효율성보다도 더 근본적인 가치다. 그러면서 그는 기업 수준, 지역 수준, 나라 수준, 그리고 글로벌 수준, 이 모두에 노동의 강력한 참여권과 대표권을 보장하는 것이 경제민주주의와 민주적 경제 발전의 열쇠라고 말하고 있다. 그런데 장하준은 스티글리츠 책의 서문까지 쓴 사람인데, 왜 『23가지』에서 스티글리츠의 이 귀중한 발전관은 빠트렸을까? 궁금하지 않을 수 없다. 혹시 내가 『23가지』를 잘못 읽은 것일까? 정말 그랬으면 좋겠다.

Chang, Anthem press, 2001.

14

강한 개발 국가 복원? …
장하준의 새로움과 구태의연함

『23가지』의 제도론적 성장론: 정부-기업 협력론

장하준의 『23가지』는 자유 시장주의의 맹점과 허구성을 비판한 책이다. 그렇지만 비판만으로 그치는 게 아니라 더 나은 자본주의의 대안을 제시한다. 나는 앞서 쓴 글에서 복지국가론을 중심으로 『23가지』의 더 나은 자본주의 대안에 대해 살펴본 바 있다. 여기서는 문제를 성장론 자체로 좁혀 장하준의 더 나은 자본주의 대안이 무엇이고, 또 그가 무엇을 빠뜨렸는지 살펴보려 한다.

앞선 글에서 나는 『23가지』가 주장하는 성장론의 핵심이 "제도가 중요하다"는 말로 요약될 수 있고, 그 요점은 성장 요소와 성장 요인을 구별하는 데 있다고 지적한 바 있다. 그렇지만 제도라는 게 그리 간단한 게 아니다. 어떤 제도가 어떻게 중요한지, 제도들 간의 상호 관계는 어떤지, 개별 제도들을 하나의 패키지로 묶어 놓았을 때 어떤 모양이 나오는지, 제도와 정치, 제도와 권력, 제도와 문화의 관계는 어떤지, 그리고 제도는 어떻게 생겨나고 역사적으로 진화하는지 등을 따져 봐야 한다.

『23가지』에서 장하준은 지속 가능한 성장을 위한 여러 제도들에 대해 이야기하고 있다. 예컨대 기업의 중장기 투자와 리스크 감수를 장려하는 제도, 유치산업을 보호·육성하는 교역 정책, 장기적 생산성 향상을 위해 "인내 자본"을 제공하는 금융 시스템, 자본가에게 기회를 주는 파산법과 노동자에게도 비슷한 의미를 갖는 복지 제도, 연구 개발과 노동자 훈련에 관한 공공 보조금 제도 및 규제 정책 등이 그런 것들이다(250쪽). 이 이야기를 들으면 『23가지』가 제시하는 성장론의 기본틀이 어떤 것인지 독자들의 머리에 떠오를 것이다. 그런데 이 성장론의 틀에서 가장 중요한 기둥은 아무래도 기업과 정부이다. 따라서 저자의 제도론적 성장론을 한마디로 요약해 본다면 "정부-기업의 협력론"이라 할 수 있다. 이에 대해 장하준이 말하고 있는 중요 대목을 들어 보면 다음과 같다.

> Thing 17: 부자 나라와 가난한 나라의 가장 큰 차이는 구성원 개인의 교육 수준이 얼마나 높은가에 있는 것이 아니라 얼마나 각 개인을 잘 아울러서 높은 생산성을 지닌 집단으로 조직화할 수 있냐에 달려 있다. 이런 조직화의 결과는 거대 기업일 수도 있고 중소기업일 수도 있다(250쪽).
>
> Thing 15: 부자 나라에서는 기업 간의 협력이 가난한 나라보다 더 잘 이루어진다. 심지어 동일 업종에 종사하는 기업 간에도 그러하다(220쪽).
>
> Thing 12 : (유망 산업을 선별하는) 가장 성공적인 경우는 기업과 정부가 협력해서 선택했을 때이다. 민간, 정부, 민-정 협력 등 모든 형태의 유망주 선별에

는 성공과 실패가 따르기 마련이고, 그 정도도 다양해서 가끔은 엄청난 성공을 부르기도 하고, 처참한 실패로 끝나기도 한다. 민간 기업의 유망주 선택만이 성공할 수 있다고 주장하는 자유 시장 이데올로기에 묻혀 그 너머를 보지 못하면, 결국 우리는 정부가 주도하는, 혹은 정부와 민간의 협력으로 추진할 수 있는 경제 발전의 거대한 가능성을 모두 놓치고 말 것이다(183쪽).

위의 구절들에서 저자는 나라가 번영하는 데는 기업의 역할이 결정적으로 중요하며 영웅적 개인 — 마이크로 크레디트Micro Credit(무담보 소액 대출 제도)를 창안한 무함마드 유누스Muhammad Yunus 같은 사람이라 해도 — 이나 엄청난 교육투자 같은 개별 '성장 요소'들도 기업 조직이 제대로 세워져야만 지속적인 성장 에너지로 전환될 수 있다는 것, 따라서 "기업하기 좋은 나라"가 되도록 정부가 각종 지원을 잘해 주어야 한다는 이야기를 하고 있다. 그러나 이는 단지 이야기의 반쪽에 불과하다.

주목해야 할 것은 장하준의 『23가지』에서 지속 가능한 성장과 번영을 위해 사기업이 수행하는 적극적 역할에 대한 논의가 매우 적다는 것이다. 사실 기업의 지원에 대한 이야기도 별로 많지 않다. 이것은 독자들에게 좀 의외로 보일 수 있다. 오히려 『23가지』의 정부-기업 협력론은 정부의 주도적 역할과 기업의 자유에 대한 규제에 방점을 찍고 있다. 그런 논의 위에서 정부와 기업의 협력을 말하고 있는 것이다. 이것은 『23가지』가 주장하는 성장론의 아주 중요한 특징이다. 구체적으로 적어도 다음 두 가지 내용에 주목해야 한다.

첫째, 장하준은 기업의 자유를 규제해야 한다고 말한다. "그들"은 기업에 좋은 것은 나라 경제에도 좋다, 따라서 기업에 최대한의 자유를 보장해 주어야 한다고 말한다. 이에 대해 장하준은 "GM에 좋은 것이 항상 미국에도 좋은 것은 아니다"라면서 다음과 같이 말한다.

> Thing 18: 기업이 중요하기는 하지만 그들에게 최대한의 자유를 허용하는 것은 국민경제에는 말할 것도 없고 기업 자신에게도 좋지 않을 수 있다. 모든 규제가 기업에 해로운 것은 아니다. 때로는 천연자원이나 노동력과 같이 기업들 모두가 필요로 하는 공동의 자원이 파괴되지 않도록 개별 기업의 자유를 제한하는 것이 기업 부문 전체에 장기적으로 이익이 되기도 한다. 또 개별 기업에 단기적으로는 손해를 끼칠지 모르지만 장기적으로 기업 부문 전체의 생산성을 높이는 규제도 있을 수 있다. 노동자 교육 규정 같은 것이 그런 예이다 (252-253쪽).

둘째, 저자는 민간 기업보다 오히려 국영기업이 잘 운영될 수 있다는 점에 대해 훨씬 더 많은 지면을 할애해서 설명하고 있다. 그 때문에 대기업 및 재벌의 존재와 역할에 대한 구체적인 이야기는, GM을 빼고는 거의 찾아보기 어렵다. 심지어 장하준은 한국의 경험을 설명할 때조차 현대나 삼성보다 주로 포스코에 대해 이야기한다(Thing 12, "정부도 유망주를 고를 수 있다").

장하준의 용기

장하준의 제도론적 성장론의 열쇠말은 정부 주도와 공기업, "민-정 협력" 그리고 규제다. 이는 세계화 시대 — 적어도 2008년 미국발 세계경제 위기 이전까지 — 열쇠말인 민영화, 무한 경쟁, 규제 완화와는 정반대로 가는 노선이다. 세계화의 시대는 무한 경쟁의 시대이고 각국은 저마다 해외 자본, 다국적기업을 유치하기 위해, 또 자국 자본의 경쟁력을 높인다고 규제 완화 경쟁에 나섰다. 이른바 서로 "바닥을 향한 경주"race to the bottom 를 하게 된 것이다. 이에 따라 규제 완화가 선이고 규제는 악이라는 이데올로기가 지배하게 되었다. 물론 『23가지』의 생각은 한국에서 규제 완화 일변도로 나가는 "자유 기업론"과 대립된다. 전경련 부설 싱크탱크인 한국경제연구원을 비롯해 보수 시장주의자들이 이전에는 줄곧 장하준을 반기다가 — 장하준은 때로 그들과 같이 작업하기도 했다 — 이제는 비판하고 나선 것도 이 때문이다.[*]

자유 시장주의자에 의해 "죽은 개" 취급을 받던 국가를 복원시켜 세계화 시대에도 여전히 국가의 산업 정책적 기능이 매우 중요하고 민영화가 능사가 아니며 공기업도 잘 운영될 수 있다는 것, 국가와 기업의 협력이 발전 시너지를 낼 수 있다는 것, 그리고 좋은 기업은 분명히 나라의 번영과 공동의 부를 창조하기 위한 필수적 토대이지만 사기업에 좋은 것이 곧 나라 경제에 좋은 것은 아니며 따라서 국가의 기업에 대한 규제가 필수적

---

[*] 송원근·강성원, 『장하준이 말하지 않은 23가지』(북오션, 2011). 이 책에 대한 필자의 별도 논평은 이 책의 제3부를 참고.

이라는 것 등 그가 하고 있는 주장은 세계화 시대에 아무나 할 수 있는 주장이 아니다. 때로는 물정 모르는 바보로 취급당하기 일쑤라 대단한 용기가 필요한 일이다. 또 마르크스의 『자본론』의 권위를 빌어 목소리를 높인다거나 그걸로 한국 경제를 해석하겠다든가 해서 될 일도 아니고 제도주의 정치경제학자로서 전문적 지식을 갖춰야 한다. 장하준 교수 정도의 명성과 2008년 위기 이후의 전환 시대라는 조건하에서 『23가지』가 호응을 받고 자유 시장주의자들도 만만하게 보기 어렵게 된 것이다.

일반 경제 시민을 염두에 둘 때, 장하준의 견해가 얼마나 시류를 거슬러 가는 논변인지는, 예컨대 경제학 원론 시장을 거의 제국주의적으로 휩쓸고 있는 『맨큐의 경제학』과 비교해 보면 곧바로 알 수 있다. 『맨큐의 경제학』은 전부 36개 장으로 분량도 1천 쪽이 넘지만, 이 책에서 산업 정책과 공기업, 정부, 사기업 간의 협력, 정부의 사기업에 대한 규제, 그리고 금융과 부동산 거품을 막기 위한 정부 통제 등의 문제에 대해 비중 있게, 긍정적으로 다룬 부분을 찾기는 불가능하다. 맨큐는 신케인스주의 경제학자라고 이야기되기도 하지만, 『맨큐의 경제학』의 내용은 대부분 자유 시장 경제학으로 꽉 채워져 있다. 우리는 맨큐가 조지 부시 대통령 시절 백악관 경제자문위원회 의장직을 맡은 경력의 소유자며, 부자 감세를 통한 경기 부양을 지지한 인물임을 기억할 필요가 있다. 왜 하버드생들이 맨큐의 경제학 수업을 거부하고 월스트리트 시위에 동참했는지, 그 까닭을 생각해 보라.

또 다른 예로서 이준구 교수가 쓴 『시장과 정부: 경쟁과 협력의 관계』(다산출판사, 2004)를 들어 보자. 이 교수는 자유 시장주의자는 아니며 합리적인 중도 시장주의적 견해를 펴는 학자로 이명박 정부의 대운하 사업

등 한국 경제 여러 현안에 대해 용기 있는 발언을 많이 했다. 그는 시장과 정부는 경쟁과 협력의 관계에 있다고 보면서 특히 분배의 공평성과 경제의 안정성에서 정부의 역할이 매우 중요함을 강조한다. 이는 확실히『맨큐의 경제학』과는 매우 다르다. 그럼에도 불구하고『23가지』에 비한다면『시장과 정부』는 정부의 역할에 대해 여전히 소극적이다.『23가지』가 제도주의 정치경제학의 전통에 줄을 대고 있다면,『시장과 정부』는 여전히 주류 시장 경제학의 전통에 줄을 대고 있다. 이런 비교를 통해서도 우리는 장하준이『23가지』에서 펼치고 있는 제도론적 성장론이 얼마나 주류와 이질적인 "용기 있는 선택"인지 알 수 있다.

장하준이 말하지 않은 것

이제부터는『23가지』에 빠진 것에 대해 이야기해 보자. 우선, 저자가 말하는 "유능한 국가"의 조건이 뭔지, 그 정치적·사회적 조건에 대한 논의가 필요하다. 물론『23가지』는 여러 가지 역사적 경험들을 제시하고 있다. 또 그동안 자유 시장주의자들이 "국가 죽이기"에 매진했기 때문에 막대를 반대 방향으로 굽혀 "국가 살리기" 논의를 폈다고 이해할 수도 있다. 그러나 모든 국가가『23가지』가 말하는 막중한 역할을 수행하는, 유능한 국가가 될 수 있는 것은 아니고, 중립적인 "공익"을 수행할 수 있는 것도 아니다. 그러므로 그냥 "국가도 성공할 수 있다"가 아니라 유능한 국가를 가질 수 있는 역사적·정치사회적 조건이 뭔지에 대한 논의가 충분히 있어야 한다. 유능한 지도자를 만나면 되는가? 유능한 관료가 있으면 되는가? 관료와 사기업이 손발을 잘 맞추기만 하면 되는가? 혹은 잘못된 비유일지도 모르지만, 청와대가 재벌 총수들을 불러 엄포를 놓으면 되는가? 아니면 아래로부터 노동 세력의 강제나 시민사회의 감시 규율력이 있어야 되는 것은 아닌가? 즉, 국가권력의 구조와 성격에서 자체적으로 어떤 조건들을 가져야 하는지, 또 어떤 사회적 기반, 세력적 기반을 가져야 하는지에 대한 논의가 필요한 것이다.

둘째, 『23가지』가 제시하는 국가와 사기업의 협력('민-정협력')론 및 국가의 기업 규제론에서 열쇠말은 "협력"과 "규제"라는 말이다. 그런데 그의 협력-규제론에는 빠진 게 있다. 그것은 "규율"의 문제다. 정확히 말해 공공의 이익을 위해 봉사하도록 미시적으로 기업 조직, 거시적으로 자본계급을 규율해야 하는 문제가 있다. 기업도 잘되고 나라 경제도 잘되기 위해, 사기업에 좋은 것이 나라 경제와 국민 대중에도 좋은 것이 될 수 있도록 이러저러한 규제가 필요하다고 말하기는 쉽지만 실행하기는 어렵다. 좋은 규제는 어떻게 가능한가? 여기에는 통상 정보 경제학에서 말하는 "정보 실패" 수준의 문제를 넘어, 권력 구조의 문제, 강제력의 문제가 개재되어 있다. 국가도, 자본도 구조화된 권력체임을 직시해야 한다. 국가는 사기업을 지원하는 정책 수단(예컨대 금융 통제)을 동원할 수 있어야 함은 물론, 성과에 미달하거나 기업이 파업할 때 지원을 철수하고 자원을 재분배하는 정치적 강제력을 발동할 수 있어야 한다. 다시 말해 국가의 조절 능력은 필수적으로 강제 능력을 포함해야 하며, 성공적인 산업 정책의 정치경제는 기업과 자본계급을 "규율"할 수 있는 '제도적 강제 체제'를 갖추어야만 하는 것이다. *

그리고 발전의 일정한 역사적 시기에 우리는 개발 국가가 권위주의 국가이기도 한 사실을 알고 있는데, 이것은 바로 이 권력-규율 수준의 문제가 있기 때문이라는 해석이 가능하다. 잘 알다시피 권위주의 개발 국가는 노동에 대한 통제 국가인 동시에 자본에 대한 통제 국가이기도 하다. 우리는 자본과 노동을 동시에 통제하는 개발 국가가 권위주의 국가가 아니고 어떻게 가능할는지, 권위주의 국가가 아니고서 어떻게 자본 권력에 대한 규율을 강제할 수 있을지 생각해 봐야 할 것 같다. 민주적 사회 기반이 약한 조건에 있을 때는 어떻게 될까? 해당 사회 구성에서 국가와 시장·기업의 관계와 함께, 국가와 사회의 관계에 대한 논의가 필요하다. 하지만 『23가지』의 제도론적 성장론에는 이와 같이 권력, 규율, 갈등 문제와 관련된 여러 까다로운 논의들이 빠져 있다. 물론 이는 단지 장하준에만 빠진 것이 아니다. 국제학계에 널리 퍼져 있는 개발 국가론의 논의에서도 사정은 별 다를 바가 없는 것 같다.

셋째, 위와 관련된 문제로, 나는 『23가지』가 국가의 능력에 너무 과도한 부담을 지우고 있지 않나 생각한다. 이는 무엇보다 한국을 비롯한 여러 나라의 정치적 민주화 이후 경과를 돌아보면 잘 알 수 있다. 정치적 민주화 이후 자본 세력에 대한 규율력 그리고 갈등 조절 능력은 어디서 나오나 라는 물음이 제기되는 것이다. 국가에 조절 부담과 규율 부담이 과도하게 집중되고 국가가 노동과 시민사회를 통제·억압해 왔다면, 민주

---

* 이 문제에 대한 적절한 논의는 다음을 참조. Mushtaq Kahn and Stephanie Blankenburg, "The Political Economy of Industrial Policy in Asian and Latin America," in Giovanni Dosi, Mario Cimoli and Joseph E. Stiglitz(eds.), *Industrial Policy and Development: The Political Economy of Capabilities Accumulation*, Oxford: Oxford University Press, 2009.

화 이후 자본 세력을 통제·규율할 비국가적인 역사적 힘이 형성되기 어렵게 된다. 노동 세력이나 시민사회의 힘이 미약할 때, 그래서 민주화 이행 이후에 약한 국가, 약한 노동, 약한 시민사회 대 강한 자본 권력의 구도가 될 때 재벌 권력은 고삐 풀린 자본의 자유를 주장하고 나설 수 있게 된다. 민주화가 오히려 국가의 조절·규율 능력의 후퇴를 가져오고 그래서 대자본을 통제할 수 있는 새로운 민주적 규율 체제, 제도적 강제 체제를 수립하지 못하면, 나라 경제와 국민 대중의 삶이 대자본의 볼모로 붙들릴 위험이 있다. 한국의 경우, 바로 여기서 정치적 민주화 이후 사회경제적 민주화가 힘겹고 경제적 자유화와 양극화가 진행되는 이른바 "민주화의 역설"이 나타난 조건을 찾을 수 있지 않을까. 그리고 소급해서 그런 역사적 함정을 파놓은 "개발 국가의 딜레마" 또는 "덫"에 대해서도 말할 수 있을 것이다.

그래서 한편으로 노동 세력이 미약한 한국 및 동아시아 "개발주의"와 다른 한편으로 노동 세력이 강력한 정치적 주체로 나서 노사정 합의가 제도화된 유럽의 "사회적 합의주의"는 근본적으로 정치적 구도가 다르고, 복지국가로 가는 길 또한 다를 수밖에 없다. 그런데 『23가지』에는 이 질적 차이에 대한 논의가 빠져 있다. 성장·분배·복지의 선순환에 대한 저자의 논의는 정치경제적 구도가 크게 다른 유럽과 아시아를 미국과 대비해 대체로 같이 묶고 있을 뿐이다. 저자의 복지국가 선순환 논의가 우리에게 "리얼"하게 와 닿지 않는 이유도 바로 여기에 있다.

넷째, 『23가지』는 국가와 사기업 간의 협력을 통한 시너지 효과를 말하고 있지만, 그 협력이란 것이 동시에 권력 동맹이라는 것, 그래서 협력의 다른 이면에 국가-대기업의 지배 블록 안에 있는 인사이더와 그 바깥

쪽으로 배제된 아웃사이더 간에 이중 구조적 장벽이 구축될 수 있다는 점에 대해서는 말하지 않는다. 『23가지』에서 기업과 기업 간의 협력, 대기업과 중소기업 간의 협력에 대한 언급은 매우 미약하다. 오늘날의 세계에서 중소기업의 활기찬 창업과 발전, 기업과 기업 간의 개방적인 네트워크 협력, 풀뿌리 사회적 경제의 발전, 그리고 이에 활력을 불어넣는 국가의 능동적인 "지원과 규율"이 양극화를 극복하는 역동적인 혁신-학습 선도자 경제의 길을 위해 그리고 양질의 일자리 창출을 위해 얼마나 사활적으로 중요한지에 대해 『23가지』는 잘 말하지 않는다. 요컨대 『23가지』는 폐쇄적 협력과 개방적 협력을 구분하지 않고 있다. 또 이 문제와 직결된, 수직적 협력과 수평적 협력도 잘 구분하지 않는다. 성숙한, 역동적인 혁신-학습 선도자 경제란 폐쇄-수직적 협력에 비해 한층 더 개방-수평적 협력 그리고 공정한 경쟁이 발전한 경제이며, 아래로부터의 다채로운 자율적 활동과 풀뿌리 창의가 피어나는 경제이다. 따라서 국가가 개방된 수평적 협력과 공정 경쟁 질서를 키우도록 "제도 증진적" 방식의 개입을 해야 하는데, 『23가지』는 이에 대해 잘 말하지 않는 것이다. 그런 점에서 나는 제도 증진 능력을 도외시하는 저자의 국가 능력론이 너무 국가 일방의 개입주의 쪽으로 치우쳐 있다고 생각한다.

장하준과 로드릭

마지막으로, 장하준의 제도론적 성장론을 필자가 이전 글에서 잠깐 소개한 바 있는 대니 로드릭의 논의와 비교해 보기로 하자. 로드릭 또한 장하준과 비슷하게 자유 시장 경제학 및 워싱턴 컨센서스와 싸우면서 제도론적 성장론을 전개하고 있는 세계적인 학자여서 경제 시민의 공부를 위해 큰 도움이 될 것으로 생각한다. 로드릭은 "고품질 성장을 위한 제도론"에서 "어떤 제도가 중요한가"라고 묻고, 다음과 같은 다섯 가지 제도를 제시하고 있다.*

- 소유권
- 규제 제도
- 거시 경제 안정화를 위한 제도
- 사회적 보장을 위한 제도
- 갈등 관리를 위한 제도

이어서 로드릭은 '어떻게 좋은 제도를 수립할 수 있는가'의 문제와 관련해서는 이와 별도로, 전체 제도를 관통하는 "메타 제도"로서 "참여 정치 체제"를 제기한다. 로드릭은 장하준처럼 『23가지』나 되는 많은 이야기를 풀어놓지는 않았다. 그래서 그의 제도론은 보통 경제 시민에게는 별로 친절해 보이지 않을지도 모르겠다. 그러나 내가 읽기로는 로드릭이 말한 위

---

* 대니 로드릭, 『더 나은 세계화를 말하다』(제현주 옮김, 북돋움, 2011), 188-214쪽.

의 제도론에는 장하준이 『23가지』의 제도론에서 잘 다루지 않은 중요한 내용들이 많이 담겨 있다. 특히 소유권, 갈등 "관리" 그리고 참여 정치에 대해 잘 짚고 있다. "관리"라는 말이 여전히 거슬리긴 하지만, 여기에 대비라도 한 듯이 로드릭은 좋은 제도를 수립할 수 있는 방도로서 참여 정치를 제시했다.

여기서는 소유권 문제에 대해서만 간단히 추가적 설명을 보태 보자. 이에 대한 로드릭의 생각은 세 가지 정도로 간추려 볼 수 있다. 첫째, 고품질 성장을 위해서는 단지 형식적·법률적 "소유권"ownership이 아니라 실질적 "통제권"control이 중요하다. 둘째, 중국의 개혁·개방 경험에서 향진기업鄕鎭企業 사례가 보여 주듯이, 이 통제권은 반드시 사적일 필요는 없고 다양한 형태를 취할 수 있다. 셋째, 더 큰 공공의 이익을 위해 사유재산권을 제한하는 것이 필요하다는 것이다.

장하준이 정부의 산업 정책과 공기업의 역할, 정부의 기업에 대한 규제의 필요성을 말할 때 사실상 그도 소유권의 문제를 제기하고 있다고 볼 수 있다. 그러나 그는 이 문제를 주로 주주 가치의 폐해를 중심으로 제한적으로만 다루었고 본격적으로 제기하지는 않았다. 그런데 소유권-통제권의 문제가 본격적으로 제기되면, 사기업에 어느 정도로 통제권을 용인할지, 정부가 어느 정도로 어디까지 규제하고 규율할지, 사기업 자신의 통제권과 정부 규제 간의 타협은 어디가 적정 지점이 될지, 역사적으로 특정 사회에서 그 타협 지점은 어떻게 설정되어 왔는지, 또 새로이 도래할 이른바 "접속의 시대"(제러미 리프킨Jeremy Rifkin)에는 소유권-통제권이 어떻게 변화해야 할지, 그리고 사적 자본과 공적 자본을 어떻게 배합하는 "공사 혼합경제"를 구성해야 할지* 등 매우 중요한 논점들이 제기된다.

그런데 이런 문제들을 논의하기에는 장하준은 물론, 로드릭의 논의조차 불충분하다고 생각된다. 왜냐하면 장하준을 능가하는 그의 뛰어난 제도론조차 여전히 거시적 권력 구조, 자본 권력에 대한 문제의식과 논의가 미약하기 때문이다. 내 생각으로는 로드릭의 제도주의 정치경제학에서도 "정치", 권력, 계급, 갈등의 지점들이 미약한 것으로 보인다. 또 그의 논의는 주로 개발도상국의 발전 문제를 주된 대상으로 하고 있어서 중진 한국 경제가 마주하고 있는 재벌 독식 극복과 중견 강소 기업의 발전, 이를 통한 탈추격 선도자 경제로의 이행과 같은 과제는 그의 시야 밖에 놓여 있다.＊＊

이 문제에 대해서는 우자와 히로후미, 『사회적 공통 자본 : 진보적 공공경제학의 모색』(이병천 옮김, 필맥, 2008)을 참고.

＊＊ 한국 경제에 대한 로드릭의 인식의 문제점은 올해 제13회 세계지식포럼에서 그가 한 발언에서도 엿볼 수 있다. 『매일경제신문』, 2012/10/10 참조.

15

재벌 싱크탱크는
장하준의 『23가지』를
어떻게 보나?

한국의 재벌은 그 산하에 전문 싱크탱크로서 연구소를 두고 있다. 개별 재벌의 경우, 삼성 부설 삼성경제연구소가 대표적이다. 이 연구소의 막강한 파워에 대해서는 굳이 긴 말이 필요하지 않다. 지난 시기 삼성경제연구소의 보고서가 참여정부의 주요 경제정책 결정에 지대한 영향을 미쳤음은 잘 알려진 사실이다. 삼성경제연구소의 힘은 영향력의 크기나 보고서 양에만 있는 건 아니다. 연구 수준의 측면에서 봐도 만만찮은 것이 많다. 내가 이 연구소에서 발간하는 자료들을 볼 때마다 자주 그런 생각을 하곤 하지만, 특히 연구소 창립 20주년 기념 심포지엄 결과를 정리한 『한국 경제 20년의 재조명 : 1987년 체제와 외환 위기를 중심으로』(홍순영 외 지음, 삼성경제연구소, 2006)와 같은 책은 ― 인정하기는 싫지만 ― 1987년 민주화 이후 한국 경제 연구서들 가운데 손꼽힐 수 있는 기본 문헌이다.

그런데 개별 재벌 차원을 넘어 재벌 집합체인 전경련 수준의 싱크탱크로 한국경제연구원이라는 곳이 있다. 이 연구원의 출판물들은 재벌 이익을 홍보하는 악취가 너무 심하게 풍기고 품질도 조악해서 사실 나는 별로 관심이 없다. 올해 총선, 대선 국면에서 이 연구원이 하고 있는 일을 보면 과연 천민·독식 재벌의 이익을 충실히 대변하는 연구원답게 "경제는 민주화와 관계가 없다", "경제 자유화가 재벌을 살리고 경제를 살린다"는 옛 노래를 지루하지도 않은지 줄창 해댄다. 오늘의 시대정신은 물론 대한민국의 헌법 정신마저 간단히 부정하는 이 연구원은, 한국의 집권 여당이 "'줄푸세'와 경제민주화는 철학이 같다"면서도 무늬라도 바꾸는 시늉을 하고 있는 것보다도 훨씬 뒤떨어진 몰골을 여실히 보여 준다. 한국경제연구원은 이명박 정부 후반기 경제정책이 약간 변화되는 것을 보고는 "김대중 정부에서 노무현 정부를 거쳐 이명박 정부에 이르기까지 대한민국은 사회주의의 길로 들어서고 있는 것이 거의 확실하다"라고 말하는, 희한한 내용의 글을 싣기도 했다.*

그럼에도 불구하고 이전에 이 연구원이 매일경제신문사와 같이 작업한 『한국 재벌, 미래는 있는가』(매일경제신문사, 2000)와 같은 책은 한국 재벌의 장단점과 개혁 과제, 미래 지도에 대해 이 연구소 발간물 중에는 흔치 않게 학술적 연구로서 볼 만한 내용이 있는 책이었다. 특히 이 책에는 장하준 교수가 박홍제 박사와 함께 쓴 "한국의 대기업 정책에 대한 대안적 모색"이라는 제목의 글이 수록되어 있는 것이 주목된다. 이런 걸 보면 이때만 해도 한국경제연구원과 장하준의 사이는, 내부 긴장은 있었으

* 박동운, "우리가 지금 사회주의의 길로 들어서고 있는 것은 아닐까요?," KERI 칼럼, 2011/06/14.

나, 별로 나쁘지는 않았던 것 같다. 하지만 장하준이 『23가지』를 내놓자 그들의 관계는 확 반대쪽으로 틀어졌다. 한국경제연구원 그리고 전경련 외곽 기관인 자유기업원뿐만 아니라, 한국 보수 언론들이 장하준을 대하는 태도 또한 『23가지』를 전후로 크게 뒤바뀐 것으로 보인다. 보수 언론들의 『23가지』에 대한 평가 기조는 매우 부정적이었다. 그만큼 『23가지』의 내용에는 재벌에 불편한 부분이 많았던 게 사실이다.

이 책에 대해 가장 대대적인 비판 공세를 퍼부은 곳은 단연 한국경제연구원이다. 여기에 소속된 두 사람, 송원근(연구조정실장)과 강성원이 그 일을 맡았다. 이들은 『23가지』가 출간된 지 얼마 되지 않아 11개의 주제를 잡아 『23가지』를 비판하는 보고서("계획을 넘어 시장으로" 2011/02/08)를 발간했을 뿐 아니라 몇 개월 후에는 『장하준이 말하지 않은 23가지 : 더 나은 자본주의를 위한 현실적 방안』(북오션, 2011)이라는 단행본까지 발간하는 돌진적 저력을 과시했다.

송원근, 강성원의 책은 2008년 미국발 글로벌 금융 위기 이전 시기를 풍미했던 경제학의 패러다임, 다시 말해 "큰 시장과 작은 정부" 또는 "줄푸세"에 기초한 신자유주의 경제학의 편에 서 있다. 심지어 이들은 2008년 금융 위기조차 신고전파 경제학의 기본 정책 교리인 거시 안정화 정책(보수적 통화정책과 균형 재정 정책)과 미시적 규제 완화 및 민영화 정책이 지켜지지 않았기 때문에 발발한 것으로 해석한다(Thing 23 "신고전학파, 경제 위기의 주범이 아니다"). 근본 사고틀이 이런 책이기 때문에 이들의 장하준에 대한 비판을 자세히 논의하는 것은 부질없는 일 같다. 여기서는 딱 한 가지만 지적하고자 한다. 그 한 가지는 송원근·강성원의 책 『장하준이 말하지 않은 23가지』의 정초 명제라 할 만한 부분인데, 기업의 주인을 누구로 보고 있나 하는 문제다. 그들은 다음과 같이 말한다.

기업의 주인은 주주다. 따라서 주주는 어떤 경우에도 기업의 성과에 대한 책임을 져야 한다. 기업이 많은 수익을 내는 경우, 그만큼의 이익을 얻지만 손실을 보면 그 손실을 감당해야 하는 것도 역시 주주의 몫이다. 반면에 경영인, 근로자 등 기업에 고용된 사람들은 기업과 계약 관계에 있다. … 기업의 주인은 주주이고, 주주의 목표는 이윤 극대화를 통해 장기적으로 기업의 가치를 극대화하는 것이다. 반면에 주주와 계약관계에 있는 경영인이나 근로자는 일을 해야 할 적절한 보상 체계가 존재하지 않으면 기업의 이익과 무관하게 자기 자신의 이해관계에 따라 행동하는 도적적 해이가 나타날 가능성이 있다. 따라서 이와 같은 도덕적 해이가 나타나는 대리인 문제 해소를 위해, 경영인이나 근로자가 기업의 이윤 극대화 및 주주 가치 극대화라는 목표에 부응하도록 보상 체계가 설계된다(39-41쪽).

위의 말을 장하준·박홍제의 아래 진술과 비교해 보자. 좀 길지만 중요한 대목이라서 그대로 인용한다.

한국 사회에는 기업이 단순히 주주들의 재산이 아니라 국민경제 발전 전략의 하나의 중요한 요소를 이루는 사회적 존재social entities라는 의식이 강하게 자리 잡고 있었다. … 이러한 의식은 심지어는 사업가들조차 공유하고 있었던 것이다. 이러한 '사회적 기업관'은 정부 주도의 기업 지배 체계에 엄청난 정당성을 부여했던 것이다. … 일반 대중들은 암묵적으로 기업이 준공공적 존재semi-public entities라는 관념에 입각해, 자신들이 납부하는 세금이 기업을 구제하는데 사용

되는 것을 용인해 왔다. … 재벌들은 자신들의 정치적 경제적 힘이 강화되면서 정부의 개입에 반발하기 시작했고 점차 공격적으로 시장의 자유화를 요구해 왔다. 특히 1980년대에 경영권을 인수받기 시작한 2세대 재벌 소유 경영자들 은 주주 중심의 기업관에 더 경사되어 정부의 개입에 반발했다. 이에 더해 80 년대부터 퍼지기 시작한 신자유주의 이데올로기는 대중들, 그리고 특히 지식 인 사회에 주주 중심의 기업관을 이식하는 데 지대한 기여를 했다. 특히 1997 년 위기 이후 행해진 회사법 개정을 포함한 일련의 기업 관련 제도의 개정 이 후 주주 중심의 기업관은 이제 정치적·법적으로 올바른 관점으로 받아들여지 고 있다. … 한국 경제가 지금 필요로 하는 것은 현 개혁이 추구하는 것처럼 영 미식 자본주의를 따라 제도를 바꾸는 것이 아니다. 보다 민주적이고 폭넓은 참 여와 감시에 기초한 정부-재벌 간의 관계의 재구축과 이것을 가능하게 하는 산 업, 금융정책의 부활이다.[*]

여기서 보듯이, 기업의 주인은 누구인가 하는 문제를 놓고 송원근·강 성원은 미국식 주주 자본주의를 펼치고 있다. 반면에 장하준·박홍제는 '사회적 기업관'을 피력하고 있다. 매우 흥미로운 대립이 아닐 수 없다. 재 벌의 이익을 충실히 대변해야 할 전경련 부설 연구원에서 거리낌 없이 미 국식 주주 자본주의를 주장하다니! 그렇지만 과연 주주 자본주의론으로 총수가 거의 전제적 권리를 장악하고 있는 재벌의 소유 지배 구조를 옹호 할 수 있는 것일까? 그렇지 않다. 나아가 송원근·강성원이 말하는 신고전

---

[*] 장하준·박홍제, "한국의 대기업 정책에 대한 대안적 모색," 매일경제산업부, 『한국 재벌, 미래는 있는가』 (매일경제신문사, 2000), 485-496쪽.

파 경제학으로 한국의 경제발전사를 설명할 수 있을까? 매우 어려울 것이다. 나는 전경련 부설 연구원에서 이런 식의 책자가 버젓이 발간된 것을 도무지 이해하기 어렵다. 한국경제연구원은 "효율적인 자유 시장 경제체제" 구축과 현실 경제에 뿌리를 둔 이론적 연구 및 실증적 분석을 설립 목적으로 하고 있는데, 그들이 말하는 자유 시장경제라는 것이 주주 자본주의란 말인가? 그리고 주주 자본주의론을 세시하는 것이 현실 경제에 뿌리를 둔 이론적 연구이고 실증적 분석이란 말인가? 내 눈에는, 『장하준이 말하지 않은 23가지』는 장하준의 『23가지』를 비판하는 데 눈이 먼 나머지 너무 미국화되고, 자신들의 존립 근거마저 허물어 버릴 주장까지 하고 있는 책처럼 보인다.

그렇지만 주주 자본주의론은 결코 전경련 부설 연구원에 소속된 일부 연구원들만의 생각은 아니다. 그것은 1997년 외환 위기 이후 자유주의적 '민주 정부'의 지배적 개혁 이념이기도 했으며, 지식인 사회 그리고 시민 단체의 경제민주화론에도 크게 침투했다. 돌이켜 보면 개발주의의 자유화와 규제 완화, 민영화, 개방화가 추진되는 과정에서 지난 시기 국가의 막대한 지원과 '위험의 사회화', 노동자·대중의 희생으로 성장한 재벌 대기업의 소유권은 실질적으로 재벌 가족에게 돌아갔다. 그리고 개혁 자유주의 정부와 시민운동은 이 문제를 마치 주주 주권 및 공정 경쟁 시장 개혁으로 해결할 수 있는 것처럼 소유권 문제에 '물타기'를 한 꼴이다. 바로 여기에 개발주의 이후 한국 경제 87년 체제와 97년 체제 아래서 경제민주화와 경제 정의 논의가 뒤틀리게 된 근본 원인이 있다. 나는 장하준 및 그 그룹이 적어도 이 대목을 짚었다는 점에서는 그 기여가 크다고 보며 그들과 손을 잡는다. 그러나 나는 그들과 한 손은 잡지만 다른 손은 뿌리친다. 위

의 인용문만 보더라도, 1980년대 이후 재벌 소유 경영자들이 주주 중심의
기업관으로 나아갔다는 그들의 지적은 매우 일면적이며 부적절하다. 그게
아니라 개발주의의 자유화 과정에서 장하준·박홍제가 말하는 '사회적 기
업관'은 '재벌 가문 중심의 기업관'으로 변화됐다고 봐야 옳다. 또한 장하
준이 개발주의적 '사회적 기업관'과 민주적 이해 당사자 기업관을 확연히
구분하지 않고 있는 것도 매우 큰 문제라고 나는 생각한다.

우리의 물음은 한국 사회에서 극우·반공·개발독재 자본주의가 주주
자본주의나 총수 자본주의 또는 그 어떤 혼합물이 아니라, 어떻게 지속
가능한 이해 당사자 자본주의로 진화할 수 있을까 하는 것이다. 이는 참
으로 고달프고 험난한 도전이 아닐 수 없다. 장하준 그룹은 이 진화의 길
이 넘어야 할 험준한 산과 이 산을 타고 넘어갈 수 있는 까다로운 여러 조
건에 대한 숙고가 펙 부족해 보이며, 한국의 역사나 현실과도 크게 유리
되어 있는 것 같다.

16

정글 자본주의를 위한
독재자를 기다리나
: 시장 만능주의자의 장하준 비판에 대하여 *

극단적 시장 만능주의: 공정의 "공"자도, "정"자도 없다

이 토론회에 참석하는 본인의 마음은 그리 편치 못하다. 왜냐하면 토론회
의 주제를 "공정한 한국 경제를 위하여"로 내걸고 이 무대에 장하준 교수
의 책 『23가지』를 주인공으로 올렸지만, 막상 『23가지』가 이 주제에 잘
맞는 책으로 생각되지는 않기 때문이다. 마이클 샌델의 『정의란 무엇인
가』와 장하준의 『23가지』는 둘 다 올 한 해 최고의 베스트셀러를 기록했

---

* 이 글은 2011년 6월 23일, 사회통합위원회와 경제인문사회연구회, 그리고 동아일보가 "공정한 한국 경제를
  위하여 : 장하준 『그들이 말하지 않는 23가지』 비판과 반비판"을 주제로 공동 주최한 세미나에서 필자가 발
  표한 토론문을 수정·보완한 글로, 자유기업원장 김정호의 "국가와 시장 : 장하준의 『그들이 말하지 않는 23
  가지』 비판"이라는 글에 대한 논평문이다. 김정호의 글은 『한국에서 공정이란 무엇인가 : 보수와 진보의 대
  표 지식인들 공정론을 둘러싼 우리 시대의 균열과 갈등을 넘다』(동아일보사, 2012)에 수록되어 있다.

으나, 샌델에 비한다면 장하준의 책은 아무래도 정의보다는 성장론에 더 중심이 가 있다.

또 정작 당사자인 장 교수는 참석하지 않은, 주인공 없는 세미나라는 점도 마음에 걸린다. 장 교수가 쓴 책 한 권을 가지고 대통령 직속 자문 기구인 사회통합위원회라는 곳에서 이렇게 대대적인 토론회를 열 요량이라면, 당사자가 참여하는 모임으로 하는 게 좋지 않았을까 싶다. 그렇지만 『23가지』는 이미 공공재가 되었기 때문에 이런 식의 토론회도 의미는 있을 것 같다.

그렇지만 내가 이 세미나에 대해 불편하게 생각하는 더 큰 이유는, 본인을 토론자로 지정한 김정호 원장의 "국가와 시장" 안에 놀랍게도 공정이라는 말이 나오는 곳을 한 군데도 찾아볼 수 없었기 때문이다. 본인이 알기로, 이 토론회는 사회통합위원회가 주최했고, 주제는 "공정한 한국 경제를 위하여"로 되어 있다. 그리고 "함께 찾는 공정 사회의 조건과 과제"를 내건 제2차 세미나이기도 하다. 그런데 "국가와 시장"이라는 제목으로 되어 있는 김정호 원장의 글에는 '공정'이라는 말, 그리고 '사회 통합'이라는 말을 한 마디도 찾아볼 수가 없다. '공정한 경제', '공정 사회'를 함께 찾자는 토론회라면 예컨대 "어떤 공정이냐", 보수적 공정이냐 진보적 공정이냐를 놓고 토론해야 마땅할 것 같은데, 공정과는 아예 상관도 없는 발제문을 가지고 토론을 해야 하는 이유가 도대체 뭘까? 도무지 잘 이해가 되지 않는다.

내가 김정호 원장의 "국가와 시장"을 읽은 후에 갖게 된 첫 생각은 왜 이렇게 극단적인 주장을 펼까 하는 것이었다. 이런 주장은 공정한 경제, 공정한 사회를 함께 찾기보다는 오히려 그 정반대의 역주행 이야기가 아닌가, 다시 말해 불공정 경제·불공정 사회라야, 그리고 사회 통합이 아니라 사회가 분열되어야 오히려 성장도 잘된다는 이야기로 읽혔다. "국가와 시장"을 관통하는 키워드는 경제적 자유, 경쟁, 개방, 그리고 성장이다. 여기에는 공정의 "공"자도 "정"자도 전혀 구경을 할 수가 없다. 이것은 "국가와 시장"의 치명적 맹점이자 특성이 아닐 수 없다.

그렇지만 여기서 우리가 매우 주의해야 할 부분이 있다. "국가와 시장"이 단지 공정이라는 말을 배제했다는 것을 지적하는 것만으로는 충분하지 못하기 때문이다. 나는 "국가와 시장"이 나름대로 자유 시장주의의 '프레임 전략'을 구사하고 있다고 생각한다. 이것은 그가 극단적 자유 시장주의의 프레임에 입각해 한국의 박정희 모델이나 스웨덴 복지국가의 역사를 자의적으로 설명하고 있는 부분에서 잘 나타난다.

한국과 스웨덴의 자본주의 역사에 대한 그의 해석은 사실 너무 터무니없는 아전인수我田引水식 해석이다. 예컨대 그에 따르면 8·15 이후 박정희 정권 성립까지 한국 경제는 일제 말 전시 동원 체제와 같은 배급과 통제 상태를 벗어나지 못했다! 정말 황당하기 짝이 없는 이야기다. 그렇다고 해서 우리는 "국가와 시장"을 관통하는 경제적 자유, 경쟁, 개방, 그리고 성장이라는 말을 배격하고, 그것들을 오로지 자유 시장주의의 전유물이라고 말해야 할 것인가. 내 대답은 그렇지 않다는 것이다.

우리가 만약 경제적 자유, 경쟁, 개방, 성장이라는 낱말을 오직 자유 시장주의의 전유물로 넘겨주면, 진보는 경제적 자유, 경쟁, 개방, 성장에 반대만 하는 쪽으로 내몰리게 된다. 따라서 그런 우를 범해서는 안 될 것이다. 바로 여기에 "국가와 시장"이 공정이라는 말 자체를 배제, 제거한 치명적 맹점을 갖고 있음에도 불구하고, 우리가 이 글을 해독하고 분해해

봐야 할 이유가 있다. 내 토론은 이 지점에 집중되며, 김정호가 장하준을 잘 읽었는지 잘못 읽었는지를 따지는 데 있지 않다. 그것은 여기서 나의 기본 관심사가 아니다.

정글 자본주의를 위한 독재론? 자유 시장과 정치적 독재의 결합

미국의 저명한 인지언어학자 조지 레이코프George Lakoff의 프레임론에 따르면 모든 개념들에는 논쟁의 여지가 없는 공통부분과 논쟁적인 부분이 교집합처럼 중첩되어 있다. 따라서 같은 말이라 해도 논쟁적인 부분을 어떻게 채우는가에 따라 진보와 보수로 갈라지는 근본적으로 다른 해석, 다른 프레임이 나오게 된다. 레이코프의 이 프레임론에 따라 나는 경제적 자유, 경쟁, 개방, 성장을 논쟁의 여지가 없는 부분과 논쟁적인 부분이 겹쳐 있는 말로 이해하고자 한다.

경제적 자유화, 경쟁, 개방, 그리고 성장이라는 말에 대해 흔히 사람들은 사회경제적 민주화, 협력, 보호, 그리고 분배를 대립시키는 경우도 있다. 진보는 이런 방식의 대립적 설정을 가져야 할 경우가 있다. 생각해 보라. 예컨대 경제적 자유화로 사회경제적 민주화의 공간을 확보하기 어렵지 않은가. 그렇지만 또 다른 각도로 보면, 개방에 대해 보호를 대립시키는 것은 진보의 자충수가 될 경우도 있다.

따라서 우리는 어떤 자유, 어떤 경쟁, 어떤 개방, 어떤 성장인가를 물어야 한다. 그리고 우리의 관심은 "국가와 시장"이 어떤 식으로 논쟁의 여지가 없는 경제적 자유, 경쟁, 개방, 성장이라는 말에 무엇을 새로이 접합시켜 논쟁적인 보수적·자유 시장주의적 개념으로 구성하고 있는지에 집중할 필요가 있다. 이제 아래에서 이에 대해 살펴보자

김정호의 글에서 경제적 자유 그리고 이른바 '시장의 작동'은 그것을 위해 정치적 자유에 대한 억압, 노동기본권 억압이라는 '논쟁적' 부분을 끌어들임으로써 보수적 프레임으로 전환, 재구성된다. 아래는 "국가와 시장"에서 가장 중요하게 보이는 논쟁적 부분이다. 극단적인 자유 시장주의의 사고 실체를 가장 잘 보여 주는 대목이어서 길게 인용한다.

A.

신생 독립국들에게 가장 어려운 문제가 정치적 혼란이다. 아프리카의 많은 나라들이 지금도 겪고 있는 문제가 치안 부재와 내전이다. 우리나라 역시 수많은 세력들이 서로 으르렁거리고 있었으며, 직장 내에서조차도 노동운동이라는 이름으로 정상적인 법질서를 위협하는 요소가 도처에 깔려 있었다. 박정희라는 독재자는 그들의 그런 정치적 자유를 억압함으로써 시장이 작동하게 만들었다. 무엇보다도 집단행동과 정치 논리로 점철될 수 있는 직장 내 질서를 계약에 의해서 작동할 수 있게 해주었다.…

그런 조치가 있었기 때문에 노동자들이 직장 내에서의 정치투쟁이 아니라 생산 활동에 전념할 수 있었을 것이다. 민주화가 이루어진 이후 사람들은 박정희 시대의 그 같은 상황을 노동 탄압이라고 불렀지만, 사실은 생산 현장이 정치투쟁의 장으로 바뀌는 것을 막는 조치였던 셈이다. 그로 인한 생산성의 증대는 노동자들에게 임금의 상승이라는 열매를 가져다주었다. 박정희가 했던 수출드라이브 정책이나 노동운동 탄압 같은 조치는 시장의

작동을 가능하고 경제적 자유를 확대하는 조치였던 셈이다(132-133쪽).

B.

우리나라의 정치 현실은 어떤가. 최소한 현재의 상황을 보면 잘 절제된 민주주의보다는 방종에 가까워 보인다. 다수결이라는 기본적인 원칙조차 지켜지지 않는 것이 우리나라 정치의 현실이다. 내 이익만 중요할 뿐 타인의 이익이나 원칙 같은 것은 안중에도 없어 보인다. 이런 상황 속에서 시장에 대한 정부 개입의 범위를 늘려 갈 경우 장하준 교수가 바람직하다고 여기는 정책들이 나타날 수 있을까? 그것보다는 오히려 규율과 계약은 무시되고 집단의 힘으로 모든 것을 해결하려는 현상이 나타나지 않을까. 제3세계에서 민중이 힘을 잡으면 대개 그런 일들이 나타났다. 지금 우리나라의 현실에서도 심심찮게 볼 수 있는 현상이다.

박정희나 이광요, 장개석은 그런 국민들에게 정치를 못하게 하고 그 대신 규율을 요구했다. 홍콩에는 아예 우리가 생각하는 민주정치 같은 것은 존재하지도 않았다. 그런 상황 속에서 개방과 시장의 확대를 추구했다. 방종을 자유와 민주로 오인하는 국민들은 그것을 독재로 받아들일 것이다. 직장 내에서의 노동조합 활동과 파업의 자유를 당연히 여기던 노동자들은 전투적 노조 활동에 대한 억압을 노동 탄압으로 받아들였다.

하지만 그런 억압들로 인해서 노동시장이 작동을 시작했다고 봐도 된다. 국민들이 별로 원하지도 않은 개방과 규율이 우리와 그들의 번영을 만들어 냈다. 지금 모든 것을 국가에 맡겨 놓으면 다시 그런 결과를 얻을 수 있을까. 그리 가능성이 높아 보이지 않는다. 어쩌면 장하준은 박정희 같은 선한 독재자를 기다리고 있는지도 모른다(144-145 쪽).

위의 인용문에서 보듯이, "국가와 시장"은 시장이 작동하고 경제적 자유를 확대하려면, 정치적 자유를 억압하고, 노동기본권을 탄압해야 한다고 주장한다. 즉, 그것이 말하는 시장과 경제적 자유는 정치적 자유에 대한 억압과 노동기본권 탄압을 요구한다. "국가와 시장"은 민주주의에 대한 짙은 회의와 불신을 노골적으로 드러낸다. "국가와 시장"은 민주주의가 아니라 정치적 독재를 옹호하는 것으로 보인다.

다시 말해, "국가와 시장"의 자유 시장주의는 정치적 독재주의와 결합되어 있다. 마치 극단적 자유 시장주의의 원조격인 하이에크가 칠레의 피노체트 철권 독재를 옹호한 것처럼 말이다. "국가와 시장"은 "장하준이 꿈꾸는 세상은 선한 독재자만이 만들어 줄 수 있다"고 주장한다. 이 비판에 대해 답하는 것은 장하준이 할 일이긴 하지만, 내게 이 말은 김정호에게 되돌려 주어야 할 말로 보인다. 왜냐하면 "국가와 시장"은 자유 시장이 자연적으로 주어지는 것이 아니라 정치적으로 구성되는 것임을 스스로 고백하고 있기 때문이다.

나는 장하준이 『23가지』에서 시장과 정치의 관계에 대해 논의하고 있는 부분은 적지 않은 문제점을 갖고 있다고 보고 있다. 너무 국가 일변도의 정치로 경도되어 있는 까닭이다. 나는 『프레시안』에 기고한 일련의 글들에서 이 점을 누누이 지적했다. 그러나 장하준이 『23가지』 Thing 1에서 자유 시장이 정치적 개념임을 지적한 것은 『23가지』의 백미에 해당하며, 적어도 이 부분에서 김정호는 장하준을 비판하기 이전에 그로부터 배워야 할 것이다.

정치에서 분리된 경제?: 고삐 풀린 정글 자본주의의 방종적 자유

또 다른 한편으로, "국가와 시장"은 글의 마지막 부분에서 다음과 같이 말하고 있다.

> 정치적 자유와 경제적 번영을 동시에 이루어 내려면 정치에서 분리된 경제가 필요하다. 정치는 기본적인 틀만 제공하고 구체적인 결정은 국민 각자가 내리는 방식 말이다(145쪽).

"국가와 시장"은 여기서 다시 "정치에서 분리된 경제"를 주장하고 있는데, 여기에는 다음과 같은 문제점이 있다. 첫째, 자기 모순적이라는 것이다. 위에서는 "시장이 작동"하고 경제적 자유를 확대하려면 정치적 자유를 억압하고 노동기본권을 탄압해야 한다고 주장해 놓고서는, 이번에는 또다시 정치적 자유와 경제적 번영을 동시에 이루려면 정치에서 분리된 경제가 필요하다고 주장한다. 이는 노동자의 기본권과 다수 대중의 자유를 억압하기 위해서는 정치가 개입해야 하고, 재벌과 부자의 자유를 위해서는 경제가 정치에서 분리되어야 한다는 이야기가 아닌가.

둘째, 정치에서 분리된 경제, 정치는 기본적인 틀만 제공하고 구체적 결정은 국민 각자가 내리는 방식이란 게 과연 어떤 경제일까? 그리고 "국민 각자"라는 게 도대체 누굴까? "국가와 시장"은 "우리나라의 정치 현실은 어떤가. 최소한 현재의 상황을 보면 잘 절제된 민주주의보다는 방종에 가까워 보인다"라고 말한다. 또 국민들이 "방종을 자유와 민주로 오인"한다고 말한다.

우리는 이 말을 다시 "국가와 시장"에 되돌려 주어야 한다. "국가와 시장"이 주장하는 경제적 자유야말로 방종이 아닌가. 공정이라는 시장경제의 기본 가치와 공정의 기본 규율을 도려낸, 정치에서 분리된 시장은 약육강식이 판치는 정글식 자본주의, 부자와 재벌이 독식하는 자유 방종적 무책임 시장일 수밖에 없다.

"국가와 시장"이 말하는 자유는 소수 독식자의 자유이며, 다수 서민과 노동자의 부자유 위에 꽃피는 부자와 재벌의 자유로 보인다. 여기에 공정이 있을까. 만약 있다면, 야만적인 약육강식 경쟁에서 결판이 나는 우승 열패, 그것이 곧 공정이라고 우기는 것이 될 것이다. 놀랍게도 "국가와 시장"에는 자유 시장주의 또는 신자유주의 경제학의 전매 특허품인, 그 흔한 "낙수 효과" 또는 "떡고물 효과"trickle down에 대한 논의조차 찾아볼 수가 없다.

시혜적 복지론 대 시민적 보편 복지론

"국가와 시장"의 복지론은 자유 방종 정글 시장론이라는 동전의 뒷면에 해당한다. "국가와 시장"은 복지를 부정하지는 않는다. 그러나 복지의 철학은 어디까지나 자선에 바탕을 두어야 하고 최빈층의 구제에 한정되어야 한다고 주장한다. "국가와 시장"의 복지론은 마지못해 해야 하는 시혜적·잔여적 복지론으로서, '복지의 위험'을 최우선으로 걱정한다. "복지 제도의 가장 큰 위험은 사람들이 일할 의지를 버리게 된다는 것이다." 우리는 이 주장을 어떻게 봐야 하나. 복지 문제에는 여러 논점들이 중첩되어 있다. 따라서 우리는 여러 수준에서 시혜적 복지론과 다투어야 한다.

먼저, 가진 자의 사회적 책임 문제가 있다. 이와 관련해서는 신종원이 김정호의 글을 비판한 대목이 들어볼 만한데, 그는 "공정한 한국 경제를 위하여 : 장하준 비판에 대한 반비판"이라는 글에서 다음과 같이 말하고 있다.

기업들은 정부의 '불평등한' 대우, 즉 사전적이고 장기적인 정책 특혜로써 막대한 이익을 입었고 이를 뒷마당에 묻어 둔 채 독식하고 있는 반면, 정부로부터 (전혀 성격이 다른) '불평등한' 대우를 받은 국민들은 정반대의 손실과 피해를 입었다. 따라서 정부의 정책 지원에 편승하여 확보된 잉여 중 일부, 즉 기업들이 얻은 추가 잉여는 사실상 정부가 재벌 기업에 제공한 '지대'나 다름없는 바, 이를 회수하여 재분배하는 것은 … 시장주의로만 따지더라도 '정의'가 된다(170-171쪽).

위와 같은 신종원의 지적은 충분히 공감하고도 남는 이야기다. 즉, "국가와 시장"에서 말하고 있는 김정호의 자선 복지론은, 국가의 복지가 일차적 시장 불공정 또는 공정 기준에서 벗어난 시장 실패에 대한 이차적 시정 조치이자 사후 보상 조치라는 점을 보지 않는 것이다. 다시 말해 자선 복지론은 자유 방종 정글 시장에서 자행된 불공정에 대한 기본적인 보상 책임조차 감당하지 않으려 하는 무책임 복지, 천민적 복지론이다.

둘째, 한국과 같이 기막힌 불공정 시장 상황이 아니라 해도 공정한 기회, 경제적·사회적 기회 보장이라는 가치 기준에서도 보편적 복지를 추구해야 한다. 이와 관련해, 장하준은 기회의 균등이 항상 공평한 것은 아니며 일정 수준 이상 결과의 균등도 보장되어야 한다고 지적한 바 있다. 그는 형식적 기회 균등을 넘어 실질적인 기회 균등이 보장되어야 한다는 의미로 이런 말을 한 것 같다. 이 지적은 적절하다.

그러나 우리로서는 두 가지를 더 논의해야 한다. 먼저, 한 사회의 불평등 구조는 설사 출발선상에서 실질적 기회가 보장된다고 해도 이후 과정에서 부단히 불공정을 확대 재생산할 수 있다. 따라서 실질적 공정 경제, 공정 사회를 위해서는 그런 과정적 불공정을 시정하는 결과적 균등 조치가 늘 동반되어야 하고 패자가 다시 부활할 수 있는 조건이 갖추어져야 한다. 우리는 결과의 균등이란 말을 이런 의미로 풀이한다.

그다음에, 불공정 경쟁의 경우는 두말할 것도 없지만, 설사 공정한 경쟁이라 하더라도 반독점 자유경쟁을 넘어서는 것은 아니다. 여기서도 노동·토지(부동산)·금융의 상품화는 부단히 일어나며 무한 경쟁의 폐해를 벗어날 수 없다. 무엇보다도 시장의 주체가 기업이고 기업도 사람과 똑같은 헌법적 권리를 갖는 법인 자유주의 사회에서 노동은 비용을 최소화해야 할 '자원'으로, '인적 생산 요소'로 취급하게 된다.

공정 경쟁을 지향한다 해도 '보수적 공정'론은 '노동=자원'의 사고틀 안에 있다. 나는 많은 중도적 공정 경쟁론조차도 이를 크게 벗어나지는 못하고 있다고 생각한다. 그들은 자본가의 담합과 노동자의 담합을 똑같이 취급하기도 한다. 이와 반대로 진보적 공정론은 '노동=주체'의 프레임,

노동자가 곧 존엄한 인간이며 시민적 주체라는 사고에 선다. 당연히 노동자의 경제적·정치적 단결과 연대를 옹호한다.

셋째, 김정호는 "생산적 복지"조차 부정한다. 그는 사회의 생산성을 높이기 위해서도 복지가 필요하다는 장하준의 주장을 비판하면서 "생산적 복지라는 말조차도 상당 부분 립 서비스에 불과하다"고 말한다. 과연 그런가. 복지를 "생산적 복지"로 제한하는 것은 물론 문제다. 그렇지만 복지는 얼마든지 생산적일 수 있고, 역사적으로도 성공적인 복지 체제는 그러 했다. 사실 생산적 복지론은 보편적 복지를 거부하는 박세일 같은 중도 보수주의자도 주장하는 견해인데,* 이것조차 부정하는 것을 보면 김정호의 복지론은 정말 극단적인 정글 시장론이 아닐 수 없다.

넷째, 레이코프의 가치 프레임에 의하면, "국가와 시장"의 복지론은 엄격한 아버지 가정 모형을 따르고 있다. 그 열쇠말은 "규율" 그리고 "방종"이라는 말이다. 일하지 않으려고 꾀나 부리는 국민 대중들은 절대적 권위를 가진 엄격한 아버지, 지도자 그리고 기업주가 부과하는 규율에 복종해야 한다. 복종하지 않으면 매를 맞아야 한다. 이와 정반대로 레이코프는 자애로운 부모 가정 모형을 대비시킨다.

이 모형에서 각 개인은 저마다 자신의 좋은 삶, 좋은 존재 양식을 추구하기 위한 실질적 자유와 기회를 동등하게 갖는다. 그리고 자신뿐만 아니라 타인을 보살피고 그들에게 감정 이입empathy을 한다. 여기서 각인의 자유는 타인의 자유에 상호 의존적이다. 나는 레이코프가 말하는 자애로운 부모 가정 모형을 지지한다. 보편 복지론은 무책임한 방종적 자유, 로

* 박세일, 『대한민국 선진화 전략』(21세기북스, 2006)을 보라.

빈슨 크루소식 고립된 자유가 아니라, 함께하는 사회적 자유, 책임 있는 자유, 공정과 함께하는 연대의 가치를 추구한다.

마지막으로, 나는 가장 중요한 보편 복지와 참여 민주주의의 선순환에 대해 말하고자 한다. 보편 복지는 복지 자체로서뿐만 아니라 공정하고 평등한 참여의 기회, 정치적 경제적 문화적 참여의 보장이라는 점에서 필수재다. 우리는 똑같은 인간이면서도 사실 똑같지는 않으며, 따라서 실적에 따른 일정한 경제적 불평등은 감수해야 할 것이다. 그러나 가장 문제가 되는 것은 경제적 불평등이 사회적·정치적 불평등으로 전환되는 것이다. 우리는 설사 부와 소득에서 불평등한 조건에 놓인다 해도 동등한 인간과 동등한 시민으로서 동등한 존엄성을 가져야 하고 그렇게 보장받아야 하며 그 목적 가치를 추구해야 한다.

너와 내가 서로에게 동등한 인간으로서, 동등한 시민적 동료로서 서도록 하기 위해, 그런 동료로서 더불어 사는 시민 공동체를, '모두의 나라'를 가꾸어 가기 위해 불평등을 일정 범위 내로 통제해야 하고, 경제적 불평등과 독점이 사회적·정치적 불평등과 사회정치적 '지배'로 전환되지 않도록 해야 한다.

돈이란 어디까지나 수단적 가치다. 좋은 인간, 좋은 시민, 좋은 삶, 인간으로서의 유적·존재적 가능성을 실현하는 행복, 그리고 좋은 공동체가 바로 목적 가치다. 오늘의 대한민국에서 우리들이 보편 복지, 보편적 '안전망'을 추구하는 참된 의미는 바로 이렇게 좋은 개인적 삶을 추구하는 인간 역량의 신장human empowerment, 좋은 시민적 삶을 추구하는 시민적 역량의 증진civic empowerment 그리고 개인적·시민적인 좋은 삶의 추구와 좋은 나라가 서로 선순환하고 상생하는 이른바 "활사활공"活私活公에 있다고 해야 한다.

보편적 복지는 참여 민주주의를 꽃피울 수 있는 물질적 기초다. 또 국민 대중의 참여 민주주의, 참여 정치의 기초가 없다면, 아래로부터 시민 권력의 기반이 없다면 보편 복지는 말의 성찬으로, 기껏해야 위에서부터 던져 주는 시혜적 조치로 끝날 위험이 있다. 이런 의미에서 보편적 복지 없는 참여 민주주의는 없고, 참여 민주주의 없는 보편적 복지는 없다. 나는 이를 정의와 연대가 선순환하는 시민적 복지국가론이라 말하고자 한다. 이 부분은 장하준의 『23가지』는 물론이고 대한민국 복지 논의 전반에도 부족한 지점이라고 생각된다.

극우적 자유 시장 독재는 열린 민주주의와 경제민주화의 적이다

나는 "국가와 시장"의 논의가 너무 극단적이라는 생각이 들어, 김정호의 다른 글을 찾아보게 됐다. 그런 끝에 그가 『월간 조선』에 기고한 글을 읽었다. 거기서 김 원장은 스스로 자신을 '극우' 인물로 자리매김하고 있었다. 그리고 실제로는 말만 화려하고 표류 중인 이명박 정부의 '중도 실용', '친서민' 정책조차 "한국이 사회주의의 길로 들어서고 있다는 것은 거의 확실하다"라는 식으로 인식하고 있었다.[*]

그제야 비로소 나는 "국가와 시장"의 논지를 더 잘 이해할 수 있게 되

---

[*] 김정호, "MB, 한국 경제의 사회주의화 시작?," 『월간 조선』(2011/06).

었다. 세상이 어떻게 돌아가고 있는지 좀처럼 보지 못한 채 '극우'라는 어두컴컴한 구석에 자리 잡은 김 원장의 눈에는 모든 견해와 정책들이 극우와 극좌 둘로 나누어지고, 극우가 아닌 것은 모두 불순한 것, "사회주의적"인 것으로 비치는 모양이다.

"그들"도 우리도 똑같이 자유와 시장을 말한다. 그러나 그 자유, 그 시장은 같은 자유, 같은 시장이 아니다. "국가와 시장"은 고삐 풀린, 야만적이고 무책임한 약육강식의 정글식 자유 시장을 옹호한다. 나는 규율잡힌 disciplined 공정한 시장경제, 이해 당사자가 공정한 참여의 기회를 갖고 그에 상응하는 사회적 책임을 감수하는, 더불어 사는 사회적 시장경제를 옹호한다.

이명박 정부가 추구한, 부자를 더 부자 되게 하고 서민 대중은 거지처럼 그 떡고물이나 얻어먹게 하는 MB노믹스 전략은 "떡고물 효과"조차 낳지 못한 나머지, 내실은 아주 빈약한 '중도 실용', '친서민', 심지어 '동반 성장'이라는 말까지 내세울 지경으로 내몰렸다. 그런데 "국가와 시장"은 이를 두고 "사회주의적인 것"이라고 몰아세운다. 어쩔 셈으로 그러는가. "국가와 시장"은 자기 이념에 눈멀고 그 안에 갇힌 나머지 현 정부의 '실용주의'보다도 더 시대 흐름에서 밀려나 버렸다. 불행하게도 "국가와 시장"은 시대를 잘못 타고난 것 같다. 그것이 꿈꾸는 세상은 한국에서 꽃피기 어려울 것이다.

"국가와 시장"은 자유에 대해 말한다. 그러나 그것이 추구하는 자유는 소수 기득권 집단의 특권적 자유, 무책임한 방종적 자유, 천민적 자유, 나쁜 자유이다. 우리가 추구하는 자유는 공동의 자유, 시민 대중의 자유, 책임 있는 자유, 공정한 기회가 보장되는 자유, 사회 통합적 자유, 좋은 자유이다. 나쁜 자유는 좋은 자유에 대한 위협이다. 그것은 자기 파괴적인 자유, 공멸의 자유이다. "국가와 시장"에서 김정호가 추구한 극우적 시장 독재는 열린 시민 민주주의와 모두를 위한 경제민주화의 적이다.

17

시장의 거대한 실패,
경제 시민의 시민 경제학을 위하여

전환 시대 경제학의 할 일

추락하고 있는 미국의 풍경은 내가 한국에서 예상했던 것과는 많이 달랐
다. 2008년 미국발 "시장의 거대한 실패"와 세계 경제 위기 덕분에 대권
을 쥘 수 있었던 오바마는 다행히 의료 개혁, 금융 개혁의 관문을 넘긴 했
으나 그가 추진하는 개혁 과정은 너무 지리했고 그 개혁성은 매우 허약했
다. 미국의 실업율은 여전히 높은 9~10퍼센트대를 유지하고 있었고 다시
불황으로 들어갈 수 있는 더블딥 공포를 떨쳐 내지 못했다. 대중들은 가
계 부채와 대량 실업에 허덕이며 생존 고통의 책임을 서서히 부시에서 오
바마 쪽으로 옮기고 있었다. 공화당은 별로 반성하는 기색이 없었을 뿐
아니라 사사건건 오바마 개혁의 발목을 잡았다. 게다가 증세 반대를 주된
슬로건으로 내건 "티파티"tea party라는 보수 대중운동 단체가 전국 주요 도

시를 돌며 대대적으로 시위를 벌였다. 전체적으로, 오바마의 집권에도 불구하고 미국 사회의 시계추는 이미 너무 보수 쪽으로 이동해 있는 것으로 보였다. 한국의 일부 인사들은 오바마 개혁을 새로운 '제3의 길' 또는 '중도 진보' 대안으로 제시하기도 했다. 그렇지만 내 눈에 비친 오바마는 진보 대안이라기보다, 이미 너무 늙고 병든 미국 사회의 쇠퇴 속도 조정자 같았다. 스티글리츠 같은 학자가 오바마 개혁에 대해 "침몰하는 타이타닉호에서 갑판 위의 의자 몇 개를 바꿔 놓은 것과 같은 정책"이라고 비판한 것도 인상적이었다.

리먼 브러더스 파산 이후 불어닥친 2008년 미국발 세계 경제 위기는 미국의 쇠퇴를 가속화시키면서 세계경제와 경제 패러다임에 새로운 지각 변동을 야기하고 있다. 미국식 신자유주의와 금융 세계화 모델, 자유 시장 패러다임의 위신은 땅에 떨어졌다. "큰 시장, 작은 정부"의 위력 아래 죽은 개로 취급받던 "보이는 손"이, 즉 국가, 제도 그리고 정치가 다시 돌아왔다. 사람들은 이제 시장의 엄청난 대실패 앞에 눈을 동그랗게 뜨고 다시 "국가의 할 일"이 뭔지, "국가와 시장의 균형"을 어떻게 새롭게 구성해야 할지에 대해 묻게 되었다.

또 세계경제의 축과 패권이 이동 중이다. 미국이 위기의 고통을 안은 채 추락하고 있는 사이에 세계의 공장이자 시장인 중국이 급부상하고 있으며, 세계경제정상회의도 G8에서 G20으로 바뀌었다. 미국식 자유 시장 근본주의 발전 패러다임의 대명사인 "워싱턴 컨센서스"는 죽었고 중국식 국가-시장 협력 패러다임의 대명사인 "베이징 컨센서스"의 시대가 왔다는 말도 나온다. 그렇지만 또 사람들은 생각보다 "세계가 넓지 않다"는 사실을 깨닫게 되었다. 그간 '과잉 소비-과잉 가계 부채-경상 수지 적자'에 기반한 미국 모델, 그리고 '수출 주도-과잉 외환 보유-달러 미국환류'에 기초한 아시아 모델의 상호 의존 속에서 형성된 글로벌 불균형 구조가 파괴되었고, 그리하여 이른바 "글로벌 리밸런싱"Global Rebalancing과 글로벌 역세계화가 진행 중이다. 글로벌 수요의 격감은 한국을 비롯해 그간 수출의 나홀로 독주와 수출·내수 양극화로 성장해 온 파행적 성장 체제에 내수 확장을 통한 새로운 균형성장의 길을 강제하고 있다.

그렇지만 미국이나 한국이나, "그들," 즉 자유 시장주의 세력과 그 이론적 신봉자들은 완강하고 고집불통이다. 그들은 반성하기보다 위기 책임을 최대한 다른 쪽으로 돌리며 진보 대안의 허점을 파고든다. 또 '큰 시장, 작은 정부'를 말하면서도, 필요하면 언제든지 실패한 시장, 실패한 특권 집단에 구제금융을 퍼주고 비용은 사회에 떠넘기는 큰 정부의 역할을 서슴지 않고 주장한다. 이는 2008년 위기 이후 진보 대안 개척의 길이 일직선으로 열리는 것은 아니라는 것, 그만큼 연구자의 할 일도 많음을 의미한다. 전문적이고 치밀한 학술 연구가 요구됨은 물론이다. 그러나 그 못지않게 중요한 일은 일반 대중을 상대로 하는 '시민적 계몽' 작업이다. 바로 이 대목에서 우리는 장하준의 새 책 『그들이 말하지 않는 23가지』(이하 『23가지』)를 만난다. 2008년 미국발 세계경제 위기가 몰고 온 새로운 전환의 시대를 진단하고 처방을 내린 "좋은" 책들은 이미 많다. 바로 생각나는 책만 해도, 『끝나지 않은 추락』(조지프 스티글리츠 지음, 장경덕 옮김, 21세기북스, 2010), 『위기 경제학』(누리엘 루비니·스티븐 미홈 지음, 허익준 옮김, 청림출판, 2010), 『고삐 풀린 자본주의 : 1980년 이후』(앤드류 글린·정상준 지음, 김수행 옮김, 필맥, 2008), 『세계 자본주의 무질서』(미셸 아글리에타·로랑 베레비 지음, 서익진 외 옮김, 길, 2009), 『자본주의 새판 짜기』(대니 로드릭 지음, 고빛샘 외 옮김, 21세기북스, 2011), 『화폐 전쟁 1~4』(쑹훙빙 지음, 차혜정 외 옮김, 랜덤하우스코리아, 2008~2012), 『중국이 세계를 지배하면 : 패권국가 중국은 천하를 어떻게 바꿀 것인가』(마틴 자크 지음, 안세민 옮김, 부키, 2010), 『베이징의 애덤 스미스 : 21세기의 계보』(조반니 아리기 지음, 강진아 옮김, 길, 2009) 등을 거론할 수 있겠다. 그런데 장하준의 『23가지』는 이들 책과는 초점이나 결이 많이 다르다. 그 다른 점이 『23가지』의 단점이기는커녕 매력 포인트였음은 놀랍게도 한국에서 30만 부 이상이나 팔릴 만큼 엄청난 반향을 일으킨 데서 잘 알 수 있다. 그런데 그 매력의 실체란 과연 무엇일까?

경제 시민을 끌어당기는 『23가지』의 매력

사실 『23가지』는 2008년의 위기 구조 자체를 파헤친 책이라고 보기는 어렵다. 이번 위기는 미국 경제에서 금융 문제와 함께 주택·부동산 문제가 얼마나 중요한지, 부동산 시장과 주식시장이 어떻게 뒤엉켜 위기를 초래했는지를 생생하게 보여 주었음에도 불구하고 이 책은 이 문제를 거의 다루지 않았다. 내가 잘못 보았는지는 모르지만 『23가지』에서 "서브 프라임 모기지"(부실주택담보 채권)란 단어는 단 한 번도 나오지 않는다. 그리고 이와 관련해 실질임금 하락을 만회하는 가계 부채의 폭증과 이를 동반한 부동산 가치 상승이 거품 성장 체제를 작동시키고, 그 폭락이 거품을 붕괴시킨 성장-위기 기제를 『23가지』가 해명하고 있는 것도 아니다. 물론 금융시장과 파생금융상품에 대해서 언급하고 있긴 하다. 그러나 이 주제조차도 부분적으로 다루고 있는데다 책의 머리 부분이 아니라 거의 끝자락인 "Thing 22"로 밀려나 있다. 『23가지』에서 주주 가치 극대화 비판은 미국 금융자본주의의 근간에 대한 비판으로서 분명히 2008년 위기와 직접 닿아 있다. 그러나 주식 그리고 부동산 시장을 단지 "자유" 시장으로만 묘사하는 것은 "2퍼센트 부족"하다. 왜냐하면 거품 성장 기제를 작동시킨 "인위적인" 지배 권력 동맹(투자은행-보험사-경영자 주도 기업-신용평가사-연방준비은행-정부)이 존재했고, 서브 프라임 모기지를 포함한 '그림자 금융 시스템'shadow banking system이 주주 가치 극대화에도 미달하는 무책임한 짓을 저질렀기 때문이다. 그리고 『23가지』는 미국의 과잉 소비-과잉 가계 부채 문제를 빠트리고 있는 까닭에 미국 경상수지 적자와 아시아 수출 주도 경제 간의 글로벌 불균형 문제는 아예 관심 밖에 두고 있다. 그렇다면 『23가지』는 어떤 책인가. 과연 이 책은 2008년 위기가 몰고 온 전환 시대에 부응하는 책이라 할 수 있을까. 왜 그토록 많은 사람들이 『23가지』에 몰려들었을까?

우선, 『23가지』는 지금까지 장하준 교수가 낸 책들 중에서 그의 장기가 가장 잘 발휘된 책으로 보인다. 전환 시대의 세계경제가 어떻게 돌아가는지를 잘 이해하기란 그리 쉬운 일은 아니다. 직업적 경제학자들이 쉬운 문제를 어렵게 설명하는 바람에 일은 더 복잡하게 꼬인다. 장하준은 쉽지 않은 경제문제, 경제학자들이 더 어렵게 꼬아 놓은 우리 시대 경제 문제를 아주 알기 쉽고 재미있게 풀이하는 데 특출한 재능을 가진 학자다. 그는 보통 사람들이 "경제 시민"으로서의 권리를 적극적으로 행사할 수 있도록 하기 위해 이 책을 썼다고 한다. 그는 이렇게 말한다. "세상이 어떻게 돌아가는지 이해하고 내가 말하는 '경제 시민으로서의 권리'를 적극적으로 행사해서 의사 결정권을 가진 사람들에게 올바른 길을 선택하도록 요구하는 데에는 고도의 전문 지식이 필요하지 않다. 생각해 보면 우리는 날마다 전문적인 지식 없이 온갖 종류의 판단을 내리고 있다. 경제에 관한 판단을 내리는 것도 이와 다르지 않다. 주요 원칙과 기본적인 사실을 알고 나면 상세한 전문 지식 없이도 좋은 판단을 내릴 수 있다"(15쪽). 참으로 지당한 말이 아닐 수 없다. 경제 시민이 올바른 판단을 내릴 수 있게 쓴, 시민을 위한 경제학 책이기 때문에 바로 그 "경제 시민"이 응답한 것이다.

둘째, 흔히 착각하곤 하는데 경제 시민을 위한 경제학은 그냥 알기 쉬운 경제학은 아니다. 물론 쉽게 쓴다는 게 참 쉽지 않은 일이지만, 쉽게만 쓴다고 해서 좋은 시민 경제학이 되는 것은 결코 아니다. 나는 『23가지』가 단지 알기 쉬운 책일 뿐더러 원론에 충실한 책이라고 말하고 싶다. 『23가지』는 그냥 23가지를 나열하고 있는 것이 아니라 그 핵심 구조에서 거의 경제학 원론 수준의 틀을 가져가면서 자유 시장 경제학의 허구성을 조목조목 파헤치고 있다. 많은 사람들은 『맨큐의 경제학』 같은 주류 경제학 원론만 원론이라 생각할지 모른다. 그러나 장하준이 제창하는 제도주의 정치경제학도 얼마든지 원론을 가질 수 있다. Thing 1 "자유 시장이라는 것은 없다", Thing 2 "기업은 소유주의 이익을 위해 경영되면 안 된다", Thing 6 "거시 경제의 안정은 세계경제의 안정으로 이어지지 않았다", Thing 7 "자유 시장 정책으로 부자가 된 나라는 거의 없다", Thing 12 "정부도 유망주를 고를 수 있다" 등등으로 이어지고 있는 『23가지』의 편제라든가, 또 각 Thing에서 "그들은 이렇게 말한다"와 "이런 말은 하지 않는다"

를 대립시키고 있는 훌륭한 서술 방식은 제도주의 정치경제학의 일정한 원론적 구조를 상상할 수 있게 한다.* 자유 시장 경제학과 뚜렷이 구분되는 이 이론적 전통이 어떤 것인지는 Thing 23을 보면 잘 알 수 있다.

셋째, 『23가지』는 자유 시장 경제학의 허구를 비판하고 있지만 단지 비판에만 그치고 있지 않다. 『23가지』는 비판을 넘어 더 나은 자본주의의 진보 대안을 제시하고 있다. 물론 비판에만 집중한 책이라 해도 얼마든지 훌륭한 책이 될 수 있을 것이다. 그러나 만약 『23가지』가 대안 없는 비판으로만 그쳤다면 그 매력은 크게 줄어들었을 것이다. 또 대안이라 해도 단지 제도론적 성장론을 제시하는 데 그쳤다면 필경 경제 시민의 반응은 시큰둥했을 것이다. 그런데 『23가지』는 부자를 더 부자로 만들어 서민 대중은 거지처럼 그 떡고물을 얻어먹게 하는 자유 시장주의 "트리클 다운" 전략이 실패했음을 정면으로 비판하고, 이에 대항해 성장과 분배 및 복지가 선순환하는 "보텀 업" 전략을 제시하고 있다. 이 대안론이 한국에서 민주화 이후 새로 급부상한 복지국가론과 맞물리면서 『23가지』가 호응을 얻었다고 할 수 있다. 대안에 목말라 있던 한국의 경제 시민에게 『23가지』가 나름대로 진보 대안을 던져 준 것이다.

그런데 필자가 보기에 『23가지』의 성장-분배-복지 선순환론은, 저자의 이전 책 예컨대 『사다리 걷어차기』의 논지와는 상당히 다르다. 왜냐하면 『사다리 걷어차기』의 경우, 개발도상국 안의 민주적 요구를 선진국의 이전 역사에서는 그러지 않았다는 식으로 대답하면서 거부하는 논지를

---

* 저자의 이전 저서로 『23가지』와 가장 비슷한 서술 방식을 취한 것으로는 『다시 발전을 요구한다』(부키, 2008)를 들 수 있다.

갖고 있기 때문이다. 『사다리 걷어차기』는 패권적 자유 시장주의에 대한 대응이면서 동시에 리스트식 경제적 민족주의가 얼마든지 보수주의와 결합될 수 있는 내용도 갖고 있었다. 따라서 『23가지』는 『사다리 걷어차기』로부터 논지의 전환을 보이기도 한 책이라 생각된다.

장하준이 말한 것과 말하지 않은 것

그러면 이제 『23가지』에서 미흡한 것, 빠진 것, 개선이 필요한 것 등을 중심으로 필자의 생각을 이야기해 보자. 이 비평은 경제 시민들이 『23가지』를 더 잘 읽고, 더 나은 경제 시민의 진보 경제학을 발전시키기 위한 것이다.

첫째, 『23가지』의 머리격인 Thing 1 "자유 시장이라는 것은 없다"는 명제를 살펴보자. 자유 시장 우선성을 부정하는 이 명제는 『23가지』가 이후 더 나은 자본주의를 위한 국가의 개입과 규제, 여러 비시장적 제도 형태들에 대한 논의들을 이끌어 낼 수 있게 하는 "정초 명제"의 위치에 있으며 이 정초 명제를 세움으로써 비로소 우리는 제도주의 정치경제학의 세계로 들어갈 수 있게 된다. 또 자유 시장 경제학이 일반 이론이기는커녕 오히려 제도주의 정치경제학 속의 — 극단적인 — 부분 이론에 불과하다는 논리도 성립할 수 있게 된다. Thing 1은 이것만 가지고도 『23가지』같은 책을 충분히 쓸 수 있을 정도로 중요하다. 이 문제에 대해 저자는 모든 시장은 누가 참여할 수 있는지, 어디까지 상품화하는 것이 정당한지 (시장의 경계), 권리와 의무의 구조는 어떤지 등을 규제하는 제도에 기반을 두고 있으며, 따라서 결국 정치적 구성물일 수밖에 없다고 주장한다. 이 주장은 시장과 정치를 이데올로기적으로 이분화하려는 자유 시장주의에 대한 중대한 비판으로 의미가 매우 깊다. 그러나 나는 이 비판이 불충분하다는 생각이 든다.

우선, 규범적 논의에만 집중해서 "현실적으로 존재하는" 시장 자본주의의 구조적 성격에 대한 논의를 소홀히 하고 있다. 다시 말해 자유 시장이 왜 자기 조절 능력을 갖지 못하는지, 왜 자유 시장주의의 "자기 조절적 시장"이라는 생각이 공상적인지 하는 문제를 적시하고 있지 않다. 이는 칼 폴라니의 문제였고, 그는 탈규제 자유화와 이에 대한 보호적 대항 운동이 갈등하는 "이중 운동"의 불가피성에 대해 갈파한 바 있다. 어떤 면에서 "순수한" 자유 시장이란 역사적으로 없었고 자유 시장주의자의 머릿속에만 있었다고 말할 수도 있다. 또 이른바 "자유" 시장이란 것은 알고 보면 자본 권력의 지배와 착취 때문에 소수의 자유와 다수의 부자유를 내포하는 시장이다. 이는 다 알다시피 마르크스의 문제였다. 둘째, 자유 시장주의가 알고 보면 탈정치적이라기보다 자유 시장적 정치 기획이라 한다면, 이와 달리 시장을 재구성하고자 하는 대안 정치와 제도의 기본 내용은 무엇인가에 대한 논의가 있어야 한다. 그런데 이에 대한 저자의 논의는 다소 산만하고 정리가 덜 되어 있는 느낌이다. 예를 들면, 저자의 전매 특허는 산업 정책이고 Thing 1 이후 후속 논의의 큰 줄거리도 산업 정책의 필요와 효과에 대한 것인데, 그렇다면 Thing 1에서 자유 시장 경제학에 대항해 왜 산업정책적 개입이 필요한지, 나아가 왜 개별 경제 활동들 간의 "조절 실패"coordination failure, 협력을 통한 "조절 외부성"coordination externalities 창조, 국가의 할 일로서 "헌신"commitment과 책임accountability 등이 처음부터 기본적 경제문제로 제기돼야 하는지에 대해 원론적 논의 정도는 이루어져야 할 것이다.* 그렇지만 이상하게도 Thing 1에서는 이런 "제도 실패"를 둘러싼 기본적 논의를 찾아보기 어렵다. 그래서 전체적으로 『23가지』의 머리격인 Thing 1에서 과연 어떤 경제적·정치적·윤리적 이유들 때문에 우리가 자유 시장론을 수용할 수 없고 별도로 제도주의 정치경제학을 세워야 하는지의 문제에 대한 체계적 논의가 아직은 미흡하다고 생각된다. 물론 Thing 1에서 결코 이 논의를 다 할 수는 없다. 필자의 주문은, Thing 1의 정초 명제와 이어지는 Thing 2~23의 논의가 유기적으로 연결되게 하는 정도로는 언급했으면 좋았겠다는 것이다.** 한 가지 더 지적하자면, 『23가지』의 머리 부분에서 시장과 정치와는 별도로, 시장과 제도라는 주제에 대해 제도 경제학의 최근 성과를 정리해서 후속 논의로 연결되게 하는 것도 좋은 방법이 아니었을까 하는 생각도 해 본다.

둘째, 자유 시장론의 대척점으로 저자가 제시하는 정부와 민간 기업의 협력('민-정 협력')론 및 국가의 기업 규제론에 대해서다. 『23가지』에서 협력과 규제라는 말은 자유 시장 경제학의 경쟁 및 탈규제에 대립하는 말

---

* 다음을 보라. Kiminori Matsuyama, "Economic Development as Coordination problem" in Masahiko Aoki et al.(eds.), *The Role of Government in East Asian Economic Development : Comparative Institutional Analysis*, Clarendon Press, Oxford, 1997; Dani Rodrik, *One Economics Many Recipes*, pp.104-109, Princeton University Press, 2009; Pranab Bardhan, *Scarcity, Conflicts, and Cooperation : Essays in the Political and Institutional Economics of Development*, MIT, 2005.

** 이와 관련해 새뮤얼 보울즈 외, 『자본주의 이해하기』(이강국 외 옮김, 후마니타스, 2009)를 언급하고자 한다. "경쟁·명령·변화의 3차원 경제학"이라는 부제가 붙어 있는 이 책은 자유 시장경제학의 이기적인 "경제인"대신에 서로 돕는 "협동인"의 가정 위에서 진보 경제학 원론을 새롭게 구성하고 있다. 물론 이 책이 본론에서 협동적 제도론을 충분히 설명해 주고 있진 않지만 대안 교과서로서 중요한 진전을 이룬 것은 분명하다. 장하준의 『23가지』의 Thing 1에는 『자본주의 이해하기』와 같은 수준의, 대안 경제학의 미시적 기초를 찾아보기는 어려운 것 같다.

로서, 좁게는 제도주의 발전 경제학, 넓게는 제도주의 정치경제학의 핵심을 짚고 있는 말이다. 그런데 나는 『23가지』의 이 협력-규제론에 빠진 대목이 있다고 생각한다. 그것은 "규율"의 문제다. 더 정확히 말해 미시적으로 기업, 거시적으로 자본계급에 대한 규율의 문제인데, 『23가지』에는 국가의 자본에 대한 규율을 동반한 협력론의 틀이 확실하게 제시되어 있지 않다. 저자는 Thing 18에서 "GM에 좋은 것이 항상 미국에도 좋은 것은 아니다"라고 하면서 개별 기업의 자유를 제한하는 규제가 산업 부문 전체의 집단적 이익, 나아가 나라 전체의 이익에 도움이 될 수 있다고 말한다. 물론 이는 지당한 말이며, 보기에 따라 이 규제에 규율의 내용이 들어 있다고 볼 수도 있다. 그러나 GM에 좋은 것이 미국에도 좋게 하는 규제, 삼성에 좋은 것이 한국과 한국의 서민 대중에도 좋게 하는 규제는 어떻게 가능한가. 동아시아 발전론 또는 산업정책론에서 이 문제에 대한 통상적인 대답은 국가의 기업에 대한 "성과 조건부 보조"* 또는 "조건부 지대"contingent rent** 론이었다. 그러나 이는 정보 실패라든가 정보 효율성 수준의 문제를 넘어 권력과 계급 구조의 문제, 강제력의 문제를 제기한다. 국가도 자본도 구조화된 권력체이기 때문이다.

국가는 사기업을 지원할 수 있는 정책 수단(예컨대 금융 통제)을 동원할 수 있어야 할 뿐 아니라, 성과가 미달하거나 기업이 파업할 때 지원을 철수하고 자원을 재분배하는 정치적 강제력을 발동할 수 있어야 한다. 다

---

* 앨리스 암스덴, 『아시아의 다음 거인 : 한국의 후발 공업화』(이근달 옮김, 시사영어사, 1990).

** Thomas Hellmann, Kevin Murdock and Joseph Stiglitz, "Financial Restraint : Toward a New Paradigm, in Masahiko Aoki et al.(eds.), *The Role of Government in East Asian Economic Development : Comparative Institutional Analysis*, Clarendon Press, Oxford, 1997.

시 말해 성공적인 산업 정책의 징치경제학은 기업과 자본계급을 "규율"할 수 있는 '제도적 강제 체제'institutional systems of compulsion를 갖추어야만 한다.* 또 이 제도적 강제 체제는 해당 나라의 정치경제적 조건에 부합하는 것이어야 한다. 이 문제는 무엇보다 후발 발전국의 경우 특별히 중요하다. 예컨대 거대 재벌을 용인하고 키우면서 이를 규율할 수 있는 제도적 강제 체제를 같이 수립할 수 없다면, 이는 나라 경제와 국민 대중의 삶을 재벌의 볼모로 붙들리게 할 수 있다.

또한 산업화 시기 권위주의적 개발 국가가 재벌에 대한 규율력을 발동할 수 있었다 해도, 민주화 이행 이후 다시 그 규율력은 어디서 나오나 하는 문제가 제기된다. 노동 세력이나 시민사회의 힘이 미약할 때, 그리하여 정치적 민주화 이행 이후 역설적으로 약한 국가, 약한 노동, 강한 자본 세력의 구도가 될 때, 그리하여 "약한 민주주의" 아래서 재벌 권력은 고삐 풀린 자본의 자유를 주장할 수 있게 되기 때문이다. 한국의 경우, 바로 여기에 정치적 민주화 이후 사회경제적 민주화가 어렵고 경제적 자유화와 양극화가 진행되는 이른바 "민주화의 역설"이 나타난 조건을 찾을 수 있다. 그리고 소급한다면 그런 역사적 함정을 파놓은 "개발 국가의 딜레마"에 대해서도 말할 수 있을 것이다. 그런데 장하준의 경우, 강한 개발 국가의 능력에 대해서는 거의 "국가 맹신"이라 할 정도로 강조하고 있는 반면에, "사회적인 것"the social의 위상과 역할, 즉 노동의 능력이나 시민사

---

* Mushtaq Kahn and Stephanie Blankenburg, "The Political Economy of Industrial Policy in Asian and Latin America," in Giovanni Dosi, Mario Cimoli and Joseph E. Stiglitz(eds.), *Industrial Policy and Development: The Political Economy of Capabilities Accumulation*, Oxford: Oxford University Press, 2009.

회의 능력에 대해서는 거의 불감증을 보인다. 그러나 정치적 민주화 이행 이후는 이해 당사자 간 수평적 조절과 협력의 발전, 그런 바탕 위에서 "국가-사회 협력"의 발전이 한층 중요해지는 시기인데도 불구하고 역사적으로 그런 조절과 협력의 능력을 키우지 못했을 때는 어떻게 될까. "사회적인 것"에 둔감한 『23가지』에서 이에 대한 답변을 기대하기는 어렵다.

한편으로 노동 세력이 미약한 한국 및 동아시아 "개발주의"와 다른 한편으로 강력한 노동 세력이 정치적 주체로서 존재하고 노사정 합의와 적극적 타협이 제도화된 유럽의 "사회적 합의주의"는 근본적으로 정치 구도가 다르고, 복지국가로 가는 길 또한 다를 수밖에 없다. 그런데 『23가지』에는 이 질적 차이에 대한 논의가 빠져 있다. 성장, 분배, 복지의 선순환에 대한 저자의 논의는 정치경제적 구도가 크게 다른 유럽과 아시아를 미국과 대비해 대체로 같이 묶어서 이루어지고 있다. 저자의 복지국가 선순환 논의가 한국에 사는 우리에게 "리얼"하게 와 닿지 않는 이유도 바로 여기에 있다.

셋째, 『23가지』는 국가와 사기업 간의 협력을 통한 시너지 효과를 말하고 있지만, 그 협력이 권력 동맹이라는 것, 그래서 협력의 다른 이면에서 국가-대기업의 지배 블록 안에 있는 인사이더와 그 바깥쪽으로 배제된 아웃사이더 간에 장벽이 구축될 수 있다는 점에 대해서는 말하지 않는다. 이 폐쇄적 권력 동맹은 배제된 다른 경제주체들의 사회경제적 기회를 박탈한다. 『23가지』에서 기업과 기업 간의 협력, 대기업과 중소기업 간의 협력에 대한 언급은 매우 미약하다. 오늘날의 세계에서 중소기업의 활기찬 창업과 발전, 기업과 기업 간의 개방적인 네트워크 협력과 이를 통한 외부성의 창출, 풀뿌리 사회적 기업의 발전, 그리고 이에 활력을 불어넣는 국가의 능동적 "지원과 규율"이 사회경제적 양극화를 극복하는 역동적인 선진 학습-혁신 경제의 길을 위해 그리고 양질의 일자리 창출을 위해 얼마나 사활적으로 중요한지에 대해 『23가지』는 말하지 않는다.

요컨대 『23가지』는 폐쇄적 협력과 개방적 협력을 구분하지 않고 있다. 또 이와 직결되는 수직적 협력과 수평적·분권적 협력도 잘 구분하지 않는다. 재벌 지배 체제라는 것이 나라 경제를 자기들끼리 독식하는 "재벌 내부경제"와 그 바깥의 "재벌 외부경제"로 이중 구조화하면서 얼마나 개방적·수평적 네트워크 협력을 지체시키고 공유와 공생의 경제를 가로막는지에 대해 말하지 않는다. 성숙한, 역동적인 선진 학습-혁신 경제란 폐쇄-수직적 협력에 비해 한층 더 개방-수평적 협력 그리고 공정한 경쟁이 발전한 경제이며, 아래로부터의 다채로운 자율적 활동과 풀뿌리 창의가 피어나는 경제이다. 따라서 국가가 외삽적으로 규제·통제하는 게 아니라 개방-수평적 협력과 공정한 경쟁 질서가 발전되도록 "제도 증진적" 방식*으로 개입해야 하는데, 『23가지』는 이에 대해 별로 말하지 않는다. 그런 점에서 나는 제도 증진 능력을 도외시하는 저자의 국가 능력론이 일방적인 하향식 개입주의에 치우쳐 있다고 생각한다.

넷째, 개방과 보호를 너무 이분법적으로 보고 있는 것은 아닌지 하는 우려가 있다. 『23가지』를 읽으면 전면 개방주의에 대해 마치 19세기 리스트식 유치산업 보호주의로 대응하는 느낌을 준다. 자유 시장 경제학의

---

* 다음 연구를 보라. Masahiko Aoki et al., "Beyond The East Asian Miracle: Introducing the Market-enhancing View," in Masahiko Aoki et al.(eds.), *The Role of Government in East Asian Economic Development : Comparative Institutional Analysis*, Clarendon Press, Oxford, 1997. 이 연구에서는 "시장 증진적"(market-enhancing) 개입이라는 말을 쓰고 있는데, 필자는 이 말보다는 "제도 증진적"(institution-enhancing) 개입이라는 말이 그 뜻을 더 잘 살린다고 생각한다.

전면 개방주의에 대한 비판은 이해하고도 남음이 있다. 그러나 후발국의 경우 개방을 적절히 관리하면서 선발국과 세계시장이 제공하는 개방 이익을 어떻게 확보할지, 또 그러면서 어떻게 국내의 선순환 제도들을 유지·확장하고 구성원의 헌신을 모아 낼 수 있을지는 매우 중요한 문제다. 동아시아 경제, 중국이나 인도 경제 모두 개방을 잘 관리하되 개방 이익을 확보함으로써 성장 기적을 달성할 수 있었다. 또 멀리 갈 것 없이 한국만 하더라도 박정희 정권 초기에 수입 대체에만 치중한 발전 전략은 실패했고, 수출 지향과 수입 대체를 결합된 '복선형 전략'으로 정책 패러다임을 수정함으로써 고도성장 궤도에 진입할 수 있었다. 그런데『23가지』는 주로 나라 안의 제도틀 짜기에 치중해서 개방 이익을 확보하는 제도와 정책틀 짜기 문제는 좀 경시하고 있는 것 같다.

마지막으로, 저자의 복지론이다. 이 부분은 저자의 전문적 분야라고는 할 수 없고 나도 마찬가지다. 그렇지만『23가지』는 내가 읽은 한, 지금까지 저자의 어떤 글보다 복지 문제에 대해 진취적인 견해를 보여 준다. 장하준은 인간이 자기 이익만 챙기는 이기적 존재 이상으로 다른 본성도 가진 도덕적 존재라는 것(Thing 5), 기회의 균등이 항상 공평한 것은 아니고 일정 수준 이상의 결과의 균등도 보장돼야 한다는 것(Thing 20), 그리고 더 많은 소득 이상의 '좋은 삶'을 생각해야 한다는 것(Thing 10) 등에 대해 말한다. 여가 시간의 질과 양, 직업의 안정성, 범죄의 공포로부터 해방, 의료 혜택, 사회복지 등 질 좋은 삶을 구성하는 여러 요소들을 고려해야만 한다는 것이다. 대체로 동의하지만 두 가지 정도의 불만이 있다. 첫째, 복지든, 경제든 저자는 "참여 민주주의"의 가치에 대해, 일반 대중이 시민적 주체로서 정치경제에 참여하고 그 참여를 통해 공동의 부, 공동의 나라를 일구는 일의 가치에 대해서는 거의 말하지 않고 있다는 것이다. 그래서 과연 저자에게 "정치란 무엇인가"하는 물음을 던지게 된다. 둘째, 시민적 주체로서 경제와 복지를 일구는 해당 사회의 구성원들은 권리와 동시에 책임의 주체이기도 하다는 것이다. 경제와 복지 모두 기본은 권리와 책임의 총체로서 구성원의 시티즌십citizenship을 잘 구성하는 것이고 바로 이것이 "시민 경제"의 요체이기도 한데, 『23가지』는 "경제 시민"을 위한 책이면서도 "시민 경제"의 컨셉은 미약한 것 같다.*

장하준을 넘는 장하준이 되라

나는 『23가지』에 대해 위와 같은 불만들을 말하면서 앞으로 저자의 제도주의 정치경제학이 적어도 두 가지 측면에서 진전이 있었으면 하는 바램을 갖고 있다. 하나는, 무엇보다 권력과 정치의 문제를 본격적으로 끌어들이는 방향으로, 그래서 제도와 권력, 정치, 갈등을 통합한 진보 "정치" 경제학으로 진일보했으면 하는 것이다. 다른 하나는, 다른 외국 학자들의 한국 경제 연구와는 확연히 구분되는 그야말로 장하준식 한국 경제론을 펼쳐 주었으면 하는 것이다. 나는 저자가 한국 출신 학자로서 독특한 색깔을 가져 주기를, 한국의 역동적인 역사 및 현실과 호흡하고 그것에 뿌

---

* 이병천, "장하준이 말한 것과 말하지 않은 것 : '경제 시민'은 '시민 경제'를 요구한다," 『프레시안』, 2011/ 01/11 참조(이 책 2부, 11장에 수록).

리내린 진보 경제학을 발전시켜 주기를 기대하고 있다. 장하준이 지금까지의 성취에만 만족하지 말고, 인도 출신으로 노벨 경제학상을 수상한 아마르티아 센과 같은 거목으로 성장하는 날을 기대한다.

그러나 필자의 불만과 바람에도 불구하고 『23가지』는 여전히 그 자체로서 저자가 이룬 큰 성취이며 우리 시대 경제 시민을 위한 훌륭한 경제학 길잡이다. 앞으로도 더 많은 경제 시민들이 이 책을 재미있게 읽고 자유 시장 경제학을 넘는 진보적 시민 경제학 그리고 진보적인 "인간의 살림살이"를 개척하는 데 동참해 주었으면 한다.

제3부

제도주의
정치경제학:

장하준, 로드릭,
스티글리츠

18

'주식회사 한국' 모델에서
'이해 당사자 한국' 모델로

오늘날 우리는 국경 없는 글로벌 시장의 시대에 살고 있다. 이 시대를 지배하는 최고의 경제 이데올로기는 규제 완화, 자유화, 민영화, 개방과 같은 것들이다. 이 같은 조치들에 의해 "시장 규율"이 작동해 지속 가능한 발전을 이룰 수 있다고 주장하는 글로벌 주류 발전 패러다임을 우리는 흔히 워싱턴 컨센서스라고 부른다. 그런데 "시장 규율"이라고 근사하게 말하지만, 기실 그 내용을 채우는 것은 자본 권력의 이해, 그것도 대개의 경우 단기 투기적인 유동자본의 이해이며, 나아가 세계 체제 패권국의 이해와 직결된 유동적 금융자본의 이해다. 따라서 워싱턴 컨센서스는 태연히 발전 패러다임의 글로벌 스탠더드라는 지위와 권위를 주장하고 있지만, 그 실상은 명백한 계급 파당적 패러다임이며 동시에 패권국의 이익을 강력히 대변하는 패러다임이라고 해야 한다. 실상이 그런 만큼 워싱턴 컨센서스에서 장담하는 발전에 대한 약속이 지켜질 리가 만무하다.

그 처방이 연일 세계 전역에서 실패로 끝나고 "빈곤의 세계화"를 야기하면서 약속이 깨어지는 사태에 직면하자 수정판이 필요하게 되었다. 이제 수정된 "네오 워싱턴 컨센서스"에서는 그냥 규제 완화만 해서는 안 되고 기업 지배 구조를 개선해야 하며, 금융 건전성 감독을 철저히 해야 하고, 나아가서는 "사회 안전망"도 깔아야 한다고 말한다. 1997년 위기를 전환점으로 한국 경제의 구조 조정을 이끈 패러다임은 "네오 워싱턴 컨센서스"라고 할 수 있을 것이다. 그런데 위기 상황 때문에 구조 조정이 이루어지긴 했지만 지금 우리는 다시 구조 조정 이후의 위기, 더 정확히 말해 구조 조정에 따른 위기와 마주하고 있는 형편이다. 투자 부진 및 소비 위축과 저성장, 고용 불안, 빈곤과 서민 대중의 삶의 피폐에 따른 양극화 경향, 수출과 내수의 양극화 및 금융 부문과 산업 간 연관의 탈구 현상, 그리고 극심한 국민경제 불안정 및 외향적 탈민족화 경향 등 경제구조와 국민 대중의 생활상에서 겪고 있는 이런 "삼중고"는 가히 1997년 외환 위기 이후 단행된 한국 구조 조정의 실패를 거론할 만한 현상이라 하지 않을 수 없다.

한국 경제는 어떤 함정에 빠졌는가, 함정의 정체는 무엇이며, 대안적 길 찾기는 어디서, 어떻게 시작해야 하는가. 정부는 워싱턴 컨센서스의 지배적 통념에 따라 한국 경제의 질병을 관치 경제와 정경 유착으로 진단하고 급진적인 영미식 구조 조정을 추진했으며, 오늘의 한국 경제가 겪고 있는 고통을 선진 경제로 가는 "전환의 계곡"에서 겪는 과도기적 진통 또는 산고 같은 것으로 본다.

신장섭·장하준이 같이 쓴 『주식회사 한국의 구조 조정』은 현재 정책 당국이나 학계를 지배하는 주류적 통념과 대척점에 서서 문제를 진단하고 대안을 제시한다. 그리고 1997년 위기 이후 워싱턴 컨센서스와 영미식 시스템 우월론에 의해 폄하되고 폐기 처분된 개발 연대 "주식회사 한국"의 추격 모델의 가치를 복원하고, 이를 발전적으로 계승하는 "두 번째 단계의 추격 시스템"을 제안한다. 이들에 따르면 IMF와 한국 정부가 추진한 구조 조정의 논리는 근본적인 결함을 가지고 있으며 전통적 한국 경제 성장모델을 잘못 이해하고 있다. 그리고 영미식 시스템으로 몰고 간 구조 조정은 한국 경제의 성장 활력에 치명적 손상을 줄 것이다. 이들의 저서는 분량은 그리 많지 않지만, 포괄 범위는 개발 연대의 한국 모델에 대한 분석에서부터 위기론, 구조 조정에 대한 평가 그리고 한국 경제의 미래에 대한 고민까지 넓게 걸쳐 있다. 국내외를 통틀어 봐도 개발 연대부터 현 단계까지 나아가 미래 전망 및 대안까지 담고 있는 이 같은 압축판 한국 경제론을 만나기는 쉽지 않다. 더구나 여러 사람들이 참여한 공동 연구의 경우는 다양한 견해 차이가 나타나기 마련인데, 『주식회사 한국의 구조 조정』은 두 사람의 통일된 시각으로 쓰였다는 점에서도 아주 큰 장점을 갖고 있다. 이들의 저서는 이처럼 지배적 통념에 대항해 통일된 시각에서 쓰인, 보기 드문 압축판 한국 경제론이라는 점에서 높은 점수를 받아 마땅하다.

나는 주류 워싱턴 컨센서스와 영미식 시스템으로의 구조 개혁에 대항하면서 새로운 '조절된 시장경제' 또는 '협력 자본주의' 대안을 제시한다는 견지에서는 저자들과 견해를 같이한다. 그렇지만 여러 논점들에서 이견도 갖게 된다. 저자들이 이름 붙인 "주식회사 한국" 모델의 인식에서부터 빈틈이 엿보인다. 저자들은 거센크론의 후발 추격 산업화론에 입각해 한국 모델을 "국가-은행-재벌"의 연계 시스템으로 파악한다. 그리고 이를 싱가포르 및 타이완의 보완 전략과 대비되는, 거셴크론식 대체 전략의 고전적 사례로 제시한다. 그런데 거셴크론은 후발국이 추격에 성공하려면 선발국 제도의 기능적 대체물로서 자국에 독자적인 제도 혁신을 단행해야 한다고 말했지만, 그 중심은 산업금융의 동원 방식에 두고 있다. 저자들도 "국가-은행-재벌 연계"를 주로 신용 창출 시스템의 견지에서 말하고 있는 것 같다. 그러면서 여기에 모델의 다른 요소들에 대한 설명을 덧붙이고 있다. 한국 모델을 자본 동원의 측면을 중심으로 보는 것은 분명 의미 있는 일이다. 그러나 이는 어디까지나 발전 모델의 하나의 구성 요소에 불과하다. 이런 부분적 요소로 "주식회사 한국" 전반에 대해 말하기는 어렵다. 그리고 이 책에서처럼 다른 설명 요소들을 끌어들일 경우 이를 통합한 더 진전된 전체 분석틀을 제시해야 마땅하다. 우리는 이미 한국 경제에 대한 암스덴의 연구를 알고 있으며, 그녀는 학습을 통한 산업화 그리고 성과 규율을 동반한 지원 및 국가와 기업 간의 협력에 대해 말한 바 있다. 나는 한국 경제가 이후에 걸어간 궤적을 볼 때, 한국 모델에서 재벌에 대한 규율은 매우 취약했음이 드러나며 그래서 암스덴의 규율론조차도 크게 과장된 것이라고 생각한다. 그런데 신장섭·장하준이 말하는 "국가-은행-재벌 연계"를 골간으로 하는 "주식회사 한국" 모델론의 경우는 성장의 성공 나아가 성장의 질을 규정하는 핵심적 규율 원리와 제도의 문제가 아예 빠져 있다. 국가-재벌이 공생하는 "발전 지배 연합" 체제에 내재된 규율 이완과 그 심각한 폐해, 나아가 민주화 시대의 규율 공백 문제에 대해 둔감하다. 소급하면 후발 추격론의 원조격에 해당하는 거셴크론의 이론틀에도 이 같은 문제의식은 결여되어 있다.

내가 보기에 "주식회사 한국" 모델은 강한 재벌과 약한 노동의 모델이며, 강한 결속에 따른 관계 구속, 그리하여 연성 예산 제약과 과잉투자의 경향이 내재되어 있는 모델이다. 저자들은 자유 시장론 대 "주식회사 한국" 모델론의 이항 대립에 경도된 나머지 이 결함을 보는 데 매우 인색하다. 1997년 IMF 위기는 국내적으로는 고삐 풀린 재벌에 깊숙이 발목 잡힌 시장경제, 다시 말해 민주화 시대 '시장 자율'의 이름 아래 진행된 자유화의 결과 규율 공백에 빠진 무책임 '재벌 전횡 시장경제'의 모순이 누적된 결과이며, 이것이 대기업의 연쇄 부도와 도산으로 나타났다. 이런 국내적 모순에 미국-국제 금융자본-IMF 복합체가 주도하는 개방 외압이 결합되었고 그리하여 위기는 내외 압력의 합력으로 초래되었다고 봐야 할 것이다.

또 한 가지 꼭 지적해야 할 대목이 있다. 『주식회사 한국의 구조 조정』에서는 처음부터 끝까지 노동이, 그 그림자조차 무대에 등장하지 않는다. 노동 없는 성장 모델, 노동 없는 구조 조정 모델, 노동 없는 "두 번째 단계의 추격 시스템"이 이야기되고 있을 뿐이다. 하나의 발전 모델이란 노동 체제를 핵심 구성 요소로 하는 사회적 생산관계의 체제라는 것, 또한 그것은 사회경제적·정치적 갈등의 조절 양식, 발전의 목표에 대한 합의와 정치적 타결의 양식이라는 사고방식을 이 책에서는 찾아볼 수 없다. 개발 연대는 물론 미래 한국의 희망을 논함에 있어서도 주역은 어디까지나 국가-재벌의 지배 연합이며, 목표는 이들이 주도하는 "선진국" 추격이다. 그렇지만 민주화의 시대는 신자유주의적 "시장 한국"의 양극화·탈민족화 체제 대 신홉스주의적 "주식회사 한국"의 특권 민족주의 체제라는 이항 대립을 넘어, 사회 구성원들의 권한과 책임이 상응하는 새로운 시민권 계약에 기초한, 민주적 "이해 당사자 한국" 모델, 시민적으로 계몽된 새로운 "조절된 시장경제" 모델로의 전환을 촉구하고 있다.

19

개입 국가의 성공 조건과 성격
: 국가 맹신을 넘어

신자유주의가 도전자를 굴복시키는 전략에는 여러 가지가 있지만 자유 시장 외에 "달리 대안이 없다"There are no alternatives는 주장은 그 어느 것보다 강력했다. 왜냐하면 특히 국가 독점 사회주의가 붕괴된 이후 그런 주장은 도전자를 허무주의에 빠트리거나 비현실적인 공상가로 전락시킬 수도 있기 때문이다. 그러나 '대안이 없다'는 신자유주의의 비판은 허무맹랑한 것이며, 진실은 이론적으로나 현실적으로 많은 유력한 대안들이 존재한다는 것이다. 장하준은 신자유주의를 넘어서는 진보적 대안을 제시하기 위해 꾸준히 노력해 온 대표적 학자 가운데 한 사람이다. 그런데 우리들에게 알려진 책들은 비전문가인 보통 경제 시민의 눈높이에 맞추어진 것들이 많았다. 그렇다 해도 그가 보통 시민들을 위한 책만 쓴 것은 아니며, 전문 학술서도 적지 않다. 이 책『국가의 역할』은 신자유주의를 비판하면서 대안 이론을 제시한 그의 대표적인 전문 학술서로서, 저자의 여타 베스트셀러에 비해 인기는 적지만 내용은 아주 충실하다. 따라서 독자들은 이 책을 통해 보통 시민을 위해 쓴 장하준의 책들이 어떤 이론 구조에 뿌리를 두고 있는지 더 깊이 있게 알아볼 수 있다.

그런데 유감스럽게도『국가의 역할』은 보통 시민들이 읽기에는 그리 쉽지 않은 책이다. 주된 줄거리가 꽤 추상도 높은 이론적 수준에서 신자유주의의 허점을 비판하고 대안 이론을 제시하는 것이기 때문이다. 그러나 다행히 저자가 서장에서 책 전체의 개요를 잘 요약해 놓고 있어 인내심을 가진 경제 시민이라면 서장의 안내를 받으면서 이 책에 충분히 도전해 봄직하다. 신자유주의의 기본 교리가 자유 시장의 미덕을 칭송하고 국가의 역할을 최소한으로 억제하는 데 있다고 본다면, 이 책은 이 교리와 대척점에 서서 제도주의 정치경제학의 관점에서 국가의 역할을 새로이 복원하고 고삐 풀린 시장에 제자리를 찾아 주려고 한다. 전체 3부로 구성되어 있는 책 전체를 관통하고 있는 가장 중요한 메시지는 저자의 주 전공 분야이기도 한 산업 정책을 핵심으로 하는 국가 역할의 새로운 복원이다.

이 책의 1부는 국가의 경제 개입을 둘러싼 논쟁사를 비판적으로 되돌아보면서 신자유주의의 근본 명제에 해당하는 시장의 우선성 또는 자연발생성 명제를 비판하고 대안으로 제도주의적 국가 개입 이론을 제시하고 있다. 저자는 신자유주의가 애초부터 성격이 매우 다른 신고전파 경제학과 오스트리아 자유주의 전통 간의 '비신성동맹'으로 성립되었고 그 모순 때문에 고통받게 되었다고 지적한다. 그리고는 시장 그리고 국가를 바라보는 신자유주의의 이론적 기초가 얼마나 단순하고 의외로 허약한지를 진검 승부하는 자세로 날카롭게 짚어 낸다. 우리가 잘 아는 바와 같이, 신자유주의에서 시장은 효율성과 자유를 담보하는 세계다. 반면, 국가는 불

필요한 규제나 낭비, 억압을 대표한다. 그러나 예컨대 저자는 "도대체 자유 시장이란 무엇인가"라고 되물으면서, 어떤 시장에 대한 정의도 윤리적 정치적 관점을 배제할 수 없고 그것을 떠받치는 특정한 권리·의무 구조를 동반하게 된다면서 자유 시장이란 건 없다고 되받아친다. 저자는 이 문제를 자신의 다른 책 『23가지』에서도 Thing 1로 올려놓을 정도로 중시한다. 그리고 그런 비판 위에서 신자유주의적 최소 국가와는 전혀 다른 능동적인 개입 국가의 역할을 제시한다. 기업가 역할과 갈등 조정자 역할의 2대 축이 바로 그런 역할이다. 그 연장선상에서 동아시아형 산업 정책 국가와 북구형 사회적 조합주의 국가가 비교·검토된다. 1부의 마지막에는 대안적인 국가 개입론, 나아가 시장, 국가, 그리고 그 밖의 제도들 간의 상호 관계를 새롭게 구성하는 제도주의 정치경제학의 발전을 위해 필요한 몇 가지 이론적 요소들이 제안된다.

책의 2부에서는 세계화 상황에서 국가 개입 및 경제 발전과 관련된 세 가지 중요 주제, 즉 초국적 기업에 대한 대외 개방, 지적 재산권 보장, 그리고 선별적 산업 정책의 유효성 문제가 다루어진다. 1부에 이어 여기서도 저자는 신자유주의가 뿌려 놓은 지배적 통념과 치열하게 대결한다. 세계화 시대에 우리는 초국적 기업이 최대한 자유를 누릴 수 있도록 각국이 법인세 인하 등 '바닥을 향한 규제 완화 경쟁'을 벌이고 있음을 본다. 또 경제 발전에 성공하려면 지적 재산권 나아가 무역 관련 지적재산권을 강력하게 보장하는 것이 필수적이라는 주장이 지배적 대세다. 그리고 선별적 산업 무역정책의 성공을 위해서는 특정한 제도적 선결 조건이 필요하다는 주장이라든가 WTO 체제 아래서는 선별적 산업 무역정책은 '끝났다'고 보는 주장들이 팽배하다. 그러나 저자가 보기에 이런 주장이나 정책들의 근거는 매우 취약하다. 저자에 따르면, 초국적 기업에 좋은 것이 유치국에도 좋다는 아무런 보장이 없기 때문에 선별적 활용의 유치 전략이 필수적이다. 또 역사적으로 선진국들의 발전 자체가 지적 소유권의 강력한 보장에 기초한 것이 아닐 뿐더러, 지적 재산권 보호가 강화될 경우 오히려 개도국들의 부담이 늘어나며 자체 기술 역량을 개발할 여지가 축소될 수 있다. 그리고 산업 정책이 성공하려면 제도적 선결 조건이 필요한 것은 사실이나, 이를 너무 과장하거나 비관론을 퍼트러서는 안 될 일이다.

마지막으로, 3부에서 저자는 다시 국내 경제정책 이슈로 돌아온다. 논리적 순서로 보자면 2부와 3부의 순서를 바꾸는 것이 더 적절했을지도 모르겠다. 여하튼 여기서는 경제 발전 정책의 핵심 주제에 속하는 산업 정책, 규제 그리고 민영화 문제가 무대의 주인공이다. 산업 정책은 신자유주의를 넘어서기 위해 저자가 제시하는 핵심적 대안 정책으로 3부만이 아니라 이 책 전체를 관통하고 있다. 특히 3부에서는 과연 산업 정책이 뭔지에 대해 매우 구체적인 논의가 나온다. 저자는 산업 정책 그 자체의 내용을 정태적 차원과 동태적 차원으로 나누는 등 깊이 있는 설명을 제시한 다음, 반산업정책론자들이 제기하는(할 수 있는) 여러 가지 문제들에 대해 하나씩 대답하고, 다시금 산업 정책의 정당성을 역설한다. 이어 그간의 탈규제 논의에서 무시되었으나 규제 문제에 대한 이해를 심화시키기 위해 필수적인 몇 가지 주제들을 살피고 있다. 이 책의 마지막 장에서 저자는 널리 퍼져 있는 공기업의 비효율성 주장이 경험적으로나 이론적으로 허구적이거나 근거가 취약함을 비판한다. 그리고 민영화하지 않고 공기업의 실적을 개선할 수 있는 몇 가지 대안적 수단들을 제시한다.

장하준의 『국가의 역할』은 2003년에 출간된 책이다. 그러나 신자유

주의가 '죽은 개'로 취급한 국가의 역할을 새롭게 살려내 복원해야 한다
는 그의 견해는 2008년 미국발 글로벌 금융 위기의 발발로 신자유주의
의 위신이 형편없이 추락한 오늘의 시점에서 더욱 의미가 있고 경청할
가치가 있어 보인다. 『국가의 역할』을 읽는 독자들은 저자가 위기 이후
내놓은 『23가지』에서 쉽게 풀어놓은 많은 이야기들이 이 책에 뿌리를 두
고 있음을 발견할 수 있을 것이다.

신자유주의의 '시장 만능-최소 국가론'에 대항해, 그리고 국가 독점 사
회주의의 '계획 만능-최대 국가론'을 넘어, 기업가로서 그리고 갈등 관리
자로서 국가의 능동적 역할을 이 정도로 이론화시켜 놓은 책은 그리 많지
않다. 저자의 노력은 충분히 평가받아 마땅하다. 이 책에서 제시한 제도
주의적 국가 개입론은 많은 부분 동아시아의 발전 경험에 기반을 두고 있
는 것 같다. 그렇지만 저자 자신도 말하고 있듯이(13쪽), 신자유주의 정통
교리와 대항하려면 단지 이러저러한 대안적 발전 경험들을 드러내 보이
는 것만으로는 부족하며, 그 경험의 이론적 함의를 이끌어 내고 그것을
일반 이론의 수준으로 끌어올리는 작업이 필수적이다. 특히 그런 의미에
서 『국가의 역할』의 기여는 크다 하겠다.

이제 제도주의적 국가 개입론의 발전을 위해 이 책에서 미흡하거나
빠져 있다고 생각되는 점에 대해 약간의 문제 제기를 해보고자 한다. 먼
저, 이 책에서 피력된 저자의 주장처럼 국가가 기업가적 역할과 갈등 관
리자 역할을 훌륭히 해낼 수만 있다면 참 좋겠지만, 유감스럽게도 현실적
으로 그렇게 유능한 국가는 많지 않다. 그렇다면 우리는 어떤 국가가 그
토록 유능하고 강력한 역할을 수행할 수 있는지, 저자가 말하는 개입 국
가 성공의 제도적·정치적·경제적 조건은 무엇인가 하는 물음을 제기해야

할 것이다. 그런데 정작 이 부분에 대한 해명은 이 책에서 매우 부족하다. 물론 이에 대한 언급이 없는 것은 아니다(77쪽, 224-245쪽, 301-319쪽). 그러나 이 문제를 주제화해 설득력 있게 해명하고 있다고 보기는 어렵다. 그런 빈틈 때문에 이 책은 혹시 신자유주의의 시장 만능론을 반대로 뒤집어 놓은, '가상의 전능한 국가론'을 만들어 놓았다고 지적받을 수도 있다.

둘째, 위의 문제와 직결되는 문제로, 기왕의 동아시아 발전론 성과와 비교해 저자의 국가 개입론이 어떤 위치에 있는지를 생각해 보고 싶다. 동아시아 발전을 둘러싸고 시장 중심적 해석과 대항하면서 형성된 '이단적' 국가 개입론은 초기에 국가 자율성을 일면적으로 강조하던 이론으로부터 국가 자체를 '내생화'시키는 방향으로 변화되었다. 즉, 국가 능력론은 위로부터 하향식으로 내려오는 '자율적' 관리 국가의 개입주의가 갖는 한계를 인식하면서 사회와의 연계 및 협력을 창출해 내는 능력에 주목하는 방향으로 발전되어 갔다. 대표적으로 에번스Peter Evans의 '착근된 자율성'embedded autonomy론처럼 국가와 기업 및 국가와 사회의 협력에 초점을 두는 이론이라든가, 더 면밀하게는 아오키Masahiko Aoki, 스티글리츠 등에서처럼 비국가 부문의 제도적 조절 능력을 키워 가는 '제도 증진적' 개입 방식 또는 국가의 '제도화 능력'에 착안한 이론이 대표적이다. 그리고 로드릭 같은 학자는 양질의 경제성장을 위한 제도로서, 실질적 통제권, 규제, 거시 경제 안정성, 사회보험, 갈등 관리를 위한 제도들 그리고 참여 정치 체제(메타 제도)를 제안한 바 있다. 그런데 국가-기업, 국가-사회 협력 능력론이라 하더라도, 아예 국영 부문이 지배적인 경우가 아니라면, 국가가 사기업 또는 민간 자본과 협력하면서 동시에 어떤 방식으로 그들이 공익에 기여하도록 책임을 강제하고 '규율'할 수 있는지, 그리하여 국가와 자본의 협력이 퇴행적 부패 연합이 아니라 성공적인 발전 연합으로 될 수 있는 조건은 무엇인지에 대한 문제를 피할 수 없다. 국가와 사기업 간 협력의 발전적 실효성 문제라든가, 노동 부문을 비롯한 다른 주체들의 발언권을 배제시키면서 갈등을 성공적으로 '관리'하는 문제 등이 제기되는 것이다. 특히 권위주의 국가와 재벌이 '발전 지배 연합'을 구축했던 한국 모델과 같은 경우 이 문제는 매우 중요하다.

그런데 『국가의 역할』에서 제시된, 기업가 역할과 갈등 관리자 역할을 두 축으로 하는 저자의 국가 개입론은 의외로 국가-자본, 국가-사회 협력론보다는 국가의 하향적 관리, 일방적 개입주의에 치우쳐 있다는 생각이 든다. 책 전체를 통틀어 개입 국가가 사적 자본과 협력하면서 동시에 규율을 행사하는 문제, 혁명이 아닌 개혁적 길에서 불가피한, 긴장과 갈등이 개재된 국가-자본 관계 문제에 대한 논의는 빠져 있다. 흥미롭게도 『국가의 역할』은, 소유 문제의 경우 공기업의 효율성을 보여 주는 것을 주된 관심사로 하고 있다. 그렇지만 성공한 다수의 경제는 민간 부문과 공공 부문 모두에 의존하는 경제, 더 정확히 말해 민간 부문이 우세한 혼합경제라고 봐야 할 것 같다. 그렇다면 공기업도 효율적일 수 있다고만 말하거나 공사 부문을 양자택일적으로 간주하지 말고, 앞서 언급한 로드릭처럼 더 일반론으로 공·사기업을 막론하고 양질의 경제성장을 위해 실질적 통제권의 정립이 중요하다는 이야기를 해야 마땅할 것이다. 그리고 혼합경제의 경우, 국가의 산업 정책적 개입이나 갈등 관리 역할에서 사적 자본, 특히 대자본과의 관계 설정 방식이 중요한 주제가 될 수밖에 없는데, 이 책은 이 문제를 중요하게 다루지 않고 있다. 한국의 재벌과 같은 대기업 집단, 그리고 국가와 대자본 간의 협력이 제기하는 여러 문제들에 대한 논의를 이 책에서는 찾아보기 어렵다. 단지 이 책만이 아니라 저자의 다른 전문 학술 연구에서도 대기업 집단이 중심이 된 발전 모델에서 국가의 역할이 어떤 것인지, 또 그 모델의 진화 과정에서 어떤 어려움에 직면하게 되는지의 문제를 본격적으로 다룬 논의를 나는 좀처럼 찾아볼 수 없었다. 그런 까닭에 한국 경제와 관련해 저자가 재벌의 특권적 지배를 규율할 민주적 힘에 대해서는 생각하지 않은 채 재벌 개혁을 빼고 복지국가를 위한 '사회적 대타협'을 하자고 주장하는 것은 이 책『국가의 역할』을 포함해 자신의 전문 학술 연구와는 잘 연결되지 않는 것 같다.

셋째, 나아가『국가의 역할』에서 제시된 국가는 유능할 뿐 아니라 마치 공평무사하게 공익을 추구하는 자율적 존재처럼 묘사되고 있는 것 같다. 이는 특히 저자가 국가를 갈등 관리자로 바라볼 때 그렇다. 그러나 위험을 사회화해 '사적 투자의 수익은 내부화하고 비용은 외부화'하는 경우든, 잘 작동하는 갈등 관리 체제를 수립하려고 하는 경우든, 더 나아가 소유권 구조를 비롯해 경제사회의 권리·의무 구조를 재편하는 경우든 간에, 국가의 폭넓은 개입은 경제체제와 그 구조 변동에서 그 자체로 매우 중대한 갈등 요인이다. 그리고 근대적 계급 분화가 일정하게 진전된 자본주의 사회라면 어디서나 그런 국가의 개입은 심각한 계급 갈등 요인이 될 수밖에 없다. 그 때문에 역사적 제도주의가 가르치는 바와 같이, 해당 사회의 행위자들은 국가의 개입과 제도의 변화가 자신들에 가장 유리한 방향으로 이루어지도록 다투기 마련이고 그 정치-사회적 타결 방식은 매우 다양할 수밖에 없다.

그러나『국가의 역할』에서 저자는 국가가 갈등 관리자 역할을 해야 하고 잘할 수 있다고 말할 뿐, 갈등 조절 방식이 매우 다양할 수 있다는 것, 국가의 갈등 관리와 '위험의 사회화'가 결코 공평무사한 게 아니라 지배계급의 이해에 우호적이면서 피지배계급에 대해서는 억압적일 수 있다는 것에 대해서는 잘 말하지 않는다. 무엇보다 피지배 대중의 동의를 얻는 데 참여 정치 방식이 효과적일 수 있다는 언급은 거의 찾아볼 수 없다. 독자에 따라서는 저자의 국가 개입론은 사회 계급의 힘이 매우 약해서 국가가 무소불위의 자율적 권력을 휘두를 수 있는 권위주의 체제나 개도국 단계에 적용될 수 있는 견해로 여겨질 수도 있다. 이와 관련해 저자가 산업 정책 국가와 사회적 조합주의 국가를 비교한 것은 상당히 흥미로운 대목이지만, 각기 '노동 없는 민주주의'와 '노동 있는 민주주의'의 대조적 경로로 나아간 두 국가군의 구조와 동학의 질적 차이에 대한 인식은 여전히 부족해 보인다. 기존 연구들이 지적하듯이 사회적 조합주의 국가의 경우, 노동의 힘 때문에 국가-자본 협력에 기반한 선별적 산업 정책은 잘 수행되기 어려웠던 것이 사실이다. 다른 한편 동아시아 권위주의적 산업 정책 국가의 경우, '민주적 계급 타협'과 그에 기반한 조합주의는 찾아볼 수가 없다. 북구형과 비교할 때 이익대표의 공정한 참여가 빠진 극우적 반공 체제가 동아시아형의 결정적 후진성이다. 그렇다면 이 책에서 말한, 개입 국가의 기업가 역할과 갈등 관리자 역할은 일반론으로 말하기에는 난점이 있으며 실현가능한 정치적·사회적·계급적 조건에 대한 논의가 요구된다고 할 수 있다.

20
패권적 자유 시장주의 대
경제적 민족주의

자유 시장주의 담론은 경제학의 역사와 함께 오랫동안 주류적 지위를 차지해 왔으며, 글로벌 신자유주의 시대에 이 패러다임은 거의 세속 종교와 같은 패권적 지위를 누렸다. 하지만 이는 성장과 분배 및 참여가 동행하는 지속 가능한 민주적 공유 성장shared growth의 길에 중대한 장애가 되고 있다. 장하준의 『사다리 걷어차기』는 자유 시장주의의 허구성과 그 패권주의적 성격을 폭로한 통렬한 비판서다. 2002년에 출간된 이 책은 2003년 뮈르달 상을 수상했고, 이미 10개국 이상에서 번역되었다. 케임브리지 대학에 재직하고 있는 장 교수는 사회과학 분야에서 한국이 낳은 몇 되지 않는, 국제적 명성을 가진 소장학자다.

『사다리 걷어차기』는 미국을 우두머리로 한 선진국과 그 이익을 대변하는 국제기구들이 권고하고 강제하는 자유 시장 담론의 허구성과 패권주의적 성격을 선진국 자신의 '따라 잡기' 경제성장의 역사와 대질시키는 방식으로 비판적으로 드러낸다. "사다리 걷어차기"kicking away the ladder라는 말 자체는 19세기 독일에서 경제적 민족주의와 보호무역주의를 주창한 프리드리히 리스트Friedrich List가 영국 애덤 스미스의 자유무역주의를 비판하면서 비유로 든 키워드에서 따온 것이다. 리스트는 스미스의 자유무역주의가 만민주의적 보편성을 가진 것처럼 주장하고 얼핏 그런 것처럼 보이지만, 실상은 영국의 패권적 이익을 대변하는 다분히 위선적인 학설로서, 이는 사다리를 타고 먼저 정상에 오른 힘센 선진국들이 다른 후발국들이 정상에 오르지 못하도록 사다리를 걷어차 버리는 것과 같은 함축을 갖고 있다고 비판한 바 있다.

『사다리 걷어차기』의 본문은 크게 정책사와 제도사의 두 편으로 나누어진다. 전반부 정책사 편에서는 영국, 미국, 독일, 프랑스, 스웨덴, 유럽 소국 그리고 일본과 동아시아의 역사적 경험을 살피고 있는데, 선진국의 성공적 따라잡기 전략에 공통된 특징으로서 그들이 적극적인 산업·무역·기술 정책(ITT 정책)을 채택했음을 밝히고 있다. 그리고 후반부인 제도사 편에서는 민주주의, 관료 제도와 사법권, 재산권 보호, 기업 지배 구조, 금융 제도, 사회복지와 노동 제도의 역사를 검토하고 있다. 여기서는 제도의 발전이란 것이 알고 보면 매우 오랜 기간에 걸쳐 이루어졌다는 것, 그런 경험에 비추어 볼 때 현재 선진국들은 후진국들이 감당하기 어렵거나 각국의 구체적 사정에 적합하지 않은 제도를 부당하게 강요하고 있다고 지적하고 있다.

장 교수의 저서가 패권적 자유 시장주의에 대한 비판서로서 갖는 기여는 매우 크며 이 점에 관한 한 굳이 많은 말이 필요하지 않다. 그러나 그의 주장에 대해서는 여러 가지 이견이 제기될 빈틈도 있다. 우선, 그의 저서는 암스텐의 저서 『주변부의 상승』 *The Rise of the Rest*(Oxford University Press, 2003)과 비교해 볼 만하다. 암스텐은 국내적 조절 양식에서 국가가 대기업과 협력하면서 대기업에 '발전 규율'developmental discipline을 부과하는 문제, 그리고 세계경제가 제공하는 후발성 이익을 활용하면서 그 불이익을 차단하는 문제를 제기한다. 그렇지만 장하준의 책은 이들 두 가지 문제에 대해 암스텐처럼 깊이 천착하고 있지는 못하다는 생각이 든다.

둘째, 『사다리 걷어차기』에는 선진국 경험의 다양성이 주변화되어 있다고 생각된다. 자유 시장주의와 대항 구도를 만든다는 문제의식 탓이 겠지만 이 책은 영국, 미국, 독일, 프랑스, 스웨덴, 일본 등의 역사적 경험이 보여 주는 경제정책과 제도 발전의 공통점을 부각시키는 데 초점이 맞춰져 있다. 그러나 비자유 시장주의 경제 발전 경험의 다양성도 함께 보여 주었더라면 훨씬 더 풍부한 역사적 교훈을 이끌어 낼 수 있지 않았을까 생각된다.

셋째, 위와 관련되는데, 경제 발전에서 소유권이 어떤 역할을 담당하는가 라는 중요한 문제가 있다. 장하준은 그의 연구 전반에 걸쳐 신자유주의적 민영화 대세론에 대항해 시종일관 공기업도 성공적으로 운영할 수 있다고 주장한다. 그렇지만 이 책에서 소유권 문제에 대한 언급은 소략하다. 주로 지적 재산권 보호 문제에 대해 간략히 언급하는 정도로 그치고 있다. 또한 그는 상당히 논쟁적일 수 있는 생각을 다음과 같이 피력하고 있다. "만약 어떤 재산을 현행 소유주보다 효과적으로 이용할 수 있는 단체가 있다면If there are groups who are able to utilize certain existing properties better than their current owners, 소유주의 재산권을 보호해 주는 것보다 그 단체에게 소유물을 양도시킬 수 있는 새로운 재산권을 수립하는 것이 그 사회에 더

욱더 유리하다"(158쪽).

여기서 소유권을 '잘 이용한다'는 말이 정확히 무슨 뜻인지가 문제가
된다. 이런 말을 하면서 장하준이 제시한 대표적 사례는 영국의 인클로저
사태다. 그는 인클로저를 통해 기존의 공동체적 재산권을 침해하고 탈취
한 것이 모직업의 발전에 기여했다고 하면서 이를 옹호한다. 또한 미국사
에 대해서도, 명확한 사유재산권 체제 확립이 서구 자본주의 승리의 열쇠
였다고 주장한 에르난도 데 소토의 책 『자본의 미스터리』(윤영호 옮김, 세
종서적, 2003)를 인용하면서, 무단 침입자들의 권리를 인정함으로써 현행
재산 소유자들의 권리를 침해한 것이 서부 개발에 아주 중요한 역할을 했
다고 보고 있다(157쪽). 그렇지만 이 생각은 폭력적으로 공동체적 소유권
을 파괴하고 사적 소유권 체제를 확립한 영미식 자본주의 '시초 축적' 과정
을 정당화하는 주류 제도 경제학의 논지와 거의 같다. 『자본의 미스터리』
의 저자 데 소토도 사유재산권의 명확한 확립을 서구 자본주의 '승리'의 결
정적 요인으로 보는 인물이다. 따라서 소유권 제도에서 선진국들이 부유
하게 된 과거 발전 경험의 공통점이 어떤 것인지, 그것이 오늘의 우리에게
주는 교훈은 어떤 것인지의 문제에 대해 장하준의 서술은 큰 의문과 공백
을 남기고 있다. 그리고 이 문제는 단지 『사다리 걷어차기』에서뿐만 아니
라 장하준의 다른 책들에서도 제대로 극복되어 있는 것 같지 않다.

넷째, 『사다리 걷어차기』의 논리 구도는 스미스 대 리스트, 즉 경제적
자유주의 대 경제적 민족주의의 이항 구도를 중심으로 하고 있다. 그렇지
만 우리는 민족주의가 얼마든지 보수주의와 결합될 수도 있음을 알아야
한다. 우리는 독일 리스트의 민족주의가 경제적 자유주의에 대한 비판 이
념인 동시에 결코 국민국가 간의 국익 투쟁과 제국주의적 길을 거부하지

않았다는 것, 그는 민족주의자인 동시에 식민지 지배의 열렬한 옹호자였다는 사실을 기억해야 할 것이다.*

* 이 점은 일찍이 한국의 민족경제론자 고 정윤형 교수에 의해 지적된 바 있음을 밝혀 두고 싶다.

21
'복지국가 혁명'의 길

올해는 '87년 6월 민주 항쟁' 20주년이라 행사도 많았다. 그렇지만 1997년 경제 위기를 전환점으로 해서 이루어진 급진적 시장화와 개방화의 충격은, 보통 사람들의 살림살이에는 1987년 정치적 민주화 이상으로 큰 영향을 미쳤다. 정부는 수출이 잘되고, 특히 최근 주가가 유례없이 치솟고 있는 상황을 내세우면서 우리 경제가 잘 돌아가고 있다고 말한다. 그러나 국민의 반응은 아주 냉담하다. 수출이 늘고 주가가 올라도 그것으로 득을 보는 사람은 소수 계층에 국한될 뿐이다. 세계화된 시장과 무한 경쟁의 시대에 민생은 고통스럽기만 하다.

나는 머리를 식힐 겸 동네 인근 산에 곧잘 가는데, 거기서 사람들이 모여 나누는 이야기를 들어보면 하나같이 사는 게 팍팍하고 불안하다고 말한다. 도무지 미래에 대한 희망이 안 보인다는 것이다. 일자리 걱정부터 시작해서 집값, 자식 교육비, 입시, 건강, 보육 … 그야말로 걱정이 태산이다. 노후 걱정은 해볼 겨를도 없다. 우리 동네만 그럴까.

동네 이야기는 그만두고 최근 벌어진 이랜드 그룹의 비정규직 사태만 보아도, 한국 경제와 민주화 이후 민주주의의 일그러진 현주소를 확인할 수 있다. 한국은 세계 11위의 경제 대국이다. 그러나 이 나라의 부富는 재벌과 외국 금융자본이 독차지하는 부일 뿐, 이 땅에 발붙이고 사는 국민 대중의 삶을 개선하는 방향으로 이어지지 않는다. 생산된 부가 국민 대중에 파급되기는커녕 진작부터 양극화가 심각했다. 나라 경제의 성장과 국민 대중의 사회경제적 삶의 권리, 복지권 간의 비대칭이 극심하다. 1997년 이후는 성장력마저 브릭스BRICs(브라질, 러시아, 인도, 중국 등 신흥 경제 4국)에 밀리는 실정이다.

북유럽형 복지국가

이런 상황을 타개할 해법을 내놓아야 할 한국의 진보 개혁 세력은 저항과 반대에는 대단한 능력을 보이지만 대안의 구성력은 퍽 취약하다. 대안이라고 하기에는 너무 근본주의적이다. 다른 한편, 그간 시민운동의 주류는 경제민주화를 외쳤지만 투명성, 절차적 공정성을 주된 개혁 과제로 삼았던 게 사실이다. 그렇다면 달리 새로운 출구는 없을까.

우리는 2007년 7월 4일 창립된 한 단체에 주목할 필요가 있다. 이 모임은 문패를 우리말과 영어를 섞어 '복지국가 SOCIETY'Welfare State Sciety(이하 WSS)라고 달았다. 이들은 '복지국가 혁명'을 선언하면서 한국이 북유럽형 복지국가로 가야 한다고 주장한다. 그뿐 아니라 그런 국가를 창조하기 위한 실천 운동을 하겠다는 결의도 다졌다. WSS는 이를 위한 12가지 사회정책과 경제정책을 슬로건 형식으로 제안했는데, 그 캐치프레이즈는 다음과 같다.

① 병원비 걱정 없는 나라, 국민이 건강한 나라

② 아동은 국가가 키운다. 아동 수당, 무상 보육 실현

③ 여성의 사회참여 보장, '일'과 '가족의 돌봄'이 가능한 나라

④ 건강하고 보람 있고, 활기찬 노후가 보장되는 복지국가

⑤ 장애 차별 없는 사회, 더불어 어울려 사는 나라

⑥ 차상위 계층까지 최소한의 삶이 보장되는 나라

⑦ 공부하고 싶은 나라, 공부할 수 있는 나라

⑧ 일하고 싶은 사람은 누구나 일할 수 있는 나라

위와 같은 슬로건을 보고 아마 많은 사람들의 첫 반응은 '글쎄, 참 좋은 이야기이긴 한데, 그러나 실현 가능성이 있겠나' 하고 되묻는 것이 아닐까 싶다. 그렇지만 조금 더 인내심을 가지고 지켜봐야 하지 않을까. WSS는 창립 대회와 함께 출판기념회도 했는데 그 기념회의 주인공이 '복지국가 혁명'이다. 혁명이라니? 좀 과격하다 싶기도 한데, 복지국가 혁명이라고 하지 않은가. 최소한 WSS가 처음 선보인 이 작품을 읽은 다음에 이 조직의 실체에 대한 감을 가져도 좋을 것이다.

뜨거운 감자, 재벌 개혁

WSS의 공동대표 이성재는 『복지국가 혁명』의 머리말에서 이 책이 학술 서적도 아니고 수필집도 아니라고 썼다. 그러면 뭘까. 그는 "세계화라는 거센 물결에 휩싸인 한국 사회에 대한 깊은 고민의 수집"이고, 새로운 복지국가 물결을 일으키기 위한 "발버둥"이라고 말하고 있다.

『복지국가 혁명』라는 책은 모두 3부로 구성되어 있다. 제1부는 '왜 복지국가 혁명인가'를 주제로 한 좌담과 역동적 복지국가에 관한 글, 2부는 보편적 복지에 대한 세부 각론, 그리고 3부는 발상의 전환이 필요한 의제를 싣고 있다. 이 책을 훑어본 결과, 내 생각으로는 1부의 주제 글은 유익한 내용에 비해 스타일이 좀 건조한 반면, 좌담이 전체의 윤곽을 파악하는 데 유익하다. 이 좌담에는 WSS의 주요 멤버들이 거의 참여한 것으로 보이며, 여기서 나오는 대강의 이야기들이 이후 2, 3부에서 더 구체적으로 논의된다. 그리고 2, 3부는 전부 문답식 서술 방식을 취하고 있어 이해하기 쉽게 잘 짜여 있다.

우선 『복지국가 혁명』은 지난 시기에 대한 평가에서 주류적 견해와 선을 긋는다. 1997년 외환 위기 이후 구조 개혁은 주류적 견해에서 주장하듯이 한국 경제를 정상화하고 선진화의 발판을 닦은 개혁이 결코 아니며, 오히려 오늘의 저투자, 노동시장 유연화, 저복지, 승자 독식의 시장 지상주의와 양극화, 삶의 불안정을 가져온 원점이라는 것이다. 또 그 연장선상에서 한미 FTA에 대해서도 반대 의견을 분명히 한다. 이어 대안론에서 양극화를 통한 보수주의적인 '선진화 혁명론'을 비판하지만, 참여정부나 시민운동 일각에서 말하는 영국식 사회 투자 국가론과도 선을 긋는다.

이들이 제시하는 대안은 북유럽형 복지국가다. 이 대안은 실업, 교육, 의료, 주거, 출산, 아동 보육, 노후, 빈곤, 장애인 문제 등 전반에 걸쳐 빈부를 막론하고 모든 국민이 기본적인 사회권으로서 보편적 복지를 향유하는 것이다. 또 공공 부문에서 사회 서비스를 제공하면서 이를 일자리 창출의 우선 정책으로 삼는다. 그러면서 이들은 덴마크와 네덜란드식 '유연 안정성' 모델을 수용한다. 그리고 보편적 복지와 함께 능동적 복지를 또 하나의 축으로 제시한다. 능동적 복지란 사회 구성원에게 잠재 능력 개발의 평등한 기회를 부여함으로써 복지가 지식 기반 혁신 경제의 동력으로 기여하게 한다는 것이다. 이것이 복지와 성장, 성장과 복지의 선순환을 가져 온다. 이렇게 해서 역동적 복지국가가 실현될 수 있다.

이 책의 3부는, 발상 전환이 요구되고 논란도 많은 의제들을 다루고 있어 특히 관심이 간다. 참신한 만큼이나 내놓은 주장에 대해 책임 부담이 큰 내용도 적지 않다. 교육 분야는 무상교육뿐만 아니라 국립대 통합 네트워크라든지, 대학을 연구 중심 대학·교육 중심 대학·일반 대학으로 삼중화하는 방안 등 교육제도와 내용의 선진화 방안이 제시되고 있는데, 공감할 만한 부분이 꽤 많다. 무엇보다 뜨거운 감자인 재벌 개혁에 대해서 이른바 '솔로몬의 해법'이 제안되고 있다. 스웨덴의 발렌베리 재단과 같은 공익 재단을 활용하는 방안이 그것이다. 또 그렇게 하려면 기업집단을 법인격으로 인정하는 독일의 콘체른법 같은 것이 도입돼야 한다고 보고 있다. 만약에 오늘날 한국이 지난 시기 스웨덴이 걸어간 길로 갈 수만 있다면야 이런 방안도 검토해 볼 만하겠다.

그러나 이전 복지국가 성립기 스웨덴과 오늘의 한국의 상황은 너무 다르다. 대한민국 재벌이 저질러 온 온갖 독식·탐식 행태, 금산 지배 복합체로서 갖고 있는 여러 폐단들, 그 정치경제적 지배력과 대조적인 약한 민주적 대항력, 과다한 비정규직 노동, 취약한 중소기업과 영세 자영업 등의 상황을 생각할 때, 재벌과의 타협 지점을 찾기란 쉽지 않아 보인다. 이 책에서 제시하는 대안은 '그림의 떡'이고 한국의 실정과는 너무 거리가 멀어보인다. 또 재벌 독점·독식 공화국의 조건 속에서 출자 총액 제한 제도, 순환 출자 규제, 지주회사 규제 강화, 금산 분리를 비롯한 여러 재벌 규제 제도가 만들어진 저간의 사정을 충분히 인식할 필요가 있다. 그리고 주주 자본주의가 대기업의 중소기업 수탈을 심화시킨다고 보고 있는데, 이 설명은 너무 심하다 싶다. 일종의 주주 자본주의 환원론이라 할 만하다.

'불신의 덫' 벗어나야

노동 개혁 분야의 경우, 비정규직 문제 해결을 위해 임금 체계를 개편해야 한다는 지적은 타당하다. 그러나 왜 기간제 사용 사유를 제한해서 비정규직 남용을 막는 방안에 대해서는 언급하지 않는지 궁금하다. 노동시장 문제의 해법을 너무 복지 쪽으로 넘긴다는 생각이 든다. 노동과 생산 체제의 수준에서 풀어야 할 숙제가 산적해 있어 도저히 복지로서 이들 문제를 대체할 수가 없는데, 『복지국가 혁명』이 복지에 과부하를 건다는 생각을 떨칠 수 없다. 그리고 복지국가 혁명은 당연히 조세 체제의 획기적개혁 없이는 불가능할 텐데, 우리 사회에서 증세 논의가 부딪치는 곤란은 이 책의 저자들도 느끼고 있는 것 같다. 그래서 돌파구로 '선 복지 후 조세' 원칙이 제시되고 있다. 그러나 잘못될 경우, 복지의 뒷받침 없이 노동 시장 유연화의 모순을 방치, 심화하게 될 위험을 배제할 수 없다. 이 점은 이 책이 제시하는 복지국가론의 매우 중요한 약한 고리가 될 수 있다.

이 책을 읽으면서 나는 역시 우리 사회 진보란 공적 권력, 제도, 그리고 사회 구성원들 사이에 깊이 뿌리내린 여러 '불신의 덫'에서 벗어나지 않으면 지속 가능한 새 대안의 길을 개척하기가 무척 어렵다는 점을 느꼈다. 『복지국가 혁명』은 공을 많이 들인 상당히 잘 짜인 책이다. 이 책은 우리에게 한국형 복지국가 정책 모델이라는 큰 그림을 제시하고 있으며, 이 큰 그림은 구체적이면서도 간결한 각론에 의해 지지되고 있다. 물론 빈틈도 적지 않지만, 많은 사람들이 이 책을 읽고, 토론해 보기를 권한다.

22

로드릭의 발전 경제학과
『자본주의 새판 짜기』

1

올해는 경제학 책의 번역 사업에서 수확이 좋은 해가 될 듯하다. 그중에서도 특히 대니 로드릭 교수의 책이 번역된 것은 무척 반가운 소식이 아닐 수 없다. 지난 3월, 『더 나은 세계화를 말하다』 One Economics, Many Recipes (제현주 옮김, 북돋움, 2011)가 번역된 데 이어, 이번에 다시 『자본주의 새판 짜기』 The Globalization Paradox(고빛샘 외 옮김, 21세기북스, 2011)가 나왔다. 짧은 기간에 그의 책이 연이어 두 권이나 번역되었으니, 위기 이후 경제학의 새로운 혁신에 목말라 있는 한국의 경제 시민들에게 좋은 선물이 배달된 셈이다. 로드릭의 책들은 자유 시장주의, '묻지 마' 개방주의가 득세해 온 보수적 공론의 장과 한국의 경제학계에 신선한 해독제와 자극제가 될 것으로 믿는다.

대니 로드릭은 젊은 나이에도 제도주의 발전 경제학 분야에서 세계적 명성을 얻고 있는 학자이며 세계경제 현안에 밀착해 발언하는 진보적 경제학자이다. 그는 수많은 논문을 발표했지만 책을 많이 쓰지는 않았다. 저서로는 국내에 소개된 도서 외에도 『세계화는 너무 진행됐는가』Has Globalization Gone Too Far?(Institute for International Economics, 1994), 『신글로벌 경제와 개발도상국』The New Global Economy and Developing Countries(Overseas Development Council, 1999) 등이 있으며, 여러 나라의 경제성장 사례를 분석한 공동 연구 『번영을 찾아서』In Search of Prosperity(Princeton University Press, 2003)도 주목할 만하다. 로드릭은 동아시아 경제성장 문제에 대해서도 깊은 관심을 갖고 자유 시장주의와 무조건 개방주의를 비판하면서, 적절한 국가 개입과 관리된 개방론의 관점에서 이를 분석한 글을 발표했다. "정부 개입 바로 하기: 한국과 대만은 어떻게 부유하게 되었나"*가 이에 해당하는 대표적인 논문이다.

로드릭의 글은 명품 경제학서라 불러도 손색이 없다. 무엇보다 글의 내용이 오늘날 진보적 제도주의 발전 경제학의 선두 주자로서의 면모를 보여 주기 때문이다. 그렇지만 그의 글이 명품인 또 하나의 이유는 스타일이 아주 쉽고 평이하다는 데 있다. 세상의 경제학자에는 세 종류가 있다고 한다. 첫째 부류는 쉬운 내용을 어렵게 쓰는, 아주 골치 아픈 사람이다. 둘째 부류는 어려운 내용을 어렵게 쓰는, 그저 그런 사람이다. 세 번째 부류는 어려운 내용을 쉽게 풀어쓸 줄 아는, 대단한 사람이다. 로드릭은

---

* Dani Rodrik, "Getting Interventions Right: How South Korea and Taiwan Grew Rich," *Economic Policy,* Vol. 10, No. 20, Apr., 1995.

바로 세 번째 부류에 속하는 학자이다. 내가 진작 로드릭의 글에 매력을 느낀 이유는 수준 높으면서도 쉽게 읽히는, 경제 시민의 눈높이에 잘 맞는 글을 쓰기 때문이다. 그는 경제학자로서뿐만 아니라 이야기꾼으로서도 남다른 재능을 가졌다. 이번에 나온 『자본주의 새판 짜기』에서도 그런 재능은 유감없이 발휘되는데, 금상첨화로 책의 맨 마지막에는 "어른들을 위한 동화" 한 편이 붙어 있다.

2

그런데 내가 로드릭의 글을 만나게 된 사연과 관련해 꼭 이야기하고 싶은 게 있다. 그것은 지난 시기 노무현 정부가 집권 말기 뜬금없이 한미 FTA를 추진하던 때의 일이었다. 사실 한미 FTA는 참여정부가 할 일이 아니라 애초에 이명박 정부가 할 일이고, 그랬더라면 엄청 더 큰 저항에 부딪쳤을, 그야말로 초대형 국가 발전 전략 사안이다. 이는 이명박 정부 집권 초기에 일어난 대규모 '촛불 항쟁'을 볼 때 짐작하고도 남음이 있다. 그런 일을 참여정부가 대신해서 이명박 정부에 길을 닦아 준 셈이 되었다. 고 노무현 대통령은 만년에 비정규직과 복지, 두 가지 문제에 대해 자기 성찰적 비판을 토로한 바 있다. 그러나 또 다른 두 가지 사안, 즉 한미 FTA를 비롯한 개방 문제 그리고 삼성을 비롯한 재벌 문제에 대해서는 그만한 반성력을 보여 주지 못했다. 그렇지만 이 지점들은 참여정부의 성공과 실패를 판가름한다 할 정도로 큰 무게를 갖고 있고, 오늘날 우리는 그 무게에 짓눌리고 있다.

여하튼 지난 참여정부가 '충격 요법'이라며 저돌적으로 한미 FTA를 추진하려 했을 때의 일이었다. 진보 진영에서는 여기에 맞서는 대안을 제시해야 했다. 대항 진영의 어떤 부류는 반세계화나 '탈세계화' 또는 '지역화' 전략을 갖고 있었던 것 같다. 또 다른 부류는 네그리·하트의 '제국'론을 수입해 제국의 신시대에 국민국가가 쇠퇴하고 있다며 세계 차원에서 진보적 대안을 추구해야 한다는 주장을 들고 나오기도 했다. 이 주장은 광의의 진보 진영 쪽에서 나온 것이긴 하지만, 국민국가 정치의 자율성 그리고 그 수준에서 민주적 자기 통치 문제를 건너뛰고 있다는 점에서 놀랍게도 무조건적 세계화론과 별반 차이가 없어 보였다. 그러던 차에 보게 된 것이 로드릭의 '적정한feasible 세계화' 또는 '얕은thin 세계화'의 담론이었다. 나는 세계화에 내장된 모순과 역설을 직시하는 '적정한 세계화'론이 무조건적·맹목적 세계화 대 탈세계화라는 두 극단, 또 자유무역주의 대 보호주의의 이분법을 넘어, 대안적 세계화와 자본주의의 새판 짜기 길을 잘 보여 준다는 생각을 했다.*

로드릭의 발전 경제학을 떠받치고 있는 기둥은 크게 보면 두 가지 생각으로 집약된다. 하나는, 시장경제가 잘 작동하려면 시장을 고삐 풀린 망아지처럼 날뛰게 해서는 안 되고 일련의 비시장적 제도 — 특히 국가는 중요한 제도다 — 속에 착근着根, embedded시켜 고삐를 잡아야 한다는 것이다. 시장을 창조하고, 규제하고, 안정화하며, 정당화하는 제도 형태들의 기능

---

* 이에 대해서는 『시민과 세계』 9호(2006)에 수록된 로드릭의 "지속 가능한 세계화를 위하여"와 필자의 해설을 참조.

없이 시장은 결코 잘 작동할 수 없다. 그런데 시장의 고삐를 잡는 이들 제도와 기능 간에는 단순한 조응 관계가 존재하지 않는다. 즉, 동일한 기능들을 여러 다양한 제도들이 수행한다. 바로 이로부터 일극 수렴이 아니라 제도적 다양성과 자본주의 다양성에 대한 근본적인 아이디어가 나온다.

로드릭의 또 하나의 생각은 글로벌 경제 통합은 다다익선식으로 무조건, 그리고 무한정 추구해서 될 일이 아니라는 것이다. 국경을 무시하는 깊은 경제 통합, 국민국가 체계 그리고 민주주의, 이 삼자 사이에는 서로 상충 관계가 존재하기 때문이다. 이로부터 글로벌 시장 통합도 고삐를 잡아야 한다는 생각이 나온다. 경제 통합의 한계를 설정해서 국민국가, 민주주의와 양립할 수 있는 "적정한" 세계화 또는 "얕은" 세계화로 가는 규칙을 (글로벌 수준과 국민국가 수준 모두에서) 수립해야 한다는 것이다.

3

2008년 미국발 세계 금융 위기 이후 엄청난 양의 글들이 쏟아져 나오고 있으나 다수는 일국 수준의 논의에 그치고 있으며, 세계화와 개방 문제를 정조준한 연구는 여전히 드물다. 그런 면에서 위기 이후 경제학의 구도에서 『자본주의 새판 짜기』가 갖는 의미는 매우 크다. 로드릭 개인의 연구로 봐서도 위기 이전에 나온 『더 나은 세계화를 말하다』가 주로 경제성장을 위한 좋은 제도 수립의 문제를 다루면서 그 연장선상에서 세계화 주제를 다루었다면, 위기 이후에 나온 『자본주의 새판 짜기』는 세계화 자체를 중심 주제로 다루면서 진보적 대안을 제시한다. 지금까지 저자의 책들 중에서 가장 공을 들인 책으로 보이며 분량도 제일 두텁다.

로드릭에 따르면, 세계화와 개방은 밝은 면과 어두운 면의 두 얼굴을 동시에 갖고 있다. 고삐 풀린 시장 근본주의가 득세한 지난 30년간의 반反 뉴딜 또는 역逆뉴딜의 시기는 세계화의 어두운 면은 보지 않거나 의도적으로(패권국의 이익을 위해서, 아니면 자유 시장주의의 우월성을 과시하기 위해) 감춘 채, 밝은 면만 미화하고 강요해 온 시기다. 그래서 맹목적인 '초세계화'hyperglobalization로 달려갔다. 2008년의 위기는 이런 세계화의 허구성과 낭패를 생생하게 보여 주었다는 점에서 세계 자본주의 역사에서 새로운 전환점이었다. 그렇다고 탈세계화나 지역화가 무조건적인 세계화론과 진검 승부를 할 만한 대안 전략도 아니다. 왜냐하면 세계화는 우리 인류에게 커다란 이익을 가져다주는 이상 버릴 수 없는 길이기 때문이다. 따라서 문제는 세계화냐 탈세계화냐 라는 선택이 아니라 그 사이에서 어떤 균형점을 잡을 것이냐, 국민국가의 자율성 및 민주주의와 양립, 동행할 수 있는 세계화, 자본주의 새판 짜기의 길은 어떤 것인가 하는 것이다.

로드릭은 이 책에서 역사와 이론을 자유롭게 오가며 자신의 논지를 전개한다. 독자들은 17세기부터 시작해 제2차 세계대전 이후 브레턴우즈 체제(로드릭은 '브레턴우즈 타협'이라고 말한다)의 성립과 붕괴, 신자유주의적 세계화 그리고 2008년 위기에 이르는 세계화의 흥망사를 접하게 된다. 그렇지만 세계화의 역사를 다룬 다른 책들과는 달리 결코 지루하지 않게 로드릭 특유의 이론적 설명을 함께 들을 수 있다. 또 『렉서스와 올리브 나무』(장경덕 옮김, 21세기북스, 2009)와 『세계는 평평하다』(김상철 외 옮김, 창해, 2006)로 유명한 토머스 프리드먼을 비롯해 여러 논자들의 세계화 미화론 또는 '워싱턴 컨센서스'에 대한 비판도 들을 수 있다. 그리고 세계경제에 중대한 지각변동을 가져온 중국과 인도의 이야기 그리고 동아시아 국가들의 '기적적인' 성장이 무분별한, 고삐 풀린 개방이 아니라 고삐 잡은 개방을 통해 달성되었다는 이야기도 나온다.

결국 이 책에서 로드릭의 논의는 두 가지 논점으로 좁혀지며, 독자들이 가장 집중해서 봐야 할 부분도 바로 이 대목이다. 하나는 세계화에 내재된 "트릴레마"trilemma의 문제이고, 다른 하나는 그 트릴레마의 인식 위에서 제기되는 대안의 문제다. 로드릭에 따르면, 세계화, 국민국가, 민주주의 사이에는 두 가지만 양립할 뿐 한 가지는 희생해야 하는 상충 관계, 다시 말해 세 마리 토끼를 한꺼번에 잡을 수는 없고 두 마리만 잡아야 하는 "삼자 택이의 트릴레마"가 존재한다. 전통적으로 국제경제학에서는 개방 경제는 독립적 통화정책, 고정 환율 제도, 그리고 자유로운 자본 이동, 이 세 가지를 한꺼번에 실행할 수 없는 트릴레마를 안게 된다고 말해 왔다. 로드릭은 이 개방 경제 트릴레마론을 수정해 세계화(자본 이동에 상응), 국민국가(고정 환율 제도에 상응), 민주주의(독립적 통화정책에 상응) 사이의 '정치적 트릴레마'론으로 새롭게 재구성한 것이다. 만약에 우리가 경제적 세계화에 상응해서 정치적 세계화, 세계화된 민주주의를 수립할 수 있다면, 전면적 세계화와 국민국가를 지양하는 세계 정치, 세계 민주주의가 같이 가는 길을 추구할 수 있을지도 모른다. 그러나 이 길은 현재 조건으로는 불가능한 선택지다. 또 달리는 전면적 세계화를 추구하면서 국민국가의 자율성이나 민주주의 중 하나를 희생시키는 길이 있을 것이다. 아니면 세계화를 제한함으로써 민주주의와 국민국가의 자율성을 살리는 조합을 추구할 수도 있다. 그렇다면 이 세 가지 길 중에서 우리는 어떤 길을 선택해야 하는가. 새로운 대안을 선택함에 있어서 로드릭은 아주 중요한 이야기를 들려준다. 그는 다음과 같이 말하고 있다.

민주주의와 민족 자결권이 하이퍼 글로벌라이제이션보다 우선해야 한다고 생각한다. 민주주의는 자신의 사회적 합의를 보호할 권리가 있고 이러한 권리가 글로벌 경제의 요구와 충돌할 때 물러서야 할 것은 후자다(21쪽).

세계경제는 트릴레마의 세 교점 사이의 불편한 지대地帶, zone에서 함정에 빠졌다. 트릴레마가 알려주는 힘든 선택의 문제와 정면으로 마주하지 못한 것이다. 특히 여전히 국민국가가 민주정치의 주요한 처소로 남기를 원한다면, 경제적 세계화에 대한 눈높이를 낮춰야 한다는 사실을 우리는 아직 공식적으로 인정하지 않았다. 우리에게는 '얕은' 세계화 버전을 받아들이는 것, 즉 다른 시기를 위해 브레턴우즈 타협을 새로이 재창조하는 것 이외에 다른 대안이 없다(298쪽).

이처럼 로드릭이 제시한, 민주정치와 국민국가 자결권을 최우선적 기본 가치로 삼는 '얕은 세계화론' 또는 국민적 민주주의national democracy를 신장시킬 수 있는, '분별력 있는smart 세계화론'은 세계화와 탈세계화의 이항대립을 넘어 위기 이후 대안적 세계화 전략을 모색하는 우리에게 중요한 이론적 무기를 제공한다. 그뿐만 아니라, 세계화의 역설에 대한 그의 진단과 처방은 지난 1997년 이후 10년간 대한민국의 운명을 책임졌던 '민주 정부'의 발전 전략에 대해서도, 민주화 이후 민주주의의 역설에 대해서도 큰 교훈을 던져 준다. 왜냐하면 '국민의 정부', '참여정부'로 일컬어지는 이들 민주 정부가, 고삐 풀린 전면 개방 및 한미 FTA가 국민국가의 자율성과 민주적 자기 통치력에 재갈을 물리고 그것을 파괴한다는 사실을 몰랐거나 무시했다는 이야기가 되기 때문이다. 우리 경제와 사회를 1997년 IMF 위기로 몰아넣은 김영삼 정부에 이어, 위기 이후 더 깊은, 전면적 세계화 길로 치달은 자유주의적 민주 정부의 머릿속에 있었던 민주주의란 어떤 민주주의였는지 묻지 않을 수 없다. 이 문제는 단지 과거의 문제로 끝나지 않고 오늘의 문제로 이어지고 있다. 오히려 이명박 정부는 민주주의 역주행으로 가고 있는 정부이니만큼 전면 개방 전략은 자신의 노선에 딱 들어맞는다. 오히려 민주화 시대에 서민 대중의 삶이 고달파진 민주화의 역설은 세계화의 역설에 대한 무시 내지 무지에 크게 기인한다는 것이 내 생각이다.

4

로드릭은 흥미롭게도 오히려 '얕은, 적정한' 세계화가 더 나은 세계화라고 이야기한다. 기본 정신으로 보면 글로벌 경제 규칙을 국내 정치 목표에 종속시킨, 지난 시기의 '브레턴우즈 타협'을 21세기 상황에 맞도록 재구성한 것이다. 로드릭은 민주주의와 국민국가의 자결권을 우선 가치로 하고 여기에 얕은 세계화의 이익을 결합시키는 트릴레마 조합을 제시한 다음에, 더 구체적으로 자본주의 3.0 버전이라는 대안을 제시하고 있다. 스미스적 자유 시장경제가 자본주의 1.0 버전이라면, 케인스적 혼합경제가 자본주의 2.0의 버전이다. 자본주의 2.0은 전면 세계화로 인해 해체되고 파괴되었다. 그렇다면 이제 문제는 자본주의 2.0의 사고를 글로벌 수준으로 확장해 세계화의 거버넌스판을 새로 짜는 것이다. 바로 그것이 자본주의 3.0이다. 로드릭에 따르면, 이는 브레턴우즈 타협을 21세기에 맞게 업그레이드하는 것이기도 하다. 그리하여 로드릭은 자본주의 3.0이라는 이름으로 새로운 세계화 원리로서 다음과 같은 일곱 가지 원칙을 제시한다.

① 시장은 거버넌스 체제에 깊게 착근되어야 한다.
② 민주적 거버넌스와 정치 공동체는 주로 국민국가 내에서 조직되며, 가까운 미래에는 그 상태에 머물 것이다.
③ 번영으로 가는 "단 하나의 길"은 없다.
④ 각 나라는 저마다 자신의 사회적 협정, 규제, 제도를 보호할 권리를 갖는다.
⑤ 어느 나라든 자국의 제도를 다른 나라에 강요할 권리는 없다.
⑥ 국제경제 협정의 목적은 각국 제도 간의 접촉면을 조절하는 교통법규를 정하는 것이어야 한다.
⑦ 비민주국가들은 국제경제 질서에서 민주국가들과 동일한 권리와 특권을 누릴 수가 없다.

로드릭은 위에서 제안한 일곱 가지 원칙을 현실에 잘 적용할 수 있도록 세계무역, 세계 금융, 노동이동, 그리고 중국의 위치 등 네 가지 분야에 대해 더 구체적인 논의를 덧붙인다. 여기서 우리는 잘 알려진 토빈세에 대한 논의라든가, 노동력 유입에 대한 선진국의 충분한 개방 등에 대한 이야기를 들을 수 있다.

5

이전의 스미스적 자본주의 1.0과 케인스적 자본주의 2.0 버전을 넘어서, 로드릭이 제시한 새로운 자본주의 3.0 버전은 과연 실현될 수 있을까. 이는 우리 모두에게 흥미진진한 문제가 아닐 수 없다. 무엇보다 이 대안을 실현시킬 주체는 어디에 있는가. 누가 고양이 목에 방울을 달 것인가. 안타깝게도 내 눈에는 그 주체가 잘 보이지 않는다. 로드릭의 대안에는 전형적인 "집단행동의 딜레마" 문제가 존재하는 것 같다.

로드릭이 제시한 자본주의 3.0의 대안은 분명히 새로운 글로벌 공공재다. 그러나 세계경제를 구성하는 국민국가 주체들은 여전히 사익을 추구할 가능성이 농후하다. 멀리 갈 것도 없이 미국부터 보라. 월스트리트 금융 권력이 2008년 위기의 주범임에도 불구하고 미국은 월스트리트에 혈세를 퍼주면서 그 위에 올라탄 채 국가 경쟁력을 살려야 하는 처지이고, 또 실제로도 그렇게 하고 있다. 그런 미국이 로드릭식 자본주의 3.0 대안을 추진하는 주체가 될 수 있을까. 이는 제2차 세계대전 후 패권국이 된 미국이 브레턴우즈 체제(타협)를 주도적으로 추진했던 것과는 전혀 다른 대조적 상황이다.

미국이 아니라면 다른 어떤 나라가 글로벌 공공재 생산을 우선적 자기 과제로 삼겠는가. 국가가 아니라면 글로벌 사회운동인가? 이 문제는 로드릭식 자본주의 3.0 대안이 갖는 빈틈, 더 나아가 제도 형태라는 것이 국민국가 수준에서나 세계적 수준에서나 권력의 논리와 불가분의 관계를 맺고 있으며 이해 타협의 성격을 갖고 있다는 점을 경시하는 로드릭 발전 경제학의 약점을 보여 준다. 이런 의미에서 로드릭의 발전 경제학은 "정

치"에 대한 인식이 미약해 보인다.[*]

　이상과 현실 간의 이런 간극은 어떻게 해결될 수 있을까. 독자들과 함께 풀어야 할 수수께끼다. 세계 시민들이 이 간극을 해결하지 못한다면, 별수 없이 위기 이후 세계화의 역사는 오랫동안 혼란스럽고 불투명하게 지속될 것이다. 그리고 그 부담은 세계 시민 모두가 지고 갈 수밖에 없다. 그렇지만 독자들은 처음부터 너무 어려운 문제를 놓고 머리를 싸매지 말기 바란다. 혹시 그럴까 봐 로드릭 교수는 다재다능한 그이답게 "어른들을 위한 동화"까지 준비해 놓았다. 그가 특별히 쓴 어른들을 위한 동화는 책의 맨 마지막에 수록되어 있는데, 나로서는 독자들이 이 동화부터 읽으며 즐겁게 책 읽기를 시작할 것을 권하고 싶다.

---

[*]　나는 다음 글에서도 이 점을 지적한 바 있다. "강한 개발 국가 복원? : 장하준이 말한 것과 말하지 않은 것 (4)," 『프레시안』, 2011/03/04(이 책 2부, 14장에 수록).

23

스티글리츠의 경제학,
어떻게 볼 것인가
: 참여 민주적 케인스 경제학과 포스트 워싱턴 컨센서스

오늘날 경제학에서 '제도가 중요하다'는 것은 아마 희소성에 대한 합의 다음으로 널리 공유된 합의 사항이 된 것 같다. 경제학의 제도 경제학으로의 전환은 주류·비주류 경제학 할 것 없이 나타나고 있는 전반적 추세다. 이 전환의 바탕에는 그간 신고전파 경제학과 그것의 일반 균형 이론이 주장해 온 자유 시장의 '보이지 않는 손'의 자기 조절 능력이 심각한 한계를 가지고 있다는 인식, '보이지 않는 손'이 단지 우리에게 보이지 않는 것이 아니라 실제로 존재하지 않기 때문에 볼 수 없다는 인식이 공통적으로 깔려 있다. 그렇지만 시장의 조절 실패에 대한 그 같은 공통된 인식에도 불구하고, 시장 기구에 제도를 끌어들이는 문제의식과 접근 방식은 저마다 다르다. 너도 나도 '포스트 왈라스Marie Esprit Léon Walras적 경제학'를 말하지만 현대 제도 경제학의 꼴은 각양각색이다. 왜 스티글리츠인가? 우선 우리는

현대 제도 경제학의 여러 흐름들 속에서 스티글리츠 경제학의 위치와 그 특징을 알아볼 필요가 있다.

신케인스주의자로서의 스티글리츠

(1) 현대 제도 경제학의 왼쪽에는 주로 마르크스와 케인스의 결합에 기반을 둔 급진 제도주의 정치경제학이 자리 잡고 있다. 조절 이론과 사회적 축적 구조론은 그 대표적인 흐름이다. 한국의 급진 제도 경제학 분파에서 가장 많이 수용했다고 할 수 있는 조절 이론 쪽에서는 근래 금융이 주도하는 신자유주의적 축적 체제론이 제시된 바 있고, 사회적 축적 구조론 쪽에서는 포스트 왈라스적 정치경제학과 쟁투적 교환contested exchange론이 제시되었다. 이와 별도로 금융자본주의에 기반한 자본축적의 취약성에 초점을 맞추어 마르크스와 케인스의 결합을 지향하는 흐름이 있다.

(2) 또 다른 흐름으로는 주로 마르크스와 폴라니 ― 이는 아리스토텔레스적 전통으로 소급된다 ― 의 결합에 기반한 급진 제도주의 정치경제학의 또 다른 흐름이 존재한다. 이 흐름은 경제학과 윤리학 또는 실천철학의 결합을 지향한다. 여기서는 경제인Homo Economicus과 사회의 경제 논리에의 종속, 노동력·화폐·토지를 무리하게 상품화시킨 탈착근된disembedded 시장 사회, 그리고 경제적·도구적 합리성 자체가 비판의 대상이 된다.

(3) 한편 오른쪽에는 신고전파의 연장선상에 있는 신제도 경제학이 자리 잡고 있다. 그 대표적인 것이 거래 비용 경제학이다. 이 거래 비용

경제학은 제도의 의미를 거래 비용의 감소 효과에서, 즉 순전히 효율성의 관점에서 찾는다. 기업도 마찬가지다. 그리하여 이 이론에서는 조직의 권위주의적 위계 구조론과 자유 시장의 사적 소유권론이 결합된다. 홉스 Thomas Hobbes와 밀턴 프리드먼Milton Friedman이 결합된 거버넌스 구조론이 나타난다.

(4) 대략 좌우 중간쯤에는 주로 케인스에 뿌리를 둔 제도 경제학이 위치해 있다. 그렇지만 신고전파적 종합의 붕괴 이후 신주류로 등장한 신고전파 경제학의 공세 속에서, 케인스 경제학은 포스트 케인스주의와 신케인스주의로 나누어져 있다. 비주류 경제학으로 분류되는 포스트 케인스주의는 시장경제에 내재된 근본적 불확실성과 이로부터 유래되는 금융의 불안정성에 초점을 맞춘다. 당연히 가치 보장 수단으로서의 화폐의 의의가 강조된다. 반면 주류 경제학으로 분류되는 신케인스주의의 분석의 출발점은 경제주체 간 정보의 비대칭성이다. 이들은 주류 경제학의 핵심인 개별 경제주체의 합리적인 최적화 행동을 전제로 받아들인다. 그러면서 개별 경제주체들이 합리적으로 행동한다고 해도, 가격 및 임금 경직성과 화폐 비중립성으로 인해 경제 전체적으로는 왈라스적 최적 균형에 도달할 수 없음을 보여 주고자 한다. 그리하여 케인스 경제학에 미시적 기초를 제공하고자 하는 것이 이들의 의도인 것이다.

신케인스주의와 포스트 케인스주의의 차이는 금융시장의 문제점에 대한 이들 간의 인식 차이에서 잘 드러난다. 포스트 케인스주의자들은 문제를 모든 경제주체들에 공통된 무지, 모방적 투기와 금융적 자본축적의 불안정성 및 취약성, 이자율 메커니즘을 통한 투자의 감소로 본다면, 신케인스주의자들은 대부자와 차입자 간의 비대칭적인 정보, 신용 이용 가능성의 제한과 투자의 감소를 문제로 본다. 시장 실패의 심도에 대해 견해가 다른 만큼 국가의 역할에 대한 견해도 상당히 다르다. 포스트 케인스주의에서는 투자에 대한 국가 통제, 즉 케인스가 말하는 '투자의 사회화'가 요청된다면, 신케인스주의에서는 국가의 역할이 시장 기구의 정상적 작동을 위한 경쟁과 여타의 규제틀을 조성하는 데 머물고, 보다 많은 것이 민간 행위자들의 자체 노력에 맡겨진다.

우리는 한국 경제학자들이 저술한 웬만한 주류 경제학 원론 교과서에서 포스트 케인스주의에 대한 언급은 찾아보기 어려운 반면에, 신케인스주의는 주류에 포함시켜 꽤 자세히 다루고 있는 것을 보게 되는데, 그 이유는 아마 포스트 케인스주의에 비해 신케인스주의의 시장 실패론이 그만큼 온건한 때문일 것이다. 새 케인스주의는 주류로서, 즉 경제학계의 인사이더로서 대접받고 있는 것이다.

스티글리츠는 신케인스주의 경제학에 속해 있으며, 따라서 위에서 말한 신케인스주의의 이론적 특징을 공유하고 있다고 볼 수 있다. 정보 경제학 또는 '정보의 경제 분석'을 중심으로 신케인스주의의 영역을 개척하고 발전시킨 것이 스티글리츠다. 그간 우리에게 스티글리츠는 주로 동아시아 위기 국면에서 IMF의 진단 및 처방에 대한 비판으로 유명할 뿐 그의 연구사적 위치는 잘 모르고 있었던 만큼 이 점은 숙지될 필요가 있다.

참여 민주주의자로서의 스티글리츠

그렇지만 같은 신케인스주의라 해도 그 색조는 다양하다. 그뿐만 아니라 스티글리츠를 신케인스주의자로만 보는 것도 일면적이라는 것이 필자의 생각이다. 이 분류법은 똑같이 신케인스주의자에 속한다고 하는 맨큐가 최근 부시 진영에 가담한 것만 봐도 잘 알 수 있다. 부시와 같은 배를 탄 맨큐와 부시 및 IMF를 맹렬히 비판하는 스티글리츠를 같은 부류로 취급하는 것은 어불성설일 것이다. 케인스주의 내부에서뿐만 아니라 급진 정치경제학 진영 쪽에서도 스티글리츠에 대한 평가가 상반되고 있는 만큼 (예컨대, 미국의 로머John Roemer는 그에 대해 우호적인 반면, 영국의 파인Ben Fine은 비판적이다) 이 점은 강조될 필요가 있다.

스티글리츠의 제도 경제학이 돋보이는 것은 단지 그가 동과 서, 남과 북의 체제 전환과 이행의 이슈 및 글로벌 이슈에 대해 그 누구보다 폭넓게 그리고 적기適期에 열정적으로 개입하면서 시장 근본주의적 워싱턴 컨센서스를 비판한 데만 있는 것은 아니다. 물론 그렇게 두루 개입할 수 있고, 대안적 제도 설계와 정책을 제시할 수 있는 이론틀을 갖추고 있다는 사실만으로도 그는 충분히 주목할 가치가 있는 인물이다. 그러나 무엇보다 '발전이란 무엇인가'에 대한 그의 사고를 주목해서 봐야 한다. 그는 늘 발전의 목표로서 효율의 증대 못지않게 평등의 증진을 제시한다. 또한 그는 발전을 경제 발전을 넘어선 전 사회적·민주적 변환의 과정으로 파악한다. 광범한 민주적 참여와 능동적인 시민적 투신, 이를 통한 합의의 형성과 강력한 시민사회의 형성, 그 자체 사회적 자기 학습의 과정을 발전으로 파악하고 있는 것이다. 그리고 여기서 경제민주주의와 노동의 참여는 진정한 민주적 사회 구성의 필수적 뼈대로 인식된다.

둘째, 이런 그의 생각은 기업 통치 구조corporate governance structure론에서도 나타나고 있다. '기업의 주인은 누구인가'라는 물음에 대해 그는 주주를 기업의 주인으로 간주하는 주주 자본주의론을 비판하고 이해 당사자 자본주의론을 옹호한다. 기업 경영은 기본적으로 공공재의 성격을 가지고 있다고 보는 것이다. 주주가 물론 이해 당사자의 일원이기는 하지만 주로 단기 수익을 극대화하는 수동적인 포트폴리오 투자자의 성향을 가지고 있을 뿐이라는 것이다.

셋째, 스티글리츠는 신제도주의 경제학이 만병통치약으로 내세우는 사적 소유권에 대한 맹신에 부단히 제동을 걸고 있다. 그렇지만 거꾸로 사적 소유를 공적 소유로 대체하는 것을 능사로 아는 소박한 급진주의에 대해서도 동의하지 않는다. 국공유의 사유화보다도 경쟁 규율의 창출과 주인-대리인 문제의 핵심인 경영 유인과 감시 문제, 요컨대 새로운 제도적 논점인 거버넌스 문제를 해결하는 것이 한층 중요하다는 것이 그의 생각이다.

『시장으로 가는 길』과 신고전파 경제학 비판

최근 『시장으로 가는 길』이라는 제목(원제는 『사회주의는 어디로』Whither Socailism? 이다)으로 번역된 스티글리츠의 저서는 자신이 닦아 온 정보 경제학의 기반 위에서 신고전학파 자유 시장 패러다임 — 그리고 쌍둥이 형제인 시장 사회주의론 — 의 근본 문세점을 비판하고, 대안적인 시장경제 패러다임과 시장경제 이행론의 기본 요소를 제시한 책이다. 이는 스톡홀름 경제대학에서 했던 빅셀 기념 강연의 내용을 확장한 것으로, 10년 전에 출간된 책이지만 여전히 저자의 명실상부한 이론적 주저다. 여기에는 그 이전 20여 년간에 걸쳐 축적해 온 그의 연구 성과의 주요 내용들이 반영되어 있다.

그렇지만 이 책은 정보 경제학 분야에서 그간 그가 이루어 낸 연구 성과와 현황을 정리한 책은 아니다. 처음에 스티글리츠는 그럴 계획을 가지고 있긴 했다. 그러나 전혀 예측하지 못했던 베를린 장벽의 붕괴 사태가 그의 연구 계획에 변경을 가져왔다. 그리하여 시장경제로의 이행 문제를 주요 의제로 잡으면서, 이에 대한 신고전파 경제학의 무능력을 비판하고 이행에 대한 자신의 대안적인 정책 아이디어를 제시하고자 한 것이 바로 이 책이다.

근본주의적 좌파가 공산주의 유토피아를 가지고 있(었)다면, 근본주의적 우파는 자유 시장 유토피아를 가지고 있다고 할 수 있는데, 이는 아주 강고한 이론적 성채에 의해 옹호되고 있다. 많은 사람들이 그토록 시장적 삶의 고통과 고달픔을 겪고 있음에도 불구하고 자유 시장의 환상에서 벗어나지 못하는 큰 이유는 정교하게 다듬어진 이 이론틀의 마술 효과 때문이다. 따라서 자유 시장 유토피아를 떠받치는 신고전학파 패러다임의 중핵을 깨트리는 것은 대안적 패러다임 수립의 기본 관문이다. 원리론의 수준에서 스티글리츠 경제학의 핵심은 바로 이 과제를 끌어안고 있다. 애덤 스미스의 '보이지 않는 손'의 현대적·주류적 해석이라 할 신고전학파 패러다임(애로-드브루Arrow-Debreu 모델)에 따르면, 자유경쟁 시장은 수요와 공급이 일치해 시장이 청산되는 일반 균형을 낳는다. 이 균형은 파레토 효율적이다(후생경제학의 제1정리). 그리고 경쟁 시장의 효율성의 문제와 분배의 문제는 깔끔하게 분리될 수 있다(제2정리). 스티글리츠는 이 정리가 깔고 있는 완전 정보의 가정, 그리고 미래 시장과 위험 시장을 포함한 완전한 시장 집합의 가정이 비현실적임을 문제 삼아 그 허구성을 폭로한다. 그래서 알고 보면 애덤 스미스의 '보이지 않는 손'은 '마비된 손'palsied hand이라는 것이다.

그러나 우리는 신고전학파 경제학에 대한 스티글리츠의 비판이 단지 후생경제학의 기본 정리에 대한 비판에 그치지 않고 한층 더 광범하게 수행되고 있음을 보게 된다. 그는 신고전파 이론이 외관상으로는 아주 정교하지만 정작 ① 유인, ② 할당을 비롯한 비가격기구, ③ 경쟁, ④ 혁신, ⑤ 분권화와 집권화의 쟁점, 그리고 ⑥ 소유권 제도 등, 시장경제의 작동 원리와 관련된 일련의 핵심 문제들과 관련해, 그것의 진정한 의미와 본질적 역할을 거의 해명하지 못했고, 문제를 왜곡·방치했음을 설득력 있게 입증해 보이고 있다. 그는 시장의 불완전성론과 더불어, 신고전파와는 매우 다른 시장 경제상을 보여 준다. 이 부분이야말로 이 책의 심장과도 같은 부분으로, 내가 동료들과 함께 공동 번역한 『스티글리츠의 경제학』(김균 외 옮김, 한울, 2002) 원론의 기본 체계와도 직결되어 있어 특히 흥미롭게 읽은 부분이다.

유인 문제의 경우, 그는 표준적 패러다임이 변수들을 완벽히 관측할 수 있다고 잘못 가정하고 있고, 의사 결정에 아무런 중요한 역할을 부여하지 않고 있으며, 계약을 강제하는 데 아무런 비용이 들지 않는다고 잘못 가정하고 있다고 비판하면서 이 모두에 유인 문제가 걸려 있다고 말한다. 예컨대 완전히 블랙박스로 방치되어 있는 기업 경영은 공공재와 같은 것으로서, 주주는 경영 감시 유인을 갖고 있지 않아서 시장 기구만으로는 효과적 경영을 위한 유인과 감시 문제가 해결되지 않는다. 그가 보기에는 주식시장보다 은행이 더 효과적인 경영 감시 역할을 한다. 적절한 유인 구조가 필요하기는 노동자, 대부자들의 경우도 마찬가지다.

이 다음으로는 자원 배분에서 가격기구는 불완전하고 비대칭적인, 따라서 비용이 드는 정보 때문에, 그리고 제품의 질 등 상품 공간의 복잡성 때문에 한계를 갖고 있고 비가격기구(할당, 계약, 평판, 지대 등)가 중요한 역할을 한다는 설명이 이어진다. 지속적 경쟁의 중요성에도 불구하고 가격 수용자를 가정하고 있는 표준적 애로-드브루 모델에서는 더 싸고 품질이 좋은 재화를 생산하려는 경쟁이 존재하지 않는다는 지적을 듣는 것은 상당히 충격적이다. 또 전통적 패러다임에는 기술혁신도 없다. 표준 모델은(내생적) 기술 변화를 고려하고 있지 않을 뿐만 아니라 논리 구조 자체가 근본적으로 기술 변화를 담기 어렵게 되어 있다. 스티글리츠는 시장경제에서는 일반적으로 혁신을 위한 유인이 불완전하며 연구 개발에 대한 과소 지출이 나타난다고 지적한다. 또한 표준 모델은 분권화의 이점을 왜소하게 단지 효율적 자원 배분의 달성이라는 측면에서만 바라볼 뿐, 한층 더 중요한 경제적 이점(오류를 범할 가능성의 감소, 위험의 분산 등)과 정치적 이점(참여, 자유)을 간과한다. 마지막으로 스티글리츠는 사적 소유권을 잘 정립하기만 하면 경제문제가 잘 풀린다고 보는 코즈의 정리 ― 이는 노스의 제도경제사학으로도 발전되었다 ― 에 대해 매우 비판적이다. 가장 중요한 것은 주인-대리인 문제에 대한 해법인데 이는 소유권 형태의 공사公私 여부에 거의 의존하지 않는다는 것이다. 그렇지만 예산 제약의 경성화와 유인의 제고, 선별 효과의 작동 등에서 사유화가 갖는 장점을 그는 인정한다.

포스트 워싱턴 컨센서스의 기본 요소

『시장으로 가는 길』이라는 책은 신고전파 경제학(과 그 거울 이미지에 해당하는 시장 사회주의론)이 시장경제로의 이행 이슈에 대해 얼마나 무능력한가를 비판하는 데 주력하면서, 그것이 발전된 판본이라 할 워싱턴 컨센서스 자체를 정면으로 도마 위에 올리고 있지는 않다. 이에 대한 본격적 비판 작업은 『세계화와 그 불만』(송철복 옮김, 세종연구원, 2002) 및 "개혁은 어디로: 이행의 10년"* 이라는 논문에서 이루어지고 있다. 그렇지만 스티글리츠는 이 책에서 신고전파 경제학에 대한 비판 작업을 수행하는 가운데 내용적으로는 이미 안정화, 규제 완화, 사유화 등으로 짜여 있는 워싱턴 컨센서스의 핵심을 비판하고 있다고 봐야 한다. "몇 가지 시안적 권고"(제15장)는 '시장으로 가는 길'에 대한 '포스트 워싱턴 컨센서스'의 기본적 요소를 거의 대부분 담고 있다. 이 권고는 시장으로 가는 한국적 길에도 다음과 같은 함의를 가지고 있는 것으로 보인다.

① 성공적 개혁 정책의 제일 목표는 경쟁을 장려하는 것이다. 경쟁과 독점의

---

* Joseph Stiglitz, "Whither Reform? : Ten Years of the Transition," Paper Prepared for the Annual World Bank Conference on Development Economics, Washington, D.C., April 28-30, 1999.

차이는 사유와 국유의 차이보다 더 중요하다.

② 정부는 게임의 규칙을 수립하고 집행해야 한다. 이를 위한 정부의 규제에는 계약과 경쟁에 대한 것은 물론 금융 규제가 포함되어야 한다.

③ 정부는 공약을 엄격히 이행해야 한다.

④ 경성 예산 제약을 확립하는 것은 개혁의 필수 요소다. 연성 예산 제약은 많은 부분 금융기관에 의해서 발생하므로 주안점은 금융 제도의 개혁에 둬야 한다. 이때 주식시장보다 은행의 역할에 더 주의를 기울여야 하며, 은행의 사유화가 능사는 아니고 정부가 주식의 상당 부분을 보유하는 방식의 부분적·점진적 사유화가 바람직하다.

⑤ 인플레이션을 억제하는 것은 중요한 일이다. 그러나 거시적 안정성을 절대시하거나 미시적 전환의 문제와 혼동해서는 안 된다. 잘못된 투자 패턴의 정정 등 미시적 전환에 대한 별도의 대책이 필요하다.

⑥ 구제도의 개혁과 함께 새로운 기업의 창업을 촉진해야 한다.

⑦ 사유화를 통한 소유권 제도의 변화는 해법이 아니다. 국유든, 사유든 모두 유인 문제(주인-대리인 문제)를 가지고 있으며, 중요한 것은 경영자의 유인 구조를 변화시키는 것이다.

⑧ 개혁의 순서가 중요하다. 무분별한 사유화 이전에 폭넓은 유인 구조와 시장 개혁을 추진해야 한다.

⑨ 이행의 속도 문제는 논쟁적이다. 많은 것이 정치적 판단과 결부되어 있다. 경제학적으로는 학습 이익을 이유로 한 점진적 접근이 경청할 만하다.

⑩ 구사회주의 경제들은 부의 평등을 달성할 수 있는 더없이 좋은 위치에 있다. 그것은 시장경제에서는 이루어진 적도 없고 앞으로도 이룰 수 없는 정도의 평등이다. 이 기회를 잃어서는 안 된다.

⑪ 전체주의 정부가 경제성장을 촉진하는 데 장점을 가지고 있다는 믿음은 근거가 없다. 경제성장 단계의 진전은 민주주의와 상보 관계를 가지고 있다.

⑫ 시장과 정부를 대립 구도로 보아서는 안 된다. 시장과 정부 사이의 적절한 균형을 추구하고 다양한 중간적 경제조직 형태의 가능성을 염두에 두어야 한다.

스티글리츠와 함께, 그리고 그 너머

이와 같은 스티글리츠의 논지에 대해 토론을 위한 몇 가지 쟁점을 제기해 보기로 하자. 그의 핵심적인 논지 가운데 하나는 소유권 제도보다는 경쟁이, 경영 유인 구조의 해결이 중요하다는 것이다. 특히 주인-대리인 문제가 소유권의 공사 여부에 관계없이 개혁의 핵심 사안이라고 보고 있다. 이는 우파의 사적 소유 근본주의와 좌파의 공적 소유 근본주의의 이항 대립을 넘어서는 새로운 제도적 논점과 대안을 제시한 것으로서 큰 기여라고 해야 한다. 그렇지만 이로 인해 마르크스의 핵심 논점에 해당하는, 경제 질서와 대안 체제 모색에서 소유 문제가 갖는 결정적 중요성이 탈각되어 버린 것도 사실이다. 스티글리츠의 경제학에서는 경제 권력-자본 권력의 형체가 흐릿하며, 감시와 통제는 주로 경영 특권의 남용 문제를 중심으로 논의되고 있다. 실물-화폐 금융이 접합된 자본 권력의 소유 및 축적 구조와 모순적 동학은 주주의 행동과 주식시장의 단기주의 문제로 희석되어 있다. 그리하여 평등과 민주주의를 향한 몸부림이 자본주의 경제의 '익명의 주인'인 자본의 이윤 논리와 '자본 파업'에 의해 얼마나 심대하게 압박받고 있는지를 그에게서는 읽을 수가 없다.

그런데 그는 다음과 같이 말한다. "정부 소유는 분명히 만병통치가 아니었지만 또 다른 실험의 여지도 남아 있다. 예를 들어 우리는 노동자의 참여와 소유를 더욱더 허용하는 경제적 조직 형태를 연구해 볼 필요가 있다"(400쪽). 왜 그렇게 해야 하는가. 이 진술은 소유 형태의 중요성을 명백히 인정하는 말이다. 그렇다면 주인-대리인 문제에 대한 해법을 가진 공적 소유의 방안, 즉 로머와 바르단Pranab Bardhan의 경영자 시장 사회주의 이론은 논리적으로 스티글리츠의 이론과 모순되지 않을 뿐만 아니라, 그 급진적 형태로 파악해 볼 수도 있다. 시장 사회주의론까지 나가지는 않는다고 하더라도, 스티글리츠의 풍부한 거버넌스론과 다양한 소유 형태론을 결합하는, 다양한 '스티글리츠의 급진화' 노선도 가능할 것이라는 생각이 든다. 스티글리츠의 제도 경제학은 앞의 서두에서 소개한 급진 제도 경제학의 흐름과 시너지 효과를 낼 수도 있을 것이다.

또 스티글리츠의 논의에서는 이행 과정에서 국가에 의한 민간 투자의 조절과 유도 문제가 이슈화되고 있지 않다. 스티글리츠는 경쟁의 중요성만을 강조하고 있는데 이것만으로는 불충분하다. 경쟁은 투자의 방향을 오도하고 투기를 조장할 수도 있기 때문이다. 암스덴 등이 체제 전환론에서 산업 정책을 핵심 사안으로 다루고 있는 이유도 여기에 있다. 이 부분은 신케인스주의자로서의 스티글리츠의 색깔이 드러나는 대목처럼 보인다.

이해 당사자 자본주의론에 공통된 결함은 곧 스티글리츠의 결함도 된다. 이해 당사자론은 주주만이 아니라 관련된 여러 이해 당사자들에게 권리 지분을 인정하는 민주적 참여 자본주의론이라는 적극적 의미를 갖고 있다. 그러나 기업 조직 구조 수준에서 효율적이고 혁신적인 기업 경영을 이룰 수 있는, 발전적 규율론을 갖추고 있지 못하다. 여기에는 예컨대 챈들러Alfred Chandler 학파의 조직 능력론, 혁신 기업론이 크게 기여했다.

게다가 스티글리츠는 『시장으로 가는 길』에서 그의 이론에 부합되는 사례로 중국, 일본, 독일, 동아시아 경제를 거론하고 있다. 중국은 여전히 성장을 지속하고 있지만, 일본·독일은 큰 문제를 안고 있다. 이에 대한 스티글리츠의 해명이 궁금하다. 그리고 한국 경제와 관련해서, 최근 그는 한국이 위기를 '극복'한 것을 높이 평가하고, 이를 태국과 달리 IMF 구조 조정 프로그램을 그대로 따르지 않고 '선별적으로 수용'한 때문이라고 해석하고 있는데 이 해석도 무척 논쟁적이다. 나는 그의 이 같은 해석에 동의하지 않는다. 현대 경제학을 이끄는 세계적 학자라고 하지만 한국 경제 상황의 인식에서, 나아가 제도 경제학의 이론적 틀에서도 스티글리츠에게서 상당한 거리감을 갖게 된다.